Manuel Complet De La Maitresse De Maison Et De La Parfaite Ménagère: Contenant Les Meilleurs Moyens Pour La Conservation Des Substances Alimentaires, La Préparation Des Entremets Nouveaux, Glaces, Confitures, Liqueurs ... - Primary Source Edition

Élisabeth-Félicie Bayle-Mouillard

MANUEL COMPLET

DE LA

MAITRESSE

DE MAISON

ET DE

LA PARFAITE MÉNAGÈRE,

CONTENANT LES MEILLEURS MOYENS POUR LA CONSERVA-
TION DES SUBSTANCES ALIMENTAIRES ; LA PRÉPARATION
DES ENTREMETS NOUVEAUX, GLACES, CONFITURES,
LIQUEURS. LES SOINS A DONNER AUX ENFANS, ETC.

TROISIÈME ÉDITION,

ORNÉE DE FIGURES, ENTIÈREMENT RENOUVELÉE
ET TRÈS-AUGMENTÉE.

PAR Mme CELNART.

PARIS,

A LA LIBRAIRIE ENCYCLOPÉDIQUE DE RORET,

RUE HAUTEFEUILLE, N° 10 BIS.

1834.

PRÉFACE

DE LA TROISIÈME ÉDITION.

L'ENTIER renouvellement du *Manuel des Habitans de la Campagne*, devenu maintenant le Manuel de la Ménagère rurale, nécessitait de larges corrections dans celui-ci. Aujourd'hui, le *Manuel de la Maîtresse de Maison* est convenablement développé pour enseigner à toutes les femmes les moyens de tenir, sous tous les rapports, leur maison avec ordre, abondance, économie et même élégance.

Le point de vue si important de la salubrité a, comme dans l'édition précédente, attiré mon attention, et j'ai enrichi la partie hygiénique d'une instruction sur l'emploi des chlorures.

Je dois beaucoup pour ce travail au *Journal des Connaissances Usuelles*, que je crois devoir spécialement recommander à mes lectrices. Les ouvrages de *MM. Cadet de Vaux, Appert*, quelques articles du *Dictionnaire de Technologie*, les *Lettres sur l'Economie domestique de ma-*

dame Parizet, m'ont rendu de bons services, mais j'ai appelé de presque tous leurs procédés à mon expérience personnelle. Aussi réclamé-je hardiment la confiance des ménagères. Si la confiance est le prix du zèle, de l'attention, du désir d'être utile, j'ai le droit de l'obtenir.

MANUEL

DE LA

MAITRESSE DE MAISON.

PREMIÈRE PARTIE.

DE LA VILLE.

CHAPITRE PREMIER.

Calcul de son revenu. — De la nécessité de mettre de côté. — Livre ouvert pour la dépense.

Ce n'est pas assez de faire le bien, dit un livre de piété fort connu, *il faut le bien faire*. Cette maxime toujours utile est indispensable en ménage, où tout doit être exécuté avec une méthode, un ordre constant. La première chose à faire pour la maîtresse de maison est donc un sage calcul de ses moyens pécuniaires, une sage distribution de leurs produits, un invariable emploi de ses instans; la seconde est l'observation des règles que l'on s'est prescrites.

De concert avec son époux, la maîtresse de maison commencera par calculer ses revenus et ses dépenses : elle verra ce qu'il faut pour le loyer, le mobilier et son entretien, le chauffage, l'éclairage, les domestiques; elle allouera les frais des vêtemens, de la nourriture ordinaire, et pour les dépenses extrrordinaires qu'elle pourra avoir à faire dans ce genre : ceux du blanchissage l'occuperont ensuite. Il est bon de subdiviser pour éviter l'erreur, et de dire, tant pour le mari, tant pour la femme, pour chaque enfant, etc. Elle songera ensuite aux menues dépenses qui s'attacheront spécialement à son état dans le monde, et à celui de son époux, comme voyages, ports de lettres, réception, cadeaux, abonnemens aux journaux, achats de livres, frais d'éducation, etc. Il faut toujours prévoir et même laisser un léger compte ouvert pour les dépenses imprévues, comme le remplacement d'objets perdus, cassés, la réparation de divers accidens, les soins qu'exigent de légères indispositions, et autres choses semblables. Par là, on s'épargne à la fois et ces lamentations, ces regrets prolongés lorsqu'arrivent quelques unes de ces contrariétés ; et cette économie mal entendue qui, pour épargner le remplacement d'une vitre brisée, laisse pénétrer dans les appartemens une humidité nuisible, malsaine, qui par conséquent gâte les meubles, produit des rhumes fatigans, dangereux peut-être. Cette vitre demi-cassée peut encore tomber à tout instant ; les parcelles peuvent se glisser dans quelques substances alimentaires, blesser un enfant, entraîner enfin les résultats les plus fâcheux. M. Say, dans ses *Principes d'économie politique*, cite une famille de villageois ruinée pour avoir omis de mettre un loquet à une porte, qu'on se contentait de fermer au moyen d'une cheville de bois. Un porc, sur lequel ils comptaient pour payer leur terme, s'échappa par la porte mal fermée ; en courant inutilement après, le fermier gagna une fluxion de poitrine ; cette maladie acheva de le mettre à la misère, et ses meubles furent saisis par les huissiers. On sent comment, dans chaque ménage, des causes semblables peuvent produire de semblables effets.

Ce n'est pas assez d'avoir calculé chaque dépense, d'avoir songé même aux frais imprévus, il faut encore, il faut indispensablement s'arranger de manière à mettre de côté une partie de son revenu chaque année. Si l'on n'avait point d'enfans, il serait bon de prendre cette précaution pour se prémunir contre les pertes, les maladies : jugez si l'on peut s'en dispenser lorsqu'on a une nombreuse famille, qu'il faut élever, pourvoir selon son état ? C'est un devoir des plus importans, et que trop de parens négligent, d'assurer l'établissement de leurs enfans : plus ces enfans ont été élevés dans l'abondance, dans le luxe, plus ils en ont acquis l'habitude ; plus ils souffrent lorsque, dans leur jeunesse, ils sont forcés de subir mille privations. Si l'imprévoyance de leurs parens les condamne au célibat, les entraîne au désordre, quelles peines, quels remords ne subiront pas ces malheureux parens ? Ces réflexions acquièrent une nouvelle force, et l'obligation d'économiser devient encore *plus* urgente, si la grande partie, si la totalité de vos revenus dépend d'une place, que mille circonstances peuvent subitement vous ôter. Vous devez en ce cas mettre beaucoup plus du côté de l'épargne que de la dépense.

Si vous ne pouvez épargner que de petites sommes, en temps divers, placez-les à la *Caisse d'épargne et de prévoyance*, à la banque de France, rue de la Vrillière, à Paris, afin que rien ne soit perdu (1). Lorsqu'il vous arrive un bénéfice inattendu, placez-le sur la tête de votre famille, à l'*Agence générale des placemens sur les fonds publics*. A la naissance de chacun de vos enfans, tâchez de mettre une somme quelconque à l'un ou à l'autre de ces établissemens, ou à d'autres semblables,

---

(1) Ce n'est plus seulement à Paris que les gens prévoyans pourront placer partiellement leurs épargnes. Déjà dans les principales villes de France se trouvent ces admirables établissemens que Lamontey appelle à si bon droit *caisses paternelles*. Bientôt, sans doute, tous les chefs-lieux de nos départemens offriront cette ressource à la prudence.

dont vous trouverez la liste dans le *Manuel de l'Etranger à Paris*, partie du commerce (institutions relatives au commerce), et aussi dans l'Almanach de ce nom. Oubliez cette somme, les intérêts s'accumuleront, et à l'époque du mariage de votre fille, du choix d'un état pour votre fils, vous trouverez une dot à l'une, la somme nécessaire à la profession de l'autre ; et vous ne serez pas astreints à ces sacrifices souvent incomplets, toujours pénibles quand on est avancé en âge, et quelquefois même impossibles, malgré les besoins des enfans, et la sollicitude des pères. Est-il nécessaire d'ajouter à ces conseils ? Les femmes sensées, les bonnes mères qui me lisent, ont déjà pressenti que je vais leur demander de consacrer ainsi à l'avenir de leur famille le prix d'une parure, d'un bijou, d'une partie de plaisir.

Il est encore une résolution que doit prendre une maîtresse de maison, sans se permettre une seule fois de l'oublier, c'est de payer comptant tout ce qu'elle achète, pour sa toilette surtout : les besoins du luxe sont, dans l'état actuel de nos mœurs, si bien mêlés aux besoins de la nécessité, ils sont si décevans, si variés, il est si facile de se laisser entraîner, qu'il faut se prémunir contre l'occasion, contre soi-même. Remet-on à payer plus tard, on achète avec facilité, à mesure que les circonstances, l'attrait, la fantaisie excitent ; on ne songe plus au paiement ; les emplettes s'accumulent, les mémoires s'enflent, et l'instant de les acquitter est l'instant du trouble, des querelles, de la gêne. S'acquitte-t-on, au contraire, à mesure qu'on achète. on sent la valeur de l'argent, on retranche sur ce que sollicite l'occasion, on refuse à la fantaisie. Fait-on une dépense déraisonnable, l'aisance de son intérieur, les besoins de son mari, de ses enfans qui souffrent de cette emplette, donnent à la capricieuse une forte leçon dont elle se souvient à l'avenir. Du reste, quelque frivole que l'on soit, on voit avec regret cet échange d'une forte somme contre les brillantes bagatelles de la mode ; et je suis persuadée que nos plus prodigues élégantes dissiperaient une fois moins d'argent si l'habitude de payer de suite leur permettait de réfléchir.

Ces points convenus, la maîtresse de maison aura un livre ouvert qui portera les sommes allouées pour chacune des dépenses mentionnées plus haut : elle écrira régulièrement les détails journaliers de chacune de ces dépenses ; l'addition en sera faite chaque mois, et la récapitulation générale à la fin de l'année, afin de juger si l'ordre adopté dans la maison excède l'allocation des fonds ; si, au contraire, l'allocation excède, ou si l'un et l'autre marchent également. On sent que, dans le premier cas, une réforme est urgente ; que, dans le second, il faut considérer les circonstances favorables de cette année, et attendre, avant d'augmenter sa dépense, que l'expérience de l'année suivante, de plusieurs années même, ait renouvelé cet excédant, car on ne saurait trop se précautionner contre les chances fâcheuses du sort et l'entraînement de la vanité.

Les personnes qui habitent la campagne et font valoir leurs terres, celles qui s'adonnent au commerce, doivent aussi, et plus encore, avoir l'habitude de ces calculs, et ne point se hâter de consommer le produit d'un bénéfice inattendu, momentané. L'habitude d'un surcroît de dépense se prend bien vite, se quitte difficilement, et de courts succès engendrent de longs revers.

CHAPITRE II.

Choix d'un logement. — Cuisine. — Fourneaux économiques. — Caléfacteurs. — Nécessité de multiplier les ustensiles de cuisine. — De leur assigner à chacun leur usage. — Conseils divers. — Nettoyage des objets de cuisine.

D'après le calcul de son revenu, l'agrément de son époux, l'étendue de sa famille, son état et ses relations, la maîtresse de maison doit choisir un logement sain, bien aéré, propre, convenable : ce choix demande beaucoup d'attention, parce qu'une habitation malsaine est la source de maladies plus ou moins graves; que, mal distribuée, elle produit beaucoup de gêne, d'impatience, de perte de temps. Il faut surtout s'arranger de manière à faire un long séjour, parce que, selon Franklin et l'expérience, *trois déménagemens coûtent presqu'autant qu'un incendie;* parce que, dans une maison dont on a une longue habitude, tout se fait mieux et plus promptement; parce que vous êtes assuré de jouir des réparations que vous avez pu y faire; parce qu'enfin vous y trouvez de doux souvenirs. Comment abandonner sans regret la chambre où l'on a donné le jour à ses enfans, la cour, le jardin, où l'on a guidé leurs premiers pas! Par de fortes raisons d'économie et d'affection, n'entrez donc pas dans une maison sans passer un long bail, à moins que les circonstances n'exigent impérieusement le contraire. Choisissez un appartement situé au midi ou au levant.

La cuisine doit tout d'abord attirer les soins de la ménagère : elle doit être bien carrelée, ou plutôt dallée, afin que l'on puisse laver fréquemment le sol. Il faut qu'elle tienne le milieu entre l'exiguité des cuisines de Paris et la grandeur démesurée de celles de province, qui sont pour la plupart de véritables granges. Dans les premières, on est continuellement gêné, on ne peut tenir rien de propre, ne pouvant convenablement se dégager. Les vapeurs noircissent les murs, répandent de l'odeur, rendent à la fois cette pièce désagréable et malsaine. Les secondes fatiguent inutilement les domestiques, les tiennent au froid, et ne conviennent qu'à la campagne, lorsqu'on a des ouvriers à nourrir. Cependant une grande cuisine a l'avantage de servir de buanderie, ce qui, Paris excepté, offre beaucoup d'économie.

Je voudrais que le foyer des cheminées de cuisine fût un peu exhaussé au-dessus du sol, afin que les cuisinières n'eussent point tant à se baisser, et que, sous les arcades bien propres que formerait ce foyer ainsi élevé, on pût tenir à une chaleur douce des plats prêts à servir que l'on n'ose pas mettre sur le fourneau, de crainte que la faïence n'éclate ou que les sauces ne se détériorent. Un petit four de pâtisserie est commode ; mais il faudrait, autant que possible, que son ouverture fût placée auprès de la cheminée, et non dans l'intérieur, ainsi qu'on a coutume de le pratiquer. Lorsqu'on chauffe le four, il faut nécessairement éteindre le feu de la cheminée ; et si, comme il arrive souvent, on a affaire du foyer, cette nécessité est fort incommode ; de plus, c'est une perte de temps : la suie salit les domestiques ; on y voit mal ; la chaleur, surtout en été, y devient insupportable, et ces deux derniers motifs peuvent souvent contribuer à faire manquer une fournée de pâtisserie.

Une chose que l'on néglige généralement, et grandement à tort, c'est la fumée des cheminées de cuisine ; d'abord la domestique en souffre, et n'y aurait-il que cette raison, elle devrait être déterminante ; car il n'est pas permis de laisser volontairement souffrir notre semblable ; mais il y en a une foule d'autres. La malpropreté : impossible de tenir proprement une cuisine enfumée ; les murs s'y noircissent, les vitres y deviennent épaisses et jaunâtres ; la batterie, la vaisselle, les meubles, enfin tout s'y couvre journellement d'une poussière fine et noirâtre qui brave des soins multipliés, parce que, plus qu'eux, elle est continuelle. La dépense : la nécessité d'ouvrir les portes et fenêtres empêche que la pièce ne s'échauffe, et fait brûler inutilement beaucoup de bois. *Voyez plus bas cuisine d'Arcet.*

Les fourneaux sont la partie essentielle de la cuisine ; que la tablette des vôtres soit toujours placée devant une fenêtre pour deux motifs : le premier, parce qu'en l'ouvrant, on laisse échapper les vapeurs délétères du charbon, et que le feu s'anime et s'entretient ; le second ; parce qu'en y voyant mieux, on peut juger du degré de cuisson des ragoûts, et mettre l'assaisonnement sans se tromper. Si les localités s'opposent à ce que vos fourneaux soient devant une croisée, que du moins, ils soient bien éclairés, et qu'une ventouse soit pratiquée auprès; il y a beaucoup de cuisines où ils sont pratiqués sous la cheminée : c'est ou ne peut mieux pour les petits ménages. Que la tablette soit en faïence brune, ou de toute autre couleur, afin de pouvoir la laver journellement. L'ouverture des fourneaux doit être d'inégale grandeur pour qu'on ait la facilité d'y placer des casseroles plus ou moins grandes; chacun d'eux doit avoir un couvercle en tôle fermant hermétiquement, afin d'étouffer le charbon lorsque la cuisine est finie. A cet effet, la partie inférieure du fourneau ne doit avoir qu'une seule ouverture à laquelle est adaptée une porte en tôle que l'on ferme quand on veut étouffer le charbon. Ordinairement cette porte en supporte une plus petite, à la manière des petites portes de poêle. Ces couvercles et ces portes ont le double avantage de l'économie et de la propreté; le charbon n'y brûle pas inutilement un seul instant, et la cuisine terminée, on n'y voit pas une parcelle de cendres. Je désirerais qu'à chaque extrémité du fourneau, et près de la croisée, fût une boite un peu profonde, en bois, et mieux en tôle, dans laquelle on mettrait les mauvais papiers et les chiffons qui servent à allumer le feu. Le placement des objets, leur disposition relative, sont choses importantes en économie domestique.

Ne vous contentez pas de ces seuls fourneaux, ayez tous ceux qu'une habile industrie a mis récemment en usage, et qui sont propres à économiser le temps et le combustible, ou plutôt remplacez les fourneaux ordinaires par les ingénieuses inventions de M. Harel, rue de l'Arbre-Sec, n° 50. Déjà son fourneau-potager était avantageusement connu; mais depuis peu de temps, et comme on l'a pu voir à *l'exposition des produits de l'industrie* qui a eu lieu en 1827, ce fourneau a reçu d'importans perfectionnemens. Avec la même ouverture du fourneau, et par conséquent avec le peu de charbon nécessaire pour l'alimenter, on fait cuire, 1° le pot-au-feu, et l'inventeur vend avec le fourneau un grand pot de terre vernissée fort épais; 2° dans ce pot, d'une forme un peu particulière, entre en partie un vase rond en fer-blanc, semblable aux seaux à faire rafraîchir les bouteilles ; ce vase, ou plutôt cette casserole sans queue, est pourvue de deux anneaux pour la saisir à volonté ; 3° on adapte au-dessus un couvercle de fer-blanc pareil à ceux dont les traiteurs se servent pour porter les plats en ville ; mais sur le sommet est pratiqué un renfoncement en forme d'assiette. Ainsi, sur le pot-au-feu, on met le ragoût de viande, et sur celui-ci des pruneaux, ou tout autre plat de dessert qui doit être maintenu chaud. Quand le pot-au-feu a bouilli, qu'on en a ôté la soupe, on peut de cette manière tenir tout le dîner chaudement ; ou bien, si l'on a quelque plat à faire cuire, on enlève le pot-au-feu dont la base resserrée s'introduit dans l'ouverture du fourneau, et on le remplace par un plat de fer pourvu d'anneaux. N'y a-t-il plus de feu, ce plat qui concentre la chaleur, peut tenir le bœuf ou toute autre viande chaudement. Ce fourneau a plusieurs ouvertures. Avec toutes ses dépendances, il se vend 89 francs.

M. Harel vend aussi un four portatif à pâtisserie fort commode, de petits fourneaux à déjeûner avec lesquels on peut faire cuire une côtelette, chauffer son café avec une feuille de papier, de nouvelles cafetières qui donnent le moyen de filtrer le café froid à volonté. Elles sont en terre de Sarguemine, le filtre est en étain fin, par conséquent elles ne contiennent pas de parties ferrugineuses qui noircissent le café, et offrent à bas prix tous les avantages des cafetières de porcelaine ou d'argent. (On peut voir la plupart de ces objets en expériences publiques les mardi, jeudi et samedi, de 11 heures à 3.)

Dans cet article, consacré aux nouveaux et véritables moyens d'économie, on s'attend à trouver l'indication des *caléfacteurs-Lemare*, que les suffrages du public, de l'Académie des Sciences, et les distinctions des *expositions des produits de l'industrie*, recommandent si puissamment. Dans une notice du prix de 25 centimes, qui se vend chez l'auteur, à Paris, quai Conti ou de la Monnaie, n° 3, il est prouvé qu'avec un *sou de charbon, et presque sans soin*, on fait à la fois de deux à six plats pour trois ou quatre personnes. Cette notice donne également des instructions sur les usages et prix des *caléfacteurs pot-au-feu, rôtisseurs, vases latéraux, alambics de ménage, caléfacteurs des bains*, etc., *cafetières à feu supérieur, des réchauds sur-accélérés à esprit-de-vin*, etc. Quelques gouttes de cette liqueur suffisent pour cuire rapidement et parfaitement diverses substances. Des expériences publiques ont souvent constaté les effets annoncés dans la notice.

Il ne faut pas non plus négliger l'acquisition d'une *marmite économique*, que l'on alimente du combustible nécessaire au moyen d'une lampe. Cette marmite est peu coûteuse ; elle est faite en fer-blanc, et dure au moins autant de temps que vingt marmites de terre, qui se brûlent facilement et se cassent encore plus vite. De plus, elle ménage le bois et le charbon, qui aujourd'hui sont, même à la campagne, des objets fort chers.

Cette marmite pourrait, en quelque sorte, remplacer la marmite *américaine*, perfectionnée par Parmentier. Il est de l'intérêt de la maîtresse de maison de la faire établir un peu grande, parce que n'étant point exposée à l'action du feu par un côté vide, elle ne prendra jamais de goût ; la lampe (qui l'échauffe) ne répandant sa chaleur que sous le fond, et le fond se trouvant toujours couvert de liquide, ne fait courir aucun danger. Cette marmite étant construite grande, l'on peut y introduire une espèce de passoire, semblable à celle que l'on met dans les poissonnières pour faire cuire le poisson *au bleu*, avec la différence qu'il faudrait que les trous fussent plus petits, afin que les légumes ne passassent point à travers.

Alors on met cette passoire au-dessus de l'eau lorsqu'elle est en ébullition, et les légumes se cuisent à la vapeur, ainsi que dans la marmite américaine, et son acquisition est bien moins dispendieuse.

L'on peut faire faire cette marmite d'une manière

simple et peu coûteuse; il faut qu'elle ait dix à douze pouces de hauteur sur huit de diamètre. Au milieu, il doit y avoir un rebord qui la soutienne sur la cheminée qui doit être en fer battu, avec des ouvertures au pourtour, afin de laisser de l'air à la mèche de la lampe, que l'on introduit dedans par une ouverture plus grande que celle du pourtour. Il doit y avoir à cette ouverture une petite porte que l'on baisse à volonté pour diminuer l'action de la mèche.

Un avantage encore très-important que l'on peut retirer de cette marmite, c'est que, si la maîtresse de maison a son époux ou ses enfans qui soient forcés, pour raison de santé, de prendre des bains de pieds, ou même des bains de siége, elle fera remplir la marmite le soir avant de se coucher, elle allumera sa lampe, et le lendemain, de bonne heure, elle aura de l'eau bouillante propre à préparer les remèdes dont elle aura besoin. Elle pourra même laisser sa marmite dans sa chambre à coucher, les huiles épurées ne donnant aucune odeur, et elle jouira du double avantage d'avoir de la lumière et de pouvoir, à la minute, porter du secours aux malades. Une addition importante aux marmites ordinaires est la présence d'un tuyau court, terminé par un robinet. Ce tuyau, placé sur le côté vers le bas, permet de soutirer à volonté l'eau chaude.

On trouve encore (chez Raymond, chaudronnier-ferblantier (1), rue Coq-Héron, n° 4), une marmite économique en fer-blanc dans laquelle, sur un des côtés, se trouve un tuyau perpendiculaire en tôle, comme un petit tuyau de poêle, ouvert par le haut, et percé de trous depuis le couvercle de la marmite. On le remplit de charbons ardens, et il faut infiniment peu de combustible. Cette marmite coûte environ 8 francs.

Si votre cuisine est vaste, que vous ayez ou vouliez

(1) Le même chaudronnier vend un petit égrugeon qui, en le pulvérisant, rend le sel gris très-blanc.

avoir un rôtissoir, il ne serait pas encore inutile de vous indiquer les nouvelles *cuisinières à coquilles*, par le moyen desquelles on fait les rôtis avec une notable économie de combustible, qui rendent les viandes plus savoureuses, et sont inappréciables en été, surtout pour les petits ménages. La description de cet objet va justifier ces éloges. Il consiste d'abord dans une cuisinière ordinaire en fer-blanc, mais très-forte, et solidement rivée, et non soudée à toutes les jointures, parce que l'extrême chaleur qu'elle doit renfermer la ferait dessouder sans cette précaution. A l'ouverture, que l'on place communément devant le feu, s'adapte une double paroi demisphérique, appelée *coquille*, surmontée par une longue poignée en fer qui sert à manier l'instrument. Les deux coquilles sont remplies de charbon ardent, bien appliquées contre la cuisinière, et l'on peut ainsi placer le rôti au milieu de la chambre, dans un cabinet, dans une cour même, pendant l'été, si l'on est incommodé de la chaleur. Comme la cuisinière se trouve hermétiquement fermée, les sucs de la viande ne s'évaporent en aucune façon : par conséquent elle est cuite très-promptement, elle est tendre, savoureuse, nourrissante et de facile digestion. La seule précaution à prendre est de tourner de temps en temps le rôti en soulevant la cheville qui soutient la broche, et d'entretenir le charbon convenablement, selon la grosseur et la dureté des pièces. On voit quelle économie procure la cuisinière à coquille en dispensant d'allumer du feu au foyer. Cette utile machine a pourtant un inconvénient. Placée le plus souvent par terre, elle force la domestique à se baisser fréquemment. Mais il est facile d'y remédier; en incrustant, dans le mur de la cuisine, à hauteur d'appui, la coquille, audessus d'une tablette destinée à supporter la cuisinière. D'autres fois encore on attache, par une charnière, au côté droit de la coquille, la partie latérale correspondante de la cuisinière, qui, de cette manière, s'ouvre et se ferme, devant la coquille, en manière de porte.

Si vous ne craignez pas la dépense, et que vous vouliez renchérir sur la bonté du rôti, ayez des tourne-broches qui, par un mécanisme particulier, sont pourvus d'une chaîne mobile garnie de petits vases qui, à chaque mouvement du rôti, plongent dans la lèchefrite, ramassent le jus et le versent sur la viande. On a pu voir ces ingénieux rôtissoirs à l'exposition des produits de l'industrie en 1827. Ils se vendent chez Cosman, serrurier-mécanicien, rue Saint-Denis, n° 302, et passage Basfour, n° 12; Niot, rue Mandar, n° 14.

Ne craignez pas de multiplier les ustensiles dans votre cuisine. Les prix en sont peu élevés, et ils vous épargneront beaucoup de soins et de dépenses. Ayez en ce genre tout ce qu'il faut, et n'ayez point l'habitude de remplacer un objet par la première chose venue, comme on le fait trop communément : par exemple, s'agit-il de faire griller des tranches de pain, cuire des pommes, on couche transversalement la pincette devant le feu, ou l'on met la pelle à l'envers. Cependant, le pain et les fruits brûlent à la superficie, sont durs au centre, tombent dans la cendre, ou pour le moins on ne peut réussir qu'en opérant avec lenteur, et sur une très-petite quantité. Il va de soi que cette manière d'agir prodigue le combustible et le temps. Il vaut infiniment mieux avoir un *grille-pain* et un *pommier* en tôle. Ils ressemblent assez, pour la forme, à la coquille à rôtir avant qu'on l'ait appliquée contre la cuisinière. Le premier a de petites barres de fer transversales pour les rôties de pain : d'autres ustensiles de ce genre en fer-blanc sont plus élégans, mais non plus commodes. Quant au *pommier*, il présente plusieurs étages formés par deux lames de tôle d'une largeur convenable pour maintenir les pommes. Ces deux lames se croisent et se tournent au moyen d'une petite manivelle. Quand la pomme est cuite d'un côté, on tourne la manivelle, la lame s'avance, et la pomme se retourne facilement. On agit de même pour l'ôter lorsqu'elle est achevée de cuire.

Par la même manie, dans plusieurs maisons, on a coutume d'égoutter et secouer la salade dans des torchons;

par-là. on use le linge en l'agitant fortement, en l'humectant souvent ; la salade reste humide, il faut la mettre ensuite dans un autre torchon sec, l'essuyer en la taponnant à plusieurs reprises, toutes choses qui la flétrissent et font perdre beaucoup de temps. Ayez donc un *panier-égouttoir*, et préférant toujours le solide, prenez-le en fer. Veillez à ce que la domestique l'essuie bien avec un chiffon de laine toutes fes fois qu'elle s'en sera servie, afin qu'il n'ait point de rouille.

Ayez des grilles de toutes dimensions. Des saucisses ne doivent pas être mises sur des grillons aussi écartés que des côtelettes ; des paupiettes, des rognons de moutons veulent également de petits grillons. Ayez des grils à une ou deux côtelettes : il est vrai qu'une seule peut se mettre sur un très-grand gril; mais comme on ne peut mettre justement la quantité nécessaire de charbon, il en résulte une perte de combustible ou de temps. Cette perte est légère, je le sais; mais tout l'art de la ménagère consiste à éviter ces petites pertes, et quoiqu'elle paraisse un rien, une perte répétée ne peut jamais être légère.

Ayez des plats percés pour faire égoutter les écrevisses, des *éclisses* pour les fromages, même quand vous ne les confectionneriez pas ; des passoires de diverses sortes pour les purées, les coulis, les jus de viandes et d'herbes ; des tamis en crin pour les potages, des tamis de soie de diverses grosseurs pour des poudres impalpables de sucre, farine de riz, etc.; des lardoires de différentes longueurs et grosseurs, jamais en cuivre. parce qu'il est difficile de les nettoyer, et que le vert-de-gris peut s'y loger malgré vos soins. Des lardoires d'argent sont onéreuses et susceptibles de se couvrir d'une substance délétère : préférez aux unes et aux autres des lardoires en fer.

Les écumoires doivent être nombreuses, parce que chacune d'elles aura sa destination spéciale. Ainsi la maîtresse de maison veillera à ce que les écumoires larges et carrées qui servent pour égoutter les fritures et beignets, ne servent qu'à cet usage; que les écumoires percées à

on emploiera à l'extérieur une brosse dure, afin de bien
pénétrer dans tous les interstices, et à l'intérieur une
moitié de grands trous, et de petits trous à l'autre moitié, desquelles on se sert pour écumer le sucre, ne soient
employées qu'à cela. D'autres écumoires portant une
sorte de petit bateau, sont encore destinées aux confitures; celles légèrement relevées, à trous éloignés, sont
bonnes pour tirer de la cuisson les écrevisses, les légumes, les diverses sortes de ragoûts de viande et de
volaille par morceaux. Il faut avoir soin de séparer
celles qui servent pour le gras de celles affectées au maigre, non par un vétilleux motif de dévotion, mais pour
empêcher que ce mélange ne produise de mauvais goût.
On commencera par écumer le pot-au-feu avec une écumoire à trous moyens, et on finira avec une écumoire
fine.

Je conseille fort à la maîtresse de maison de se fournir
de moules; c'est à leur usage que les pâtissiers, surtout
ceux de Paris, que les charcutiers, traiteurs, glaciers de
la capitale, doivent l'élégance reconnue de leurs préparations. Il n'en faut pas davantage pour rendre un repas
une fois plus distingué et plus agréable. Des pâtisseries,
des crêmes rendues légèrement solides par l'emploi de la
gomme adragant, des gelées de viande, de fruits, mises
dans des moules de formes élégantes, fournissent tout
ce qu'il y a de mieux. Que ces moules ne soient point
en cuivre, leur nettoyage étant difficile à raison des si-
nuosités, l'usage pourrait en être dangereux; si on les
veut de ce métal, il faut alors qu'ils soient très-simples,
et peu chargés de dessins. Dans tous les cas, il vaut
mieux les avoir en bois, en étain, en fer-blanc. Qu'ils
soient toujours de suite et parfaitement nettoyés avec
une éponge. J'indiquerai plus loin la manière de s'en
servir.

Je ne m'arrêterai pas à parler des casseroles, chaudrons, bassines, etc., tous ces ustensiles étant parfaitement connus. Je recommanderai seulement à la maîtresse de maison de les faire disposer avec ordre, en les

traverses de chêne appliquées fortement sur la muraille. Je lui conseillerai d'avoir dans sa cuisine plusieurs mortiers de marbre ou de fonte, avec leur pilon pour piler le sucre, le chocolat, le sel, les herbes, les légumes, la viande hachée, les fruits de confitures, etc., en ayant soin d'affecter chaque mortier à son usage particulier. Je préfère leur usage à celui des râpes, égrugeoirs, surtout à la mauvaise habitude de presser avec les mains les fruits, les légumes cuits que l'on veut réduire en pulpe ou en pâte; une partie considérable s'attachant à la peau, lui donne une teinte désagréable (ce que doit surtout éviter la maîtresse, qui ne doit paraître ménagère que par le bon ordre de sa maison), et fait perdre beaucoup de temps à se dégager les mains. Il n'en est pas moins bon d'avoir quelques râpes de diverses grosseurs pour les très-petites quantités. Je voudrais aussi que la maîtresse mit dans la cuisine une romaine pour peser les provisions, et deux balances, une moyenne et une petite, pour déterminer les doses dans les confitures et les opérations de même genre qui ne se font que rarement.

Il est indispensable que la cuisine soit garnie d'armoires; mais il en faut surtout une pour les torchons qui ont déjà servi : rien de plus dégoûtant que de voir étalés sur les chaises, les meubles, des torchons souillés en partie de graisse, de sang, ou qui ont une fois essuyé la vaisselle. Cependant ces torchons doivent servir jusqu'à ce qu'ils soient complétement salis; autrement leur blanchissage serait fort onéreux, et il en faudrait des quantités prodigieuses; il faut nécessairement les faire sécher. Je voudrais qu'à cet effet on eût une grande armoire sans rayons, ou un petit cabinet noir tendu de cordes ou garni de porte-manteaux grossiers (non de clous, crainte de déchirer); on y étendrait ces torchons, et ils ne nuiraient plus à la propreté de la cuisine. Au-dessus de l'évier doit se trouver une sorte de galerie pour faire égoutter la vaisselle, au moins un quart d'heure avant de l'essuyer, car c'est une très-mauvaise méthode de le faire immédiatement après le lavage; on a beaucoup plus de peine et on salit le double de linge (1). Si les localités s'opposent au placement sur le mur de cette galerie, ou crèche à vaisselle, ayez-en une portative, que l'on placera sur l'évier. En indiquant les modes de nettoyage, nous parlerons des ustensiles de propreté qui doivent achever l'ameublement de la cuisine. Nous terminerons cet article en recommandant l'emploi d'un double couperet dont on se sert simultanément pour aller plus vite, de plusieurs blocs de bois pour les divers hachis, d'un four de campagne, ou surtout de tourtière, lors même qu'on aurait un four à pâtisserie; rien n'est plus utile pour donner de la couleur à une multitude de mets. L'emploi des tablettes portatives à faire la pâtisserie, qu'on place sur la table de cuisine, est aussi à recommander comme plus propre et plus commode; les *porte-fumier*, espèce de boîte en bois blanc sans couvercle, à trois parois, dont une paroi est surmontée par une grande poignée, sont très-utiles pour recevoir les débris de légumes, etc., et vous ne devez pas souffrir que vos domestiques les jettent çà et là; dès que le porte-fumier est plein, on le vide dehors; de cette manière, il ne se forme jamais ces tas d'ordures qui infectent les cuisines mal tenues. Quoique de bon usage, ce porte-fumier a le désagrément de laisser échapper en avant les ordures; aussi vous conseillerai-je d'avoir un porte-fumier fermé par-devant au moyen d'une petite porte à coulisse. Cette porte, surmontée d'une poignée, sert à transporter le porte-fumier plus aisément.

Ayez soin encore et surtout de défendre à vos domestiques de porter du feu sur une pelle dans les appartemens et même dans la cuisine, à moins que les fourneaux ne soient très-rapprochés du foyer; ordonnez-leur constamment, fortement, de se servir pour cela de *porte-feu*, espèce de grande truelle en tôle à rebords, ayant un peu la forme de porte-fumier, ou bien d'une poêle étroite

(1) On emploie en Auvergne pour cet usage un coffre peu profond, placé sur des pieds élevés, et dont le fond est à jour.

et profonde. Le porte-feu, quelle que soit d'ailleurs sa forme, doit être muni d'une poignée en bois de la longueur d'un demi-pied environ, afin que l'on ne soit pas incommodé du feu en le transportant. La nécessité de prévenir les malheurs d'un incendie explique assez le besoin de cette précaution. Que ces porte-feu de diverses grandeurs soient toujours placés au coin du feu, afin qu'en les trouvant toujours sous la main on prenne l'habitude de s'en servir, et que l'on n'ait aucune excuse pour ne pas le faire.

Il va sans dire que tous les objets dont j'ai parlé doivent être rangés avec ordre, et que dès qu'on les a employés ils doivent être essuyées et remis à leur place ordinaire, sans jamais en changer. C'est le meilleur, l'unique moyen de conserver ces ustensiles, d'économiser le temps et d'éviter les altercations.

Les nettoyages des objets de cuisine étant continuels et vétilleux, c'est aussi ce que négligent principalement les domestiques, et ce qui doit attirer l'attention de la maîtresse. En premier lieu est le lavage de la vaisselle : il faut pour cela avoir une sorte de balai en chiffons souvent renouvelés, lavés chaque fois après qu'on s'en est servi, et de temps en temps arrosés de vinaigre pour empêcher la mauvaise odeur. L'eau qui sert à laver la vaisselle doit être bouillante, ou du moins très-chaude; dès qu'elle est chargée, il faut la renouveler. Ayez soin que les pots au lait, et généralement tous les vases du laitage, soient lavés dans l'eau très-chaude et très-pure. Quant à la vaisselle du dessert, il suffit souvent de la passer à l'eau froide; les domestiques ont coutume de la salir, croyant la laver, en la mettant dans de l'eau de vaisselle toute graisseuse. Tout le monde sait comment se pratique l'écurage; nous nous bornerons donc à conseiller de nettoyer les casseroles de cuivre au blanc d'Espagne sec après l'écurage. On peut, à cet effet, en avoir en poudre, dans quelque terrine, une certaine quantité qui servira long-temps, et ne coûtera presque rien. Pour le nettoyage des moules, accrochant à des crochets de fer, non pas fichés dans le mur, ce qui manque de solidité, mais fixés dans des éponge de moyenne grosseur. Les tables de cuisine seront frottées avec du savon noir ou potasse et une brosse dure : les briques des fourneaux seront lavées avec un peu d'eau seconde mêlée d'eau, ou mieux encore badigeonnée tous les quinze jours avec de l'ocre rouge, délayé dans de l'eau. On frottera les couvercles des fourneaux, les queues de poêles à frire, avec de la mine de plomb. L'évier, lavé avec de la potasse et une éponge grossière, sera fermé d'un bouchon entouré de chiffons trempés de vinaigre pour prévenr la mauvaise odeur. Les casseroles de fer-blanc seront nettoyées avec un mélange de poussière de charbon et de cendre légèrement humecté d'huile commune. Les ustensiles de cuivre léger, tels que les écumoires, seront frottés avec un morceau de charbon neuf, et bien essuyés ensuite avec un chiffon de laine. Toutes les éponges seront lavées, pressées chaque jour dans l'eau chaude, et de temps en temps passées dans l'eau de javelle étendue d'eau, pour les empêcher de s'encrasser. Il y aura à demeure du sable fin dans un plat ou vase de bois tenu bien sec, dans lequel on passera et frottera journellement les conteaux. Ceux qui couperont les ognons, porreaux, échalotes, aulx, seront mis à part, de crainte de communiquer leur mauvaise odeur à d'autres objets.

Il vaut mieux avoir dans une cuisine une fontaine que des seaux, parce qu'il est presque impossible qu'on ne répande pas de l'eau chaque fois qu'on en puise avec un vase quelconque; il ne sera pas mal toutefois d'avoir un seau en même temps; un baquet de moyenne grandeur doit être placé sous la fontaine pour recevoir l'eau qui pourra s'écouler. On ne laissera jamais cette eau plus d'un jour en été et de deux en hiver. Ce baquet, les seaux, et généralement tous les vases de bois, seront plusieurs fois par semaine rincés à l'eau bouillante et balayés avec un balai de racines, réservé pour cet usage, et toujours tenu bien au sec. Que la maîtressse de maison

se mette bien en tête qu'il n'y a pas un de ces détails qui
soit superflu.

Il est très-bon d'avoir près de la cuisine un cabinet
ou office, froid et sombre, pour ranger les provisions
pendant l'été.

CHAPITRE III.

Cuisine salubre de M. D'ARCET.

SI vous habitez un appartement à loyer, ou que, dans
la maison dont vous êtes à la fois habitante et propriétaire, la cuisine soit tout établie, vous n'avez rien de
mieux à faire que de remédier au vice radical de la
construction par l'emploi des ustensiles conseillés. Mais,
dans toute autre circonstance, ayez recours au fourneau de cuisine de M. D'Arcet. C'est bien certainement en ce genre l'invention la plus commode, la plus
économique, la plus parfaite. On peut l'établir dans les
grands, comme dans les petits ménages : il suffit pour
cela d'augmenter ou de diminuer les dimensions, et le
nombre des fourneaux, ou de faire usage des autres accessoires, selon les besoins de chaque famille. Enfin cet
appareil fait disparaître l'insalubrité de la cuisine. Insalubrité méconnue, mais trop réelle, et que le conseil de
salubrité, chargé d'examiner le travail de M. D'Arcet,
a dénoncée en ces termes. « Il n'y a pas d'exagération à
« affirmer que de tous les arts, il n'y en a pas peut-
« être qui présente plus de danger pour la santé que
« l'*art culinaire*. Ces dangers sont d'autant plus graves,
« qu'ils sont presque inaperçus, et qu'ils se reprodui-
« sent chaque jour et dans toutes les classes de la so-
« ciété. »

Tout le monde sait, dit M. D'Arcet, que les cuisinières
ne sont pas seules exposées aux accidens résultant de
l'insalubrité de nos cuisines ; mais que dans les appartemens où la cheminée de ces pièces tire mal ou moins

fortement que d'autres cheminées voisines, les gaz délétères et les mauvaises odeurs, passent de la cuisine dans les autres chambres.

L'insalubrité des cuisines est due à deux causes : la première se trouve dans l'usage où l'on est de ne pas construire les fourneaux sous le manteau de la cheminée, et de laisser ainsi répandre librement la vapeur du charbon dans la pièce; la seconde provient du faible tirage des cheminées de cuisine, effet qui a lieu, soit par suite du mauvais rapport établi entre les ouvertures des manteaux de cheminées, et la capacité de leurs tuyaux; soit parce qu'il s'y établit un courant d'air descendant, commandé par le tirage plus fort d'une cheminée voisine, ou par l'ascension de la couche d'air, échauffée le long d'un mur voisin, exposé au midi, couche d'air qui fait alors le vide dans la cuisine, en montant, et en passant devant les portes ou les croisées.

Pour rendre les cuisines salubres, il suffirait donc de construire tous les fourneaux sous le manteau de la cheminée, et de pouvoir y établir, à volonté, en tout temps, un tirage convenable, dont on peut accélérer la vitesse au besoin.

Figure 1, plan général de la cuisine.

Figure 2, plan du fourneau.

Figure 3, perspective.

Figure 4, coupe verticale du fourneau.

a, réunion de tous les fourneaux sous le manteau de la cheminée.

b, four à pâtisserie, dont la fumée se rend sous le manteau général.

c, évier.

d, table de cuisine.

e, billot.

f, fontaine.

g, buffet.

h, *h*, portes de la cuisine et de la cave.

i, *j*, croisées.

k, fourneau surmonté d'une chaudière dans laquelle on fait chauffer de l'eau pour un bain, un savonnage, pour cuire en grand des légumes, soit dans l'eau bouillante, soit à la vapeur, pour faire des confitures, etc.

Ce fourneau a un tuyau de tôle *l* qui porte la fumée dans la cheminée générale, et qui peut servir à y faire appel.

m, tourne-broche placé au-dessus de la chaudière *k*. Il peut communiquer le mouvement à la broche que l'on place devant la cheminée A, (figure 2 et 3), et aux broches des *cuisinières*, placées en avant des coquilles à rôtir B B.

Nous allons maintenant décrire en détail toutes les parties du fourneau indiquées dans le plan général de la cuisine par la lettre *a*.

Figure 2. C, réunion de six fourneaux de cuisine de grandeur différente.

D, fourneau long pour placer une poissonnière. On peut en diminuer la capacité en y plaçant à travers, soit un morceau de brique, soit une plaque de fonte entaillée de manière à pouvoir servir de cloison, et séparer le fourneau en deux autres fourneaux plus petits.

On voit en E (fig. 3), les tampons de tôle qui servent à fermer les cendriers des fourneaux C D, (fig. 2). Ils se ferment encore mieux avec une porte à tirette en fonte ou en tôle.

On voit en J les couvercles en tôles qui servent à couvrir à volonté les fourneaux : le dessus du fourneau est alors de niveau et peut servir de table : on peut en outre placer sur ces couvercles des plats pour les entretenir chauds. Les couvercles, les tampons et les tirettes évitent la peine d'employer un étouffoir.

On met dans les fourneaux des grilles mobiles. On peut en avoir de rechange, ayant les barreaux plus ou moins écartés, selon l'opération à faire.

B B, coupe horizontale des deux coquilles (fig. 2), et de face, (fig. 3).

M. plaque de fonte qui couvre l'espace où circule la fumée du four N, (fig. 3) avant qu'elle se rende par le tuyau de tôle P, dans la cheminée générale. Lorsqu'on chauffe le four, cette plaque devient assez chaude pour chauffer de l'eau ou pour entretenir les plats chauds. Elle sert de table quand on n'allume pas de feu dans le foyer du four.

Q, plan de fourneau potager d'Harel, encastré dans la maçonnerie.

R, tuyau de ce fourneau.

L, tuyau du fourneau de la chaudière *k*, (fig. 1).

A, (fig. 2 et 3), place réservée entre les parties élevées M et G du fourneau. Le fond de cette partie du dessous du manteau est de niveau avec le sol de la cuisine : on peut y allumer le feu sur le sol comme on le fait généralement. Cet espace représente ainsi la cheminée d'une cuisine ordinaire devant laquelle on peut mettre la broche ou le pot-au-feu, dans laquelle on peut balayer les ordures de la cuisine, et allumer du feu en hiver pour chauffer la cuisinière. On ne donne à cet âtre que le moins de largeur possible : il suffit qu'on puisse y pendre à la crémaillère T, un chaudron ordinaire, ou que l'on puisse placer devant, au besoin, la broche ou la *cuisinière* de fer-blanc. On allume alors le feu au niveau du sol.

Lorsqu'on ne veut pas se servir de cette petite cheminée, on en ferme l'ouverture supérieure en la couvrant avec une plaque de tôle de la même grandeur, et qui se place sur deux tringles en fer *n n*. Elle se place aussi sur les tringles de fer *p p*, lorsqu'on veut faire une friture, une omelette, mettre le pot-au-feu, ou des légumes sans employer le fourneau potager Q. La cuisinière travaille facilement à cette hauteur sans être gênée, sans se tenir courbée, et avec moins de fatigue. On a ainsi le moyen d'établir le foyer de la partie A, a trois hauteurs différentes.

Lorsqu'on ne s'en sert pas, ou lorsqu'on veut faire des préparations qui donnent beaucoup de fumée et de mauvaises odeurs, telles que le grillage des côtelettes, la friture du poisson, le chauffage des fers à repasser, on place la plaque de tôle sur les tringles *n n*, au niveau des parties G et M. Par cette disposition, et en fermant les rideaux U U, (fig. 3), le courant d'air accéléré ascendant qui s'établit dans la cheminée, y entraîne tous les gaz délétères, et empêche la mauvaise odeur de se répandre dans la cuisine et de là dans les autres pièces de l'appartement.

On peut d'ailleurs allumer le feu sur le sol de la petite cheminée A, sans enlever cette plaque de tôle ainsi placée ; car il suffit de la tirer un peu en avant pour que la fumée puisse passer entre la plaque et le mur, et se rendre dans le tuyau de la cheminée, sans se répandre dans la pièce.

La crémaillère T reste en place quand on place la plaque de tôle sur les tasseaux *n n*.

On règle le tirage du tuyau P, au moyen d'une clé ou soupape ordinaire. Une clé sert aussi à diminuer à volonté la vitesse du courant d'air ascendant du petit tuyau R du fourneau potager. L'air chaud, porté dans la cheminée générale par ces tuyaux P et R, y fait appel, et sert à y établir, en cas de besoin, le tirage convenable.

Ce sont les rideaux U U qui servent, pour ainsi dire, de gouvernail à ce système de construction : plus on les ferme, plus le courant d'air devient rapide dans les tuyaux de la cheminée, et moins les odeurs désagréables peuvent s'exaler dans la cuisine. On charge le bas de ces rideaux en y fixant dans le repli de l'ourlet quelques balles de plomb, afin d'empêcher le courant d'air de les entraîner dans la cheminée ou sur le fourneau. On peut les rendre facilement, et à bon marché, incombustibles, en les trempant dans une dissolution saline d'alun ou de sulfate de fer. Ces rideaux, garnis d'anneaux en cuivre, et montés sur deux tringles, se ferment totalement lorsqu'on ne se sert pas du fourneau. On évite ainsi d'échauffer la cuisine en été, et on lui donne un air d'arrangement et de propreté.

V, porte du foyer du four, (fig. 3).

X, cendrier de ce foyer.

Y, charbonnier pouvant facilement contenir une voie de charbon.

a, (au sommet de la figure) le rable pour retirer la braise du four.

b, la pelle dont on se sert pour le service du four.

Figure 4. Coupe ponctuée de la coquille à rôtir.

B, P, tuyau de tôle du four.

R, tuyau de potager.

U, rideau. On voit en coupe la languette au bas de laquelle les rideaux sont attachés.

p, *n*, tasseaux pour recevoir la plaque de tôle.

Z, croisée servant à éclairer l'intérieur de la cheminée et du fourneau.

O, soupape servant à fermer à volonté le haut de la cheminée, au-dessus des tuyaux P R. En fermant cette soupape en hiver, lorsque tout le feu est éteint dans les différens fourneaux, on oblige la chaleur accumulée dans le massif du fourneau à se répandre dans la cuisine, et à en élever la température.

A la porte du fourneau potager on met la *cafetière-porte* de M. Harel.

On voit (fig. 5.) cette cafetière qui doit être en cuivre et non pas en fer-blanc, car sans cela, elle se dessoude facilement. L'on a ainsi toute la journée une cafetière pleine d'eau bouillante à sa disposition.

Lorsque par hasard la cheminée fume, on peut y remédier de suite en ouvrant le vasistas qui doit être placé à l'une des fenêtres de la cuisine, et en fermant à droite et à gauche les rideaux UU, pour rétrécir tant qu'elle pourra l'ouverture de la cheminée. Comme remède extrême et infaillible, il faut allumer un peu de feu sous la chaudière *k*, (fig. 1), au fourneau potager Q, (fig. 2), ou sans le four N.

Plus l'intérieur de la cheminée sera échauffé, plus le tirage sera fort, et plus les rideaux pourront rester ouverts, ce qui sera fort utile les jours de grands dîners.

L'économie est ici évidente, puisqu'elle résulte de la réunion de toutes les économies, produite par l'emploi de moyens connus depuis long-temps, bien appréciés; mais rarement rassemblés dans la même cuisine. Tels sont le fourneau potager, la coquille à rôtir, les fourneaux servant à volonté d'étouffoir, la *cafetière-porte*; telle est la suppression presque totale du foyer ordinaire, où le combustible brûlé à l'air libre, produit peu d'effet, et tel est encore l'emploi du four et de la chaudière sous lesquels on substitue au bois le charbon de terre, et sous lesquels le combustible brûlé dans un foyer fermé, peut donner le *maximum* d'effet utile, ce qui est loin d'arriver dans les cheminées ordinaires de nos cuisines.

Fontaine filtrante.

Lors même que vous auriez un puits commode, lors même qu'une fontaine se trouverait dans la maison, si vous habitez un étage supérieur, si de quelque manière la cuisine est éloignée de l'eau, ayez une fontaine filtrante dans cette pièce. On jugera que je recommande encore plus fortement lorsqu'il s'agit d'aller chercher l'eau à distance, dans une maison, dans une rue voisine, surtout lorsqu'on la reçoit d'un porteur d'eau.

Pour le système de filtration ascendante, l'eau que l'on désire épurer ne dépose point ses impuretés sur le filtre même, les pores n'en sont point obstrués et l'infiltration n'est pas ralentie comme dans les appareils ordinaires où l'eau acquiert, en peu de temps, un goût fétide et nauséabonde. Rien de plus simple que la construction de ces fontaines, dont nous joignons ici la description et le dessin. (fig. 6.) Cette fontaine est divisée en 3 compartimens inégaux; l'eau destinée à filtrer est versée dans un réservoir supérieur enfoncé dans une pierre non filtrante. Elle se précipite de là , par un tube vertical dans un réservoir inférieur que forme le fond de la fontaine où elle se dépouille de ses impuretés; c'est de là, qu'épurée déjà par ce premier dépôt et comprimée par la masse de liquide qui vient du réservoir supérieur, elle pénètre par ascension à travers une pierre filtrante dans le réservoir intermédiaire d'où on la tire par un robinet.

Le dépôt qui se forme au fond intérieur de cet appareil peut facilement être enlevé par le moyen d'un tampon mobile adapté à cet effet audit fond.

Autre fontaine filtrante très-facile à confectionner. (fig. 7).

La caisse a dans son intérieur trois compartimens. Le premier, A, reçoit l'eau à filtrer; celle-ci passe d'abord à travers une couche de gravier G, recouvert de cailloux assez gros , et qui se termine par du sable fin; puis vient une couche de charbon de bois H, grossièrement pilé, de trois à quatre pouces d'épaisseur; ensuite une nouvelle couche de sable I, qui se termine au fond par de petits cailloux. De ce premier compartiment, l'eau se rend en L, par une ouverture d'un pouce et demi sur toute la largeur du fond dans le deuxième compartiment B, qui ne contient que du sable fin. Enfin le compartiment C, est destiné à contenir l'eau filtrée.

F, est un robinet servant à vider en cas de besoin l'eau contenue dans A et B.

K, est le robinet par lequel on soutire l'eau filtrée. Ce dernier se trouve à un pouce au-dessus du niveau du fond, afin que si la filtration entraîne un peu de sable, celui-ci reste au fond. Le compartiment qui contient l'eau filtrée est fermé à sa partie supérieure par une petite planche à tiroir, et toute la caisse est recouverte par un couvercle à rebord, pour ne donner accès ni à la fumée ni à la poussière.

Il est entendu, que le sable et le gravier doivent

avoir été soigneusement lavés, et que le charbon sera de bonne qualité, parfaitement sec et exempt de goût.

La théorie de cet appareil est du reste si facile à saisir, qu'une explication et un plan détaillés seraient superflus.

J'observerai encore qu'on pourrait parfaitement bien le faire en pierre, comme les fontaines épuratoires, ou même en zinc ou en fer-blanc; mais le bois étant beaucoup meilleur marché (le filtre a tout au plus coûté 6 francs), je le trouve préférable, surtout en faisant remarquer, comme je l'ai pratiqué pour le mien, de faire subir préférablement aux planches une ébullition prolongée dans l'eau; opération qu'on doit même renouveler une ou deux fois pour leur enlever toute odeur de résine.

On peut réduire ou augmenter à volonté les dimensions de ce meuble; il est cependant plus utile de les diminuer en longueur et largeur qu'en hauteur, car plus les colonnes filtrantes sont hautes, c'est-à-dire plus l'eau sera ébicanée, mieux l'opération sera satisfaisante. Mon compartiment A, est rempli d'eau deux fois par jour, et elle passe assez promptement pour pouvoir n'employer que de l'eau filtrée à tous les usages domestiques. L'appareil demande du reste peu ou point d'entretien. Je ne le fais nettoyer que tous les cinq ou six mois : à cet effet, on lave bien le sable et le gravier, et le charbon est renouvelé; il peut cependant se trouver des eaux qui nécessiteraient un renouvellement plus fréquent.

CHAPITRE IV.

Salle à manger. — Ameublement. — Office. — Déjeûner. — Manière de faire les honneurs d'un repas. — Observations sur les hors-d'œuvre, entrées, rôtis, salades.

Pour être située commodément, la salle à manger doit être placée entre la cuisine et le salon de compagnie, ou la chambre à coucher, si la fortune du maître de la maison est plus restreinte. Cette pièce est ordinairement meublée avec simplicité, même chez les personnes opulentes. Le sol est composé de dalles blanches et bleues; les murs présentent des carreaux de couleur, ou verte, ou jaune, soit au moyen d'une peinture à fresque ou d'un papier qui l'imite; les rideaux blancs sont garnis d'un galon de laine de la couleur de l'appartement. Un ou deux poêles chauffent cette pièce : si l'on est riche, et que l'on tienne à l'élégance, c'est une statue de pierre très-blanche qui sert de tuyau ou de colonne. Depuis l'invention du carton-pierre on peut avoir ce luxe à bon marché. Deux ou trois petits degrés forment la base de la colonne ou le piédestal de la statue, et les personnes de goût ont coutume d'y placer de petits pots de fleurs qui, doucement échauffées par la chaleur du poêle, fleurissent au milieu de l'hiver. La maîtresse ne doit point oublier ces gracieux accessoires. Quelle que soit sa situation, une femme doit toujours se rappeler que plaire est sa destination.

La table ronde bien cirée, en acajou, en merisier ou en noyer, d'après les degrés de fortune, reste étalée au milieu de la salle, si elle est grande; dans le cas contraire, les côtés sont rabattus, et la table est placée contre la muraille ; mais cela est beaucoup moins distingué. On place un tapis ou tout au moins un coussin sous la table. Un bas de buffet à table de marbre et des chaises de paille sont les meubles adoptés pour les salles à manger. On peut encore y placer deux fontaines semblables, de forme carrée, ayant de jolis robinets en cuivre brillant. Une *servante* (1), table percée pour recevoir les bouteilles, et que l'on place à côté de la grande table lorsqu'on a mis le couvert, est encore un petit meuble fort commode. Je conseille à la maîtresse de maison de meubler sa salle à manger dans ce goût, en observant les gradations qu'exigera sa fortune. Dans l'état actuel de nos mœurs, l'élégance et le bon goût sont plus indispensables que la richesse (2).

Tâchez surtout d'avoir dans cette pièce une vaste armoire pratiquée dans le mur, et, s'il se peut, une office, dans laquelle vous placeriez la vaisselle de choix et autres objets qui ne servent pas journellement, où vous pourriez mettre les provisions de sucre, épiceries, légumes fins, confitures, conserves, fruits séchés, etc. Cette office doit être entièrement garnie de rayons fermés par le bas jusqu'à hauteur d'appui ; il est nécessaire qu'il s'y trouve une petite table, ou qu'une tablette s'y puisse tendre après une partie de la muraille privée de rayons, afin qu'on puisse trouver de quoi poser les objets que l'on aura déplacés. La maîtresse fera sagement de visiter souvent son office, d'en avoir la clé, ou tout au moins celle des armoires que forme le bas des rayons, et dans lesquelles elle rangera les provisions les plus précieuses.

_____

(1) Les *servantes* sont de peu d'usage dans les grandes maisons.

(2) Dans la salle à manger ou l'antichambre, il doit se trouver un *porte-parapluies*. Il consiste en trois larges anneaux portés sur une longue tige de fer, au bas de laquelle est un pied en forme de cuvette, pour recevoir l'eau des parapluies.

Nous ne décrirons pas l'espèce et la quantité de vaisselle qu'il convient d'avoir, c'est chose trop connue, et ce serait s'exposer à être taxée de verbiage. J'espère donner des indications plus utiles en recommandant à la maîtresse de maison de ranger toujours son argenterie dans une boîte ou un panier disposé à cet effet, ainsi que ses verres, qui, par parenthèse, doivent être assortis aux caraffes ; de mettre en boîte les couteaux de table qui ne servent point ordinairement, et de réunir les autres dans un petit panier à cuillers ; de marquer chaque serviette par un anneau portant le nom ou le chiffre de la personne qui s'en sert, et de réunir la nappe et les serviettes dans une corbeille d'osier. Le pain coupé pour les repas doit être placé dans une corbeille propre ou élégante, selon les facultés de la ménagère, et les restes du pain sont réunis dans une corbeille plus simple. Portés ensuite dans l'office, ou placés en tout autre endroit loin de la vaisselle, des couverts que l'on touche à chaque instant, ces restes de pain ne s'émietteront point et ne répandront point une poussière désagréable dans le buffet : rien ne s'en perdra, et dès qu'il y en aura une quantité suffisante, la maîtresse les fera tremper pour préparer des panades et des potages, pour mélanger avec des hachis, des œufs, etc.

La maîtresse de maison se pourvoira de tous les objets propres au bon ordre de la table, au luxe même, si ses facultés le lui permettent, et surtout si son état exige de la représentation. Elle ne manquera point d'avoir des *porte-plats* en jonc délicatement tressés et coloriés, afin d'éviter que les plats ne brûlent ou ne salissent le linge. Par ce dernier motif, des porte-bouteilles sont aussi nécessaires, à moins qu'elle ne puisse les avoir en argent, je lui conseille de les choisir en tôle vernie, un peu profonds, pour que la bouteille ne puisse vaciller ni tomber. Le cuir bouilli, d'une belle couleur rouge ou brune, vaut encore mieux. Le moiré métallique s'écaille trop promptement. Les porte-plats et porte-bouteilles sont surtout utiles aux déjeûners, pour lesquels on ne met point de nappe.

Les tiroirs de la servante doivent contenir, 1° des fourchettes à découper, qui consistent en un fort fourchon de fer, surmonté d'un long manche de bois noir; 2° de petits couteaux en ivoire ou en écaille, pour ouvrir les huîtres; 3° des pinces pour rompre les liens du bouchon des bouteilles de vin de Champagne; 4° des tire-bouchons de diverses grosseurs.

Outre la vaisselle ordinaire, le buffet doit contenir, 1° plusieurs bateaux pour le beurre, les radis, les anchois, etc.; 2° des couvercles bombés pour mettre sur le fromage, afin d'empêcher la mauvaise odeur, et sur les divers mets, en été, pour les préserver des mouches : ces couvercles seront en tissu d'acier, en verre blanc ou bleu foncé, en cristal, selon le goût et les facultés pécuniaires de la maîtresse de maison; 3° des compotiers, soit en faïence sans pieds, soit en porcelaine avec pied, soit en verre blanc, soit enfin en cristal. Ces derniers compotiers, avec couvercles et plateaux, sont des objets de luxe qui contribuent beaucoup à l'ornement du couvert. Il en faut quatre ordinairement; deux pour les confitures, deux pour les fruits à l'eau-de-vie; 4° des verres dits à Bourgogne, de forme ronde, de grandeur moyenne, avec un pied; 5° des verres à Champagne, très-allongés, afin que le liquide ne s'échappe point en moussant. Outre cela, la maîtresse de maison doit avoir dans son office, 1° des plateaux en tôle vernie, de diverses grandeurs, soit pour servir à boire à une ou deux personnes, soit pour réunir de six à douze tasses à thé ou à café à l'eau; et enfin, si elle est très-riche, pour distribuer des rafraîchissemens, du punch à une soirée, pour servir de surtout sur une table d'apparat : en ce cas le plateau ou *dormant* doit souvent être en glace; 2° des vases ronds en même matière pour servir à la distribution des verres de Bourgogne et de Champagne; 3° une brosse courbe pour nettoyer la table avant de mettre le dessert; 4° un

porte-liqueur avec trois caraffes étiquetées et une douzaine de petits verres. Il est inutile de dire que tous ces
objets seront servis seulement aux repas de cérémonie,
et que les personnes même les plus opulentes ne se sou-
mettent point à cette sujétion.

Il y a beaucoup de choix à faire dans les objets de
tôle vernie. Maintenant les plus jolis, et les seuls convenables, présentent sur un fond noir des fruits dorés,
des fleurs, des papillons d'après nature. Cette belle imitation des laques chinoises est un peu chère, mais d'un
goût parfait. On fait ainsi des corbeilles à fruits, à jour,
des verrières (paniers à verre), des plateaux, etc.

Il faut écrire pour toutes les fortunes. Si la maîtresse
de maison est riche et doit tenir un brillant état de maison, elle aura 1° des bouchons de liége garnis en argent,
surmontés d'une bouche de même métal; des porte-cuil-
lers ou couverts, espèce de petits supports en argent, sur
lesquels on place la cuiller et la fourchette, afin qu'elles
ne salissent point la nappe ou la table; 3° des bouilloires, espèce de réchaud massif en argent, ou plaque
d'argent, ayant une petite soupape par laquelle on introduit l'eau chaude dont on les remplit : l'objet de ces
bouilloires est de conserver les mets dans le même degré
de chaleur. Cette pratique, qui n'a lieu que dans les
dîners de cérémonie, est très-dispendieuse, parce qu'il
faut nécessairement autant de bouilloires qu'il y a de
plats chauds à chaque service. De plus, dans les grandes
maisons, chaque plat est revêtu d'un couvercle semblable
à la bouilloire; 4° des couteaux de dessert : aux grands
repas, lorsqu'après le second service on a enlevé le
napperon, et promené la brosse courbe sur la table, ou
qu'on a ôté les couteaux de table en même temps que
les fourchettes, on les remplace par des couteaux à lame
d'or ou d'argent; 5° une boîte à thé : c'est un usage de
la plus grande élégance; cette boîte, semblable à l'extérieur à un grand nécessaire, est en bois exotique et
précieux, ou bien en bois blanc à décalquer; à l'intérieur, elle est divisée en trois compartimens contenant

diverses sortes de thé ; dans celui du milieu est un co-
quillage, ou mieux une sorte de cuiller très-creuse et
sans manche, ayant la forme d'une large feuille recour-
bée longitudinalement ; cette feuille, ou coquille à jour,
en argent, sert à prendre le thé pour le mettre dans la
théière.

Puisque nous en sommes aux objets de luxe, n'ou-
blions pas 1° la petite pincette en argent dont on se
sert pour prendre les morceaux de sucre dans le sucrier;
2° la cuiller à olives, ayant la forme d'une petite cuiller
à potage, mais à jour, afin que les olives égouttent ;
cette cuiller, en argent, ne diffère de celle à poudre de
sucre que par son long manche de bois noir, tandis que
l'autre a un manche plus court, en argent; elle est
aussi un peu moins creuse : les jours de toutes les deux
doivent présenter de jolis feuillages agréablement découpés ; 3° la truelle à poisson : c'est un instrument moitié
couteau, moitié cuiller, dont on se sert pour servir les
brochets et autres poissons au bleu; il est composé
d'un manche court en bois noir, et d'une lame d'argent
imitant à peu près la forme d'un poisson; sur l'un des
côtés de la lame on en voit la figure; 4° la cuiller à
punch, sorte de petit bassin, arrondi d'un côté, formant
goulot de l'autre, et emmanché d'un long manche en
bois. Tous ces objets sont en argent ou bien en vermeil.

Mais laissons toutes ces brillantes superfluités, qu'il
n'est pourtant point permis d'ignorer, et donnons à la
maîtresse de maison les indications nécessaires pour servir convenablement, c'est-à-dire avec une certaine élégance; car manquer à cet égard aux usages reçus, c'est
donner une faible idée de l'éducation de la maîtresse du
logis.

Comme je l'ai dit précédemment, le déjeûner se sert
sans nappe, à la fourchette ou autrement. Si l'on y sert
du riz au lait ou au gras, il ne doit point être placé dans
une soupière comme le potage, mais distribué dans des
bols que l'on place sur l'assiette de chacun. Les déjeûners

se composent principalement de charcuterie, viandes froides, même d'entrées, de hors-d'œuvre, d'entremets; en un mot, c'est souvent un dîner auquel il ne manque que le potage; mais l'on n'y fait entrer ni rôti, ni salade, à moins qu'il ne se fasse un peu tard, et porte le nom de *déjeûné dinatoire*. Le café à la crème, ou le chocolat à l'eau, ou le thé, termine ce repas : l'on sert avec le premier des pains dîts à café, ou des pains au lait, et des flûtes ou gâteaux pour les autres. Il va sans dire que tous ces apprêts supposent du monde. Les huîtres, les côtelettes de mouton grillé, les pâtés froids, les saucisses et *assiettes garnies*, sont le fondement d'un joli déjeûner. A propos de ces dernières, si la maîtresse de maison veut servir un plat élégant sans qu'il lui en coûte davantage, elle disposera par-dessus les tranches de jambon et de saucisson, de dinde et veau farcis qui le composent, une couche de gelée, sur laquelle elle disposera un dessin quelconque, avec des fines herbes hachées, soit la croix de la Légion-d'Honneur, soit une fleur, un chiffre, etc. Pour enjoliver davantage son plat, elle pourra y ajouter des blancs et jaunes d'œufs durs coupés en petits morceaux, des truffes coupées de même. Ainsi, elle aura des traits bruns, jaunes, verts, blancs, qui, artistement disposés, produiront un plat charmant. (Voyez *Manuel du Charcutier*.)

Sert-elle un jambon? qu'elle ait soin d'en garnir le manche avec du papier blanc, replié et coupé longitudinalement près à près, afin de présenter une frisure; qu'il offre des compartimens marqués, les uns de croûte de pain râpé, les autres de fines herbes hachées. A-t-elle une volaille désossée et farcie en daube, ou même un gigot de cette façon? qu'elle le couvre entièrement d'une épaisse gelée, puis coupe des rondelles de citron; ensuite elle fera délicatement, avec la pointe d'un couteau, de petites dents à l'écorce; la rondelle sera ensuite partagée par le milieu, et la partie coupée, implantée dans la gelée, de manière que ces demi-rondelles ainsi découpées, et placées d'après un dessin convenu, soit en long, soit

4

en large, soit en biais, présentent comme une suite de jolies roues. On les sert à chaque convive, à mesure que l'on découpe la viande, et elles en augmentent le bon goût.

Il est encore une autre préparation qui fera beaucoup d'honneur à la maîtresse de maison, et qui n'entraînera que peu de peine et moins encore de frais. Avec de la cochenille en petite quantité, colorez de la gelée de viande, versez-la toute chaude dans un moule imitant une grappe de raisin, fermez le moule et laissez-la refroidir ; ouvrez ensuite le moule, soulevez-le, et votre gelée aura la forme d'une belle grappe, mettez-la seule ou placez-en plusieurs de même sorte sur un plat, sur le fond duquel vous aurez placé des tranches peu épaisses de larges cornichons, que vous découperez de manière à imiter des feuilles de vigne, et vous aurez un plat charmant. On peut aussi faire du raisin blanc, ou pour mieux dire jaune clair, en décolorant la gelée au moyen du charbon et des coquilles d'œufs. Si vous avez à servir des saucissons, coupez-les en tranches fort minces, et mettez-les sur une assiette sans les recouvrir.

On sert encore à déjeûné des artichauts à la poivrade, c'est-à-dire crus, avec du poivre et du sel ; il suffit seulement d'en ôter le foin, de les partager en plusieurs parties, et de les entuiler par trois rangées dans une coquille. La partie non feuillée de la rangée centrale sera coupée carrément. D'autres personnes préfèrent les tenir dans de l'eau légèrement vinaigrée, pour les empêcher de noircir. Au reste, plus ils sont petits, plus ils sont bons. Il est important de s'assurer de leur bonté. Pour cela, on casse la queue près du corps, si elle se rompt aisément, sans laisser de filamens, vous êtes sûr que l'artichaut est bon : il est mauvais dans le cas contraire. La préparation des radis est si simple, que pour se railler d'une mauvaise ménagère, on dit qu'elle sait faire la *sauce aux radis*, parce qu'en effet on n'y met que de l'eau : j'en dirai pourtant quelque chose. Pour servir élégamment des radis, commencez par leur couper la queue tout près du corps, lavez-les ensuite, puis rognez l'extrémité des feuilles, de manière à ce qu'elles forment un petit bouquet ; placez les radis dans le bateau, près à près, tout droits, de telle sorte qu'ils présentent une surface verte parfaitement égale, au travers de laquelle on apercevra les radis bien vermeils.

La préparation du beurre frais demande aussi quelque soin : on le dispose de trois façons, en coquilles, en médaillons, en vermicelle. Pour opérer la première, commencez par verser un peu d'eau dans le bateau ; puis ayez un gros pain de beurre que vous raclerez dans toute sa longueur légèrement avec la pointe d'un couteau : la raclure se contournera de manière à présenter une petite coquille, que vous ferez doucement tomber sur l'eau. Remarquez que les endroits raclés plusieurs fois ne donnent plus que des coquilles imparfaites. Pour le beurre en médaillons, il suffit de lever une tranche de l'épaisseur d'un doigt, de la poser sur une planchette, ou sur un plat à l'envers, et d'appliquer dessus un moule de buis, ayant la forme d'un médaillon quelconque. On soulève ensuite délicatement ce médaillon avec la pointe d'un couteau, sans le toucher, et on le glisse sur l'eau. On prépare le beurre en vermicelle au moyen d'une passoire un peu grosse, dans laquelle on presse le beurre qui s'échappe en filets. Le beurre se prépare aussi en petits cônes unis ou écaillés. On sert assez communément du vin blanc à déjeûner. Ce repas a ordinairement lieu de dix heures à midi ; mais une foule d'habitudes et de circonstances font varier habituellement cette heure : on sent que je ne puis indiquer que celle des déjeûnés où l'on reçoit. Habituellement, il est bon de couvrir la table d'une toile cirée préparée.

Parlons maintenant des dînés. Le couvert se met avec nappe, napperon, que l'on remplace par une serviette quand la table est de petite dimension. On met une assiette plate seule à chaque place ; les assiettes à soupe se rassemblent toutes vers celle de la maitresse de maison, qui les passe à chacun à mesure qu'elle distribue le potage (1). Chez les grands, chaque convive a un plateau sur lequel se trouve son couvert, un verre ordinaire et un verre à pied, ordinairement en cristal, argent ou vermeil; mais cela ne nous regarde pas. Pour un dîner de cérémonie, chacun doit avoir trois verres : un verre ordinaire, un verre à vin de Bourgogne, et un long verre à vin de Champagne. Il est de bon ton de mettre au premier service les vins dans de belles carafes de cristal taillé. On les sert ensuite dans leurs bouteilles bien cachetées. Un tire-bouchon mécanique en bel acier, à poignée d'ivoire ou d'os, munie d'une aigrette de crin, doit se trouver sur la table, auprès du maître de la maison. Il suffit de placer le bout de ce tire-bouchon sur le liége, et de tourner comme en jouant la poignée pour que le bouchon sorte et remonte sans effort.

Dans un grand repas, on offre après les potages un verre de madère sec, ou de liqueur d'absinthe. Pour le premier service, des vins de *Basse-Bourgogne*, c'est-à-dire des crus les moins distingués. Pour le second service, de meilleurs vins, tels que le vin de Chambertin, de Bordeaux, d'Espagne. Le vin de Champagne se présente au dessert.

Le café vient ensuite, puis le porte-liqueurs, mais il est de meilleur ton de passer les prendre dans le salon. A cet effet, on place sur la monopode, ou table ronde à un pied, qui se trouve au milieu du salon, un plateau contenant autant de tasses en porcelaine qu'il y a de convives, avec le sucrier et le pot à café pareils. Le porte-liqueurs occupe le centre de la table.

Pour un repas de cérémonie, il est d'usage d'envelopper dans la serviette de chacun, un pain frais d'une demi-livre : les quatre bouts de la serviette sont repliés de manière qu'elle présente un octogone, ou bien une

_____

(1) Il faut placer auprès du maître de la maison un *affiloir* en bronze, petit meuble aussi utile qu'élégant.

sorte de roue, ou toute autre disposition. Le nom de la personne, écrit sur une carte, est placé sous la serviette. La maîtresse de maison se place au centre de la table, ordinairement en face de son mari, qui l'aide à faire les honneurs : elle met à sa droite et à sa gauche les personnes pour lesquelles elle a le plus de considération. Le domestique qui sert à table doit être placé derrière sa chaise, à quelque distance, avec une assiette à la main, et une serviette sous le bras, afin d'agir au moindre signe. La maîtresse de maison l'envoie porter aux divers convives éloignés d'elle ce qu'elle vient de leur servir.

Nous reviendrons plus tard sur la manière de faire les honneurs d'un repas; occupons-nous maintenant de sa préparation. Une maîtresse de maison doit parfaitement connaître la *symétrie*, c'est-à-dire savoir distinguer les plats en hors-d'œuvre, entrées, entremets, et les disposer convenablement entre eux. Le service d'une table s'appelle *menu* : il varie suivant le nombre des convives, et l'excellent *Manuel du Cuisinier et de la Cuisinière*, par M. Cardelli, donne à cet égard toutes les instructions désirables. Nous ne les répéterons pas en détail, mais nous dirons à la maîtresse de maison que ces hors-d'œuvre se divisent en chauds et en froids. Toutes les parties du cochon, les côtelettes grillées, les rognons de mouton, les petits pâtés, servent aux premiers; le beurre frais, les radis, les cornichons, les anchois, les artichauts à la poivrade, le thon mariné, les melons, les sardines, composent les hors-d'œuvre froids. Quelques observations sur la manière de les servir à ajouter à ce que nous avons dit précédemment pour les déjeuners. Les anchois se servent crus, coupés par de petits filets, et formant divers dessins au moyen de fines herbes, de blancs et jaunes d'œufs durs hachés. On y ajoute de l'huile d'olive au moment de servir. Le thon mariné se sert dans les bouteilles même où on l'achète, quoiqu'il y ait des personnes qui le mettent en bateau : on n'y ajoute aucun accessoire. Le melon se sert tout entier; le couper par tranches à l'avance est de mauvais ton. Dans les grands repas de vingt-quatre, trente, quarante et cinquante couverts, on remplace ou on accompagne les hors-d'œuvre par des relevés de potage. Dès que le nombre des conviés va à douze, il faut deux potages, un gras et un maigre, deux relevés de potages, car ils sont toujours en nombre égal, et deux rôtis, accompagnés de leur salades. Lorsqu'il y a quatre potages, il y a quatre relevés, quatre rôtis, quatre salades, etc. Les relevés de potages sont indifféremment composés de volailles, poissons, pièces de bœuf, etc., mais forment toujours de forts plats.

Je ne donnerai point la liste des entrées, la besogne serait trop longue et surtout inutile, puisque tous les livres de cuisine en fournissent la nomenclature : il suffira de dire que presque tous les ragoûts de viande, de volaille, de gibier, de poisson, même pâtés chauds à la viande ou poisson, sont des entrées. Si, parmi ces plats, la maîtresse de maison sert une fricassé de poulets, elle ne les fera point dépécer, parce qu'il est beaucoup plus distingué de servir la volaille entière ; elle aura soin que la plupart de ces entrées soient embellies de pointes d'asperges, de crêtes de coq, de mousserons, de truffes coupées en dés, de pistaches ; et lorsque des ragoûts de légumes s'y trouveront joints, comme des navets avec du mouton, des pommes de terre avec du bifteck, ces légumes doivent être coupés et préparés de manière à conserver leur forme. Pour cela, on les taille délicatement d'égale grosseur, on choisit des navets de Ferneuse, qui sont les meilleurs, et des pommes de terre, dites *vitelottes*, qui sont petites et *tournées* convenablement ; puis on les fait frire, on les passe légèrement dans la sauce de l'entrée, en se gardant bien de les faire cuire avec la viande, ce qui les mettrait en bouillie : on termine par les placer sur le bord du plat. Les aloyaux et pièces de bœuf rôtis qui sont si fort à la mode, doivent être ornés de croûtons de pain frits dans le beurre, représentant divers dessins, tels qu'étoiles, cocardes, crêtes, etc. ; ces croûtons, de grande dimension, sont implantés sur toute la surface de la pièce : elle doit être

en même temps fort tendre et fort rouge : pour lui donner cette couleur, on la saupoudre très-légèrement de cochenille en l'embrochant.

Une entrée très-délicate et non moins distinguée,
est une sorte de fricassée de poulets qui diffère des
fricassées ordinaires, en ce que le jus de citron et
le verjus y dominent au point de la rendre sensiblement acide, et en ce que la volaille y est coupée
en quatre parties égales. Au moment de servir, on
prend une grosse tête de chicorée bien lavée, la plus
longue et la plus blanche possible ; on enlève les mauvaises feuilles, et en la serrant bien dans la main, on
en coupe la racine. Pour plus de précaution, il sera bon
de la lier avec une ficelle pendant un certain temps, une
journée environ. On la place ensuite toute droite au
milieu du plat, en la tenant de la main gauche, puis on
dispose autour les quartiers de poulets bien égouttés, en
les rapprochant les uns des autres tout droits, la tête en
haut, de telle sorte que la chicorée en soit comme flan-
quée. En plaçant les derniers quartiers, on ôte doucement la main, alors les branches de la chicorée retom-
bent en gerbe sur les morceaux de poulets. Il va sans
dire que l'intérieur de la volaille est tourné en dedans.
Si l'on veut ajouter à l'agrément du plat, on place entre
les quartiers de volaille, notamment sous les cuisses et
les ailes, de petits bouquets de chicorée : la sauce à la
magnonnaise est ensuite versée sur le bord du plat. Ce
mets, que je n'ai vu dans aucun livre de cuisine, mais
dont j'ai mangé avec plaisir sur les meilleures tables, est
peu connu et extrêmement joli. Les plats à la tartare,
c'est-à-dire avec une sauce de moutarde pure, sont aussi
de très-bon ton. A propos de moutarde, je ne dois pas
oublier de dire à la maîtresse de maison que les moutardes fines particulières comme les moutardes à l'estragon, à l'ail, au romarin, etc., se servent dans le pot
même qui porte l'étiquette de leur qualité. Les pâtés de
foies gras en terrine se servent dans la terrine, avec son
couvercle.

Je n'ai point dit que l'on garnit le bœuf ou bouilli de branches de persil : tout le monde sait cela ; mais il est bon de dire que ces branches doivent entourer les rôtis d'agneau, chevreau, cochon de lait ; que même il doit s'en trouver un bouquet entre les mâchoires de l'animal; que les plats de friture, soit légumes ou poissons, s'embellissent de cet ornement, car on en a moins généralement l'habitude.

Dans un dîné de cérémonie, il est bon d'entourer de belles truites, un brochet, un saumon, de fleurs de la saison, soit en les alternant avec du persil, soit avec des dessins composés de blanc et jaune d'œufs durs hachés.

Les rôtis demandent peu d'indications ; cependant il ne sera point inutile de rappeler qu'on peut entourer un chapon ou poularde, de cresson ; que le gibier très-fin, comme mauviettes, becs-figues, ortolans, ne doit pas être revêtu de la barbe de lard dont on a coutume de couvrir les volailles et autres oiseaux rôtis. Les perdreaux sont préférables aux perdrix, qui souvent ne sont pas jeunes. La maîtresse de maison distinguera les premiers à la plume du bout de l'aile, qui est terminée en pointe; celle des secondes se termine en rond. Les rôtis doivent être variés, c'est-à-dire de grosses et petites pièces. Ainsi, avec un rôti de lièvre, il faut des pigeons ; avec des bécassines, un gigot, etc. Les oies sont un rôti qui ne se sert qu'en famille ; les canards, plus distingués, ne se servent pas en rôti sur une table recherchée. Les faisans s'enveloppent de papier beurré, ainsi que les autres rôtis délicats.

Les rôtis sont plus variés qu'on ne le pense communément. Les poissons d'eau douce au bleu ou frits, les homards, crevettes, chevrettes, la dorade, merlans, éperlans (que l'on sert sur un plat recouvert d'une serviette pliée, et enfilés par les yeux après une brochette ou atelet d'argent), soles, aloses, carrelets, au court-bouillon ou bien en friture. — Grenouilles frites. — Les gros pâtés froids, surtout lorsqu'ils sont renommés, comme pâtés de Pithiviers, pâtés de foies gras de Strasbourg, de Périgueux, de coqs vierges de Caen, terrines de Nérac, etc., sont des rôtis.

Les salades se composent des herbes ordinaires, de céleri seul ou mélangé, de raiponce, chicorée amère, pousses d'endive, cresson. J'observerai que ces dernières n'étant pas généralement goûtées, la maîtresse de maison n'en fera usage que lorsqu'il y en aura plusieurs. Quant aux autres, chacun sait la manière de les trier, préparer, accommoder ; je dirai seulement que sur les salades de chicorée, scarole, romaine, barbe de capucin, en un mot toutes les salades très blanches, il convient de mettre de place en place de fines herbes hachées, dites *appétits*, de manière à ce qu'elles présentent des bouquets divers ; en tournant ou fatiguant ensuite cette salade, le domestique rompt ces dessins, et disperse les herbes sur toutes les feuilles ; mais lorsque la salade s'accommode, elle offre un agréable aspect. Quelques personnes placent au milieu des bouquets d'herbes, des fleurs de capucine ou de bourrache, dont les couleurs bleu et brun doré produisent un joli effet. Les graines de capucine confites au vinaigres sont aussi fort bonnes dans la salade. Il est d'usage d'y mettre du poivre, peu de sel et de vinaigre, et beaucoup d'huile. Pour qu'une salade soit bonne, il faut qu'elle soit brillante. La moutarde ne convient qu'aux salades de céleri ; c'est alors une salade distinguée, mais on ne peut plus échauffante. Le céleri doit être disposé en pyramide. Les belles asperges, au naturel, avec huile et vinaigre, se servent en salade.

C'est ici le cas de recommander les salades à la crème, dont on se régale à la campagne, dans plusieurs provinces de France. On met très-peu de vinaigre et de sel, et au lieu d'huile, on y verse en abondance de la crème naturelle très-fraîche et légèrement épaisse. C'est un mets délicieux. Nous parlerons plus loin des viandes et légumes en salade, pour utiliser les restes, et varier l'assaisonnement. C'est tout-à-fait mets d'intérieur.

CHAPITRE V.

Entremets. — Desserts. — Thés. — Punchs. — Glaces.

DE toutes les parties d'un dîné, rien n'exige plus de soin de la part de la maîtresse de maison que les entremets et le dessert. Là, en effet, la cherté des mets, le choix des substances qui les composent ne sont qu'un point peu esentiel. Tout dépend des soins donnés à la manipulation, de l'élégance avec laquelle les plats sont disposés et apportés. Là aussi, la maîtresse de maison peut économiser sans nuire au bon ton; ses soins et sa surveillance ont plus d'importance que son argent. Si on excepte en effet les gros entremets composés de fortes pièces de charcuterie, de pâtés froids ou de poissons recherchés, tout dépend du soin et de la préparation; soit qu'il s'agisse de légumes conservés, comme je le dirai plus loin, pour en jouir quand la saison en est passée dès long-temps, soit qu'il soit question de ces élégans entremets sucrés que la mode et le bon goût font également rechercher.

Je donnerai donc quelques détails sur cette partie; non que je veuille faire un livre de cuisine, mais au contraire, parce qu'à cet égard les livres de cuisine sont insuffisans, et leurs recettes n'apprennent presque rien. Pour ne pas les répéter, je ne dirai rien de la pâtisserie, d'abord parce que beaucoup de personnes la font assez bien; ensuite, parce que la manière de faire la pâtisserie parfaitement est devenue presque un art, que j'aurais besoin d'entrer dans beaucoup trop de développemens, et qu'il vaut beaucoup mieux que je renvoie au *Manuel du Pâtissier*, dont je prépare en ce moment une seconde édition.

Je me restreindrai donc à parler presque uniquement des entremets sucrés préparés avec la gélatine, parce qu'ils sont, les plus élégans et les plus inexactement décrits dans les autres ouvrages. La méthode que j'indiquerai simpliefira beaucoup les opérations et les réduira presque toutes à une seule.

Des gelées.

Cet entremets si délicat, transparent comme le cristal, tour à tour incolore, rose ou d'un jaune doré, recevant le goût de tous les fruits, l'arôme de toutes les fleurs, le parfum et la saveur de toutes les liqueurs de table, est un des plus faciles à exécuter.

C'est tout simplement ou le suc d'un fruit ou un sirop parfumé ou une liqueur mélangée d'eau, auxquels on donne la consistance suffisante avec de la gélatine bien clarifiée, qui, entièrement liquide quand elle est un peu chaude, prend en gelée en se refroidissant.

De là, il résulte que pour toutes les gelées il y a une opération générale et toujours la même, la purification de la gélatine, puis une préparation particulière, celle du sirop qu'on veut faire prendre en gelée.

Préparation de la gelée simple.

On l'extrait ou de la colle de poisson ou de la colle d'écaille, substance nouvelle que l'on fabrique à Lyon, en feuilles minces et presque aussi transparentes que le verre ou de la gélatine proprement dite, espèce de colle forte extraite le plus souvent des eaux.

La colle de poisson coûte très-cher, est difficile à préparer, mais donne de fort beaux produits.

La colle d'écaille coûte moitié moins cher, n'exige presque aucune préparation, donne d'excellens résultats; mais encore peu connue dans le commerce où cependant il est probable qu'elle se répandra rapidement.

La gélatine de première qualité, telle que celle que

prépare pour l'usage alimentaire, M. Grenet de Rouen, réussit aussi très-bien, et est encore moins coûteuse que la colle d'écaille; mais la gélatine commune ne peut pas être employée sans précaution. Quelquefois elle a un mauvais goût, quelquefois aussi on l'a soumise en la préparant à une ébullition tellement longue qu'elle en est altérée et ne se coagule plus qu'avec peine; c'est ce que j'ai du moins éprouvé une fois pour la gélatine de M. Appert. Enfin cette gélatine commune donne à la gelée une couleur jaune, désagréable dans certains cas où l'on veut obtenir une gelée parfaitement limpide.

Cependant la gélatine brute, concassée, peut être souvent utilisée avec avantage, à raison de son très-bas prix quand on s'est assuré en en faisant fondre quelques morceaux dans la bouche, qu'elle se dissout bien et n'a pas de mauvais goût.

Après s'être fixé sur le choix de la matière, il faut régler la quantité à employer. Or, à cet égard, nulle quantité fixe ne peut être donnée. Tout dépend de la grandeur du moule que l'on veut employer; de la saison pendant laquelle on opère et de la forme qu'on veut donner à la gelée. En effet, il faudra nécessairement plus de gélatine pour un grand moule que pour un petit, plus de gélatine en été qu'en hiver; plus encore pour une gelée renversée et qui doit bien se soutenir que pour une gelée en petits pots.

Disons en général, qu'une once ou une once et demie de colle de poisson suffit pour un entremets ordinaire; qu'il faut le double de gélatine proprement dite ou de colle d'écaille.

Quoiqu'il en soit, il est bon de préparer à la fois une certaine quantité de gélatine pour en faire une gelée simplement sucrée, mais dépourvue de toute saveur spéciale et de tout parfum, et avec laquelle on pourra en un moment faire toute espèce de gelée.

Pour procéder ainsi : mettez dans une casserole telle quantité que vous jugerez convenable de colle de poisson, de colle d'écaille ou de gélatine que vous avez fait préalablement tremper dans l'eau pure pendant cinq ou six heures s'il s'agit de gélatine, et 10 ou 12 heures si c'est de colle de poisson.

À cette substance, ajoutez huit verres d'eau par once de colle de poisson, ou quatre verres d'eau par once de gélatine. Faites bouililr, et quand tout est bien fondu, ce dont il est il faut s'assurer avec soin, laissez refroidir un peu. Quand la dissolution gélatineuse est seulement tiède, ajoutez-y un peu de blanc d'œuf battu avec de l'eau en petite quantité. Un blanc d'œuf suffit pour une livre de colle. Mélangez bien le tout, remettez sur le feu. Lorsque la liqueur commence à bouillir, jetez-y quelques gouttes de jus de citron ou d'eau rendue acide en y faisant fondre un peu d'acide tartarique; cette opération, dont on peut se dispenser, contribue à rendre la gelée plus limpide. Alors filtréz à travers une chausse ou un linge; remettez sur le feu, et faites réduire rapidement jusqu'à ce que vous n'ayez plus qu'un verre de dissolution gélatineuse par once de colle de poisson employée, ou par deux onces de colle de gélatine ou de colle d'é-caille. Si donc vous avez fait fondre une livre de colle de poisson, ou deux livres, soit de gélatine brute, soit de colle d'écaille , vous devez avoir seize verrès de dissolu-tion gélatineuse.

Ajoutez à cette dissolution une égale quantité de sirop de sucre simple; mélangez et divisez le tout dans des flacons ou bouteilles de deux verres à deux verres et demi, ou trois verres. Tenez-les au frais et bien bou-chées. Cette gelée simple se conservera très - long-temps.

Quand on veut l'employer, on l'aromatise de l'une des manières que nous allons indiquer.

Gelée de violettes.

Faites infuser dans un peu d'eau bouillante deux petits paquets de fleurs de violettes fraîches, auxquelles vous ajoutez une pincée de graines de cochenille. Joignez à

5

cette infusion, quand elle est tiède, trois verres de gelée simple et un petit verre de kirch-vasser, ou un jus de citron à votre choix. Pour pouvoir faire ce mélange, on met un moment tremper dans l'eau chaude la bouteille de gelée, ce qui la fait fondre. Quand le tout est mélangé, videz dans un moule. S'il n'est pas plein, ajoutez de l'eau, et au besoin, assez de sirop de sucre pour sucrer convenablement. Faites prendre la gelée, et dressez-la comme nous le dirons plus loin.

Gelée de roses. Opérez comme pour la précédente en substituant trente roses effeuillées aux violettes, et en ajoutant un demi-verre d'eau de rose. Il ne faut que deux verres de colle simple.

Gelée de fleur d'oranger. De même en employant deux onces de fleur d'orange, ou quantité suffisante d'eau de fleur d'orange, gelée de jasmin. De même en employant une once de fleur de jasmin.

Gelée de fraises. Exprimez le jus d'une livre de fraises, et une demi-livre de groseilles ; mêlez-y un peu d'eau ; laissez reposer douze heures ; filtrez et mêlez à deux verres de gelée simple. A défaut de groseilles, ajoutez le jus de deux citrons.

Gelée de raisin muscat. De même en exprimant le jus de deux livres de raisin.

Gelée d'orange. Ajoutez à trois verres de gelée simple le jus de douze oranges et de deux citrons filtrés. Aromatisez avec un morceau de sucre frotté sur le zeste de trois oranges. Pour plus d'économie, au lieu de jus d'orange, employez une quantité équivalente d'eau légèrement acidulée, en y faisant fondre de l'acide citrique, ou de l'acide tartarique.

Gelée de citron. De même, en substituant au jus de douze oranges le jus de douze citrons, et au sucre frotté sur des oranges, du sucre frotté sur des citrons, ou quelques gouttes d'essence de citron versées sur sur un morceau de sucre. On peut, au lieu de jus de citron, employer la dissolution d'acide citrique.

Gelée au thé. Ajoutez à la gelée simple une infusion de deux gros de thé, demi-verre de kirch-wasser, en ajoutant, comme de coutume, la quantité d'eau nécessaire pour le moule.

Gelée de punch. Deux verres de colle simple mêlés avec suffisante quantité de punch. (Voyez à la fin du chapitre la manière de le préparer).

Gelée de vin de Champagne rosé. A trois verres de gelée simple, joignez le jus d'un citron, une décoction de douze graines de cochenille dans un peu d'eau, et deux verres de bon vin de Champagne rosé.

Gelée d'anisette. Trois verres de gelée simple mêlés à un verre et demi d'anisette de Bordeaux, et non de Hollande.

Observations générales. Il est clair que rien n'est plus facile que de préparer les gelées qui précèdent. Si on n'avait pas de gelée simple préparée à l'avance, il serait facile d'en faire à l'instant même avec deux onces ou deux onces et demie, soit de colle d'écaille, soit de gélatine-Grenet. Ainsi préparée, une gelée brillante et chargée des arômes les plus divers, n'exige pas plus de peine et de soin qu'une mauvaise crème de ménage: ajoutons qu'il est essentiel pour la préparation des gelées de n'employer aucun vase étamé, ni même de se servir de cuillers d'étain.

Manière de dresser les gelées d'entremets.

La manière la plus simple consiste à verser la gelée tiède dans des petits pots, et à la laisser se coaguler au frais, ce qui exige quelquefois plusieurs heures, surtout en été.

On peut de même la verser dans des coupes en cristal taillé : alors elle produit un effet des plus brillans.

Il est facile d'accélérer la coagulation de la gelée, principalement en été, en plaçant le vase qui la contient dans de la glace; l'extrême fraîcheur qu'elle communique ajoute en tout temps à la bonté de cet entremets.

Le plus ordinairement on fait coaguler la gelée dans un moule d'entremets en fer-blanc. Au moment de servir, on plonge le moule dans de l'eau chaude, où l'on ne puisse tenir la main qu'avec peine. On le retire aussitôt pour le renverser sur un plat, et on enlève de suite le moule que la chaleur a détaché. Si un peu de gelée fondue avait coulé dans le plat, on l'aspirerait avec un tuyau de paille.

Souvent après avoir vidé des oranges par une petite ouverture, on les remplit de gelée d'orange, et on rebouche l'ouverture.

D'autres fois on coupe en quartiers, avant de les servir, les oranges ainsi remplies.

On fait des gelées rubanées en versant dans le même moule d'égales quantités de gelées de diverses couleurs que l'on fait coaguler tour à tour dans la glace, en attendant pour mettre une nouvelle couche que la première ait bien pris.

Enfin, il est une autre manière plus élégante encore de décorer les gelées avec des fruits crus ou confits.

Macédoines de fruits transparentes.

Première méthode. A une gelée de citrons bien transparente, et encore liquide, ajoutez, par égales portions, deux poignées de fraises, deux de framboises, deux de groseilles blanches, deux de groseilles rouges, deux de pistaches très-vertes : faites coaguler à la manière ordinaire.

Deuxième méthode. Remplissez à moitié ou un moule ou une coupe de cristal. Faites coaguler sur cette couche de gelée, disposez en couronne, en étoile, ou suivant tout autre dessin, soit des fruits rouges bien frais, soit des pistaches, soit des amandes mondées et bien blanches, soit des fruits confits, soit des zestes de citrons confits, ou des lardons d'angélique ; versez par-dessus le reste de la gelée, et faites prendre.

Des blancs-mangers.

Ce n'est autre chose qu'un lait d'amande aromatisé et coagulé avec de la gelée simple.

Faites macérer pendant 24 heures dans de l'eau fraîche, une livre d'amandes douces et vingt amandes amères; ôtez la peau; pilez en ajoutant de temps à autre une cuillerée d'eau très-fraîche. Quand vous ne distinguez plus aucun fragment, et que la pâte est bien homogène, ajoutez 4 à 5 verres d'eau; passez à travers un linge en tordant fortement; passez de nouveau dans une serviette; mêlez à trois verres de gelée simple un peu plus que tiède, et moulez.

Si vous êtes pressée de manière à ne pouvoir faire un lait d'amandes, remplacez-le par un mélange à parties égales de lait et de sirop d'orgeat.

Blanc-manger à l'orange. Ajoutez au blanc-manger simple un morceau de sucre frotté sur le zeste d'une orange.

Blanc-manger au moka. N'employez que trois verres d'eau pour le lait d'amandes; à un verre de ce lait ajoutez un verre de bon café à l'eau; divisez la gelée simple par égale portion, entre ces deux liqueurs que vous ferez coaguler dans le moule par couches successives et séparez.

Blanc-manger aux pistaches. A une portion de lait d'amandes, préparé de même avec trois verres d'eau; ajoutez un lait de pistaches fait avec un verre d'eau, trois onces de pistaches, une once de cédrats confits et un peu d'épinards. Vous aurez alors une liqueur blanche et une liqueur verte que vous coagulerez par couches après y avoir ajouté de la gelée.

Des fromages bavarois.

Les fromages bavarois, un des entremets les plus recherchés, est une crème fouettée, coagulée avec de la

gelée simple. En voici un exemple qui suffira pour indiquer la manière d'en faire vingt autres.

Fromage bavarois à la *badiane*. Concassez deux gros
de graine de fenouil, autant d'anis vert, autant de badiane ou anis étoilé. Jetez-les dans deux verres de lait
presque bouillant. Au bout d'une heure, passez à travers
un linge; mêlez deux verres au plus de gelée simple.
Versez dans un moule large et peu haut (4 pouces au
plus); mettez au frais ou à la glace; tournez de temps
en temps avec une cuiller. Quand le mélange commence
à épaissir, ajoutez de la crème fouettée en tournant doucement pour bien mêler, puis remettez aussitôt coaguler. Comme la crème fouettée s'affaisse au moment du
mélange, la quantité qu'on en met doit être telle, qu'à
elle seule elle peut remplir le moule.

On peut faire de même le fromage bavarois avec un
lait de pistaches, en place de l'infusion aromatique ci-
dessus, ou avec la décoction d'un zeste de cédrats dans
deux verres de lait, ou bien encore avec une pareille
décoction d'une once de menthe frisée, à laquelle on
ajoute un demi-gros d'essence de menthe poivrée, ou
enfin avec une infusion de deux gros de thé, mis dans
du lait bouillant.

On peut même en faire à la liqueur en mêlant à la gelée
deux verres de bonne crème double, et en y ajoutant
un demi-verre de liqueur un instant avant d'amalgamer
la crème fouettée.

Crèmes renversées.

Souvent on donne avec du blanc d'œuf de la consistance aux crèmes que l'on veut mouler et renverser;
mais on réussit rarement, et la crème est toujours compacte. La gelée simple qui fond dans la bouche est bien
préférable, en voici quelques exemples.

Crème à la vanille. Dans six verres de lait bouillant,

mettez une gousse et demie de vanille. Ajoutez un grain de sel; faites réduire d'un sixième sur le feu; laissez un peu refroidir; versez petit à petit sur dix jaunes d'œufs en remuant bien; faites prendre la crème sur un feu modéré; joignez-y deux verres et demi de gelée simple, puis moulez; faites prendre et renversez.

Crème aux abricots. Au lieu de vanille mettez dans le lait quelques cuillerées de marmelade d'abricot.

Orange-fool anglais.

Mêlez le jus de trois oranges de Séville, avec trois œufs bien battus, une pinte de crème, un peu de muscade et de cannelle; sucrez et placez le tout sur un feu lent; remuez-le jusqu'à ce qu'il prenne l'épaisseur d'un bon beurre fondu; ayez soin de ne pas laisser bouillir; versez ensuite dans un plat, et servez froid.

Beignets de fleurs d'acacia.

Ce mets-là ne se trouve certainement pas dans les ouvrages de cuisine; mais je ne l'insère pas ici par fantaisie d'innover. Ces beignets sont très-recherchés en Italie, et dans quelques villes de France (notamment à Moulins, département de l'Allier). On les prépare ainsi qu'il suit.

On fait mariner pendant plusieurs heures dans l'eau-de-vie de belles fleurs d'acacia, puis on les met dans une pâte à frire, très-légère et sucrée. On fait frire comme à l'ordinaire, et l'on saupoudre de sucre pulvérisé.

Beignets de feuilles de vigne.

Choisissez ces feuilles bien tendres et d'un vert pâle : arrondissez-les avec des ciseaux et traitez-les comme les beignets précédens.

Sabaïone, crème mousseuse italienne.

Prenez douze jaunes d'œufs très-frais, quatre verres ordinaires de vin de Madère ou de bon vin blanc, un quarteron et demi de sucre cassé par morceaux, et une pincée de poudre de canelle; mettez le tout dans une casserole sur un feu ardent, remuez en tournant très-vite avec un moussoir à chocolat, et servez dans des pots à crème le plus promptement possible.

Caillebottes bretonnes coiffées.

Prenez trois pintes de très-bon lait que vous ferez tiédir, après quoi vous mettrez dans ce lait, gros comme une noisette de présure, que vous écraserez dans une cuillerée de lait, et que vous aurez soin de bien mêler dans la totalité : on laissera ce lait prendre sans le remuer : lorsqu'il est pris, on fait avec un couteau, dans la casserole des incisions dans les deux sens, de manière à former des carrés. Vous remettez ensuite la casseroles sur un feu doux, et vous avez soin de la remuer doucement, afin que le petit-lait se détache. On laisse ainsi bouillir un moment, puis on retire la casserole, et on laisse refroidir entièrement. On prend ensuite les morceaux l'un après l'autre, et on les met soigneusement sur un plat un peu creux. On fait une crème avec du lait, du sucre et des jaunes d'œufs, comme pour les œufs à la neige. Cette crème faite, on la verse sur les caillebottes, qui sont ainsi coiffées. On sert à froid.

Crêpes roulées à la crème.

Vous ferez une pâte comme pour des crêpes ordinaires; vous y ajouterez de l'écorce de citron et du sucre râpé. A mesure que les crêpes sortiront de la poêle, roulez-les, et dressez-les autour d'un plat un peu

creux. Faites ensuite une crème semblable à la précédente, en l'épaississant avec un peu de farine. Versez
cette crème dans le plat où sont vos crêpes, et placez-le
sur de la cendre chaude, pendant un quart-d'heure avant
de servir.

Mousse de chocolat.

Ayez six onces de chocolat, faites-le fondre dans un
grand verre d'eau chaude, et réduire à peu près un
tiers ; mettez-y six jaunes d'œufs frais ; tournez comme
vous avez dû faire précédemment. Au bout de quelques
instans, ajoutez un demi-litre de très-bonne crème et
suffisamment de sucre en poudre, tournez rapidement,
puis battez fortement de manière à faire mousser, ou
plutôt servez-vous d'un moussoir à chocolat, afin de faire
monter plus promptement, et servez de suite.

Des puddings.

Ces mets anglais forment des entremets très-distin-
gués, dont la préparation est facile. Parmi ceux que
je vais décrire, plusieurs sont dûs au maître d'hôtel du
duc de Northumberland. Mais, avant de les transmettre
à la maîtresse de maison, je vais lui indiquer les procédés d'exécution appliqués par M. Carême à tous les
puddings.

Pour faire ce genre d'entremets, dit-il, on doit avoir
un moule de fer-blanc, en forme de dôme, de quatre
pouces et demi de profondeur, et de sept de largeur.
Ce moule est tout entier percé comme une écumoire.
Son couvercle est arrondi comme le fond d'une cafetière. Le couvercle doit emboîter parfaitement.

Cet instrument est, pour ainsi dire, l'étui sphérique
du pudding : il est destiné à recevoir et soutenir la
pâte, qui se déforme lorsqu'on la roule simplement dans
une serviette. En effet, cette serviette fait des plis qui

affaiblissent la pâte par place; et de plus le dessous du pudding manquant de solidité, finit par faire fendre la pâte.

Si vous n'avez pas ce moule, vous le remplacez par un bol de sept pouces de diamètre. Vous le garnissez intérieurement de pâte fine; vous le remplissez de la garniture choisie, puis vous le couvrez de pâte. Ensuite vous beurrez le milieu d'un linge (environ dix pouces de largeur) sur lequel vous placez le bol sens-dessus-dessous. Vous fixez au-dessus de ce bol ainsi renversé, le linge avec une ficelle, et vous le mettez dans l'eau bouillante. A l'instant de servir vous déficelez, vous ôtez le bol du linge, vous placez dessus le plat dans lequel vous voulez dresser le pudding, vous renversez, de manière à ce que la partie sphérique du bol, soit en l'air, et vous découvrez le pudding en enlevant le bol, qui lui a donné une belle forme bombée.

Le bol manque-t-il encore? vous étalez la pâte sur un linge beurré, et vous enfoncez cette serviette dans un pot sans anse, renversé, peu profond, et du diamètre du bol. Vous garnissez la pâte ainsi moulée dans la serviette, et lorsque la capacité du pot est remplie, vous serrez avec une ficelle, à la fois pâte et serviette comme le haut d'une bourse, ou d'un nouet. Vous retranchez le surplus de la pâte; vous faites bouillir : après l'ébullition, vous replacez le pudding dans le pot pour le mouler de nouveau, vous desserrez le linge, vous l'étalez : puis vous dressez le pudding en le renversant sur un plat, et en ôtant l'un après l'autre, le pot et le linge.

Les précautions à prendre, pendant l'ébullition, sont 1° de se servir d'eau bouillante;

2° D'attacher à la serviette un poids pour empêcher le pudding de pencher d'un côté ou l'autre;

3° De lier fortement la serviette au-dessous du pudding, car s'il était lié trop lâche, l'eau s'introduirait à l'intérieur et le gâterait plus ou moins. Un pudding bien serré ne doit jamais s'affaisser;

4° De prolonger l'ébullition pendant une heure et de demie;

5° De masquer l'extérieur du pudding, soit de sucre fin, soit d'un sirop léger, soit d'une marmelade d'abricots ou autre fruit s'il est sucré, ou bien de crème, d'une sauce appropriée dans tout autre cas;

6° Dans le cas où l'on fait cuire les puddings dans le linge seulement, il faut placer au fond du vase d'eau bouillante, une assiette ou une soucoupe, pour empêcher que la masse ne s'attache au fond;

7° Enfin on prépare ordinairement pour ce mets une sauce assortie.

Voici maintenant la recette donnée par le maître-d'hôtel de *sa Grâce*.

Plum-pudding.

Prenez : raisin de Corinthe épluché et lavé avec soin.	1/2 livre.
Raisin de Malaga épépiné.	id.
Cassonade grise	id.
Moëlle de bœuf hachée menu. . . .	1/4 de liv.
Farine fine.	id.
OEufs entiers (et le zèste d'un citron haché menu).	2 livres.
Canelle pulvérisée.	1/2 gros.
Lait de vache.	1/2 litre.
Rhum de bonne qualité.	1 verre ordinaire.

Mélangez d'abord le lait, le rhum et les œufs, puis joutez-y les autres ingrédiens, de manière à former du tout une pâte assez ferme, qui doit être préparée environ douze heures à l'avance. Enduisez avec soin de beurre très-frais, une serviette de toile forte (ce qui se

fait pour tous les puddings), et saupoudrez-la ensuite de
farine. A l'aide de l'un des moules dont nous avons
parlé, faites cuire la pâte roulée en boule. Ce plum-
pudding doit cuire pendant sept à huit heures : on entretient l'ébullition en remplaçant par de l'eau chaude
celle qui s'évapore.

Pour varier le goût de ce mets, quelques personnes
y ajoutent des amandes douces, des écorces de cédrats,
d'oranges et de citrons confits, de l'angélique confite
hachée très-fin, des clous de girofle, de la muscade, et
d'autres aromates pulvérisés.

On sert le plum-pudding au moment où il sort de
l'eau et de la serviette. La sauce se sert séparément dans
une saucière. La voici :

A un demi-litre de rhum, et un verre d'eau que
vous faites chauffer dans une casserole d'argent ou de
porcelaine, ajoutez une livre et demie de sucre, et
trois ou quatre boulettes, grosses comme une noix, de
beurre très-frais, roulé dans la farine. Servez très-
chaud.

Une sauce plus simple, qui rend ce mets d'un aspect
tout-à-fait pittoresque, est celle-ci :

Une livre et demie de cassonade blanche dans un
demi-litre de rhum : on fait bien chauffer le tout, et
on le verse sur le plum-pudding. On y met le feu, et
on le sert tout enflammé sur la table.

Crème de Méringues et fromages de Chantilly.

Prenez trois blancs d'œufs frais ; un quart de litre de
crème très-fraiche, qui se lève sur le lait reposé du soir
au matin; une petite cuillerée à café de gomme adragante
en poudre très-fine; sucre en poudre, deux, trois ou
quatre onces, selon que la crème doit être plus ou
moins sucrée.

Ouvrez par la moitié le quart d'une gousse de vanille
(la vanille peut servir plusieurs fois), et mettez le tout
dans une terrine de grès ou de porcelaine ; battez bien

toutes ces substances jusqu'à ce que la crème soit bien montée en neige et se tienne ferme. Alors placez-la dans une jatte si elle doit être servie en méringues, ou dans un moule ayant la forme d'un cœur si elle doit être en fromage. Le moule doit être garni d'un linge fin mouillé, afin que cette crème ne s'attache pas après les parois de ce moule. On peut varier le goût de ces fromages en ajoutant divers arômes, et notamment de cette liqueur à la rose qui se vend chez les confiseurs. On emploie aussi le café et le chocolat au même usage, mais en petite quantité.

Ce fromage, qui se conserve long-temps en mousse à cause de l'addition de la gomme adragante, se sert dans une jatte dans laquelle on ajoute de très-bon lait frais.

Nous ferons remarquer que si l'on veut faire une crème en neige au chocolat, on devra ajouter deux tablettes de chocolat bien vanillé, pour la dose de fromage que nous indiquons, il sera très-cuit et fort épais ; on ajoute encore deux blancs d'œufs en surplus des doses ci-dessus énoncées.

Du Dessert.

C'est là que doit régner l'élégance, élégance relative il est vrai, au degré de cérémonie du repas, mais toujours d'un caractère gracieux et pittoresque, même dans sa simplicité.

On emploie à ce troisième service quelques objets particuliers.

Les assiettes sont toujours plus petites et plus belles que celles des premiers services. Lors même qu'on aurait été servi en vaisselle ordinaire, elles peuvent être alors en porcelaine.

Aux petits desserts, les confitures sont présentées dans leurs pots ordinaires, en verre ou en faïence, qui sont placés sur une assiette ; une poignée de cuillers à café sont posées sur le bord, parce qu'on envoie une de ces cuillers à mesure que l'on sert. Dans les grands desserts,

6

au contraire, les confitures se placent dans des compotiers de cristal à plateau.

Pour les desserts de peu de cérémonie, on place dans des assiettes les fruits, avec des feuilles de vigne, de maronnier, et à défaut de ce feuillage, sur de grandes mauves frisées, ou sur des mousses d'un beau vert. Pour les desserts de grande cérémonie, les fruits se mettent au contraire dans des corbeilles à jour, à pied, en porcelaine blanche ou dorée. Ordinairement il y en a cinq : quatre corbeilles rondes et une corbeille ovale qui se place au au centre de la table. Les autres se mettent aux quatre bouts.

On remplit ordinairement ces corbeilles rondes de fruits d'une seule espèce, que l'on dispose soit à plat, soit en pyramide, mais toujours ornés de feuillages, quelquefois artificiels.

Une corbeille de pommes d'api croisant avec une corbeille de pommes reinettes; de raisin blanc croisant avec des raisins noirs, sont employées le plus généralement.

La corbeille ovale reçoit une macédoine de fruits, pommes, poires, raisins, etc.; il est convenable surtout d'y mettre trois ou cinq belles oranges. On peut y ajouter quelques fleurs.

Les fraises, groseilles égrainées, etc., qui se placent dans de petits saladiers, et les compotes, dans des compotiers ordinaires, lorsqu'il s'agit d'un modeste dessert, sont mises dans des vases à pied en porcelaine, lorsqu'il est question d'un dessert soigné. Celui-ci n'admet point non plus les marrons bouillis ou rôtis, recouverts d'une serviette repliée. Ni l'un ni l'autre ne permettent d'accommoder les fraises dans le saladier, usage qui n'est plus reçu que chez le peuple.

Les *cerneaux* se servent dans un saladier pourvu ou non d'un pied d'après la nature du dessert; ils baignent dans une eau légèrement salée et vinaigrée.

Dans les grands desserts, on place une rondelle en papier blanc découpé sur chaque assiette qui reçoit des fruits secs et des sucreries.

Les fromages secs, placés sous leur couvercle de cristal, sont mis au milieu, ou aux deux bouts de la table : on en offre spécialement aux messieurs pour aider à la dégustation des vins. On commence par les fromages le service du dessert ; on le termine par les choses les plus délicates, les pâtés, les bonbons imitant des fruits, des insectes, des fleurs, enfin par les fruits à l'eau-de-vie.

Thés-Panchs. Ou donne ce nom à d'élégantes collations du soir, qui suivent ou précèdent le plus souvent un concert, une assemblée, quelquefois une soirée dansante. Les pâtisseries délicates, les entremets de douceur, les fruits rares, les confitures, sucreries, etc., composent ces collations que termine une distribution de thé ou de punch. On sert avec le premier de la crème naturelle ; quant au punch, il se sert chaud dans les verres à pied, dits *verres à punch ;* ils sont un peu plus grands que les verres de Bourgogne. Le punch le plus ordinaire est au citron.

J'ajoute à ces indications quelques procédés peu connus pour avoir du punch et du café à la minute.

Dans beaucoup de maisons où le bon ton règne d'ailleurs, il est *convenable* que les dames se rincent la bouche et se lavent les doigts dans leurs verres. Cet usage-là ne me *convient* pas du tout, et je conseille à la maîtresse de maison de s'abstenir avec soin d'une semblable malpropreté. Dès qu'elle verra la conversation s'arrêter, elle se lèvera de table et donnera ainsi le signal de passer au salon pour prendre le café et les liqueurs.

Quand la cérémonie ne règne pas décidément, on fait apporter sur la table un plateau garni de ce qu'il faut pour prendre le café.

Punch qui peut se conserver et s'améliorer en bouteilles.

Cette excellente recette, dont la maîtresse de maison appréciera l'utilité, lui fournira, au prix de 17 à 18 sous la bouteille, du punch pour les soirées d'hiver. Elle peut le préparer un an à l'avance : il n'en aura que plus de qualité.

Prenez rhum ordinaire. . 3 bouteilles;
Eau-de-vie sans mauvais goût 9 bouteilles;
Citrons 12
Thé noir . . . . . . 1 once.
Thé perlé. . . . . . *Id.*
Sucre brut . . . . . 10 livres.
Eau. . . . . 24 *id.*

Frottez un quarteron de sucre blanc sur la surface de plusieurs citrons, jusqu'à ce qu'il soit bien imprégné de leur jus, et jetez-le sur le sucre brut. Pressez vos citrons sur une table en les roulant avec la main, de manière à les bien amollir, afin d'en obtenir tout le jus : coupez-les, et exprimez ce jus sur le sucre, placé alors dans un vase. Faites dissoudre le sucre dans votre eau chaude. Réservez-en trois litres que vous faites bouillir, et jetez sur le thé. Lorsque l'infusion est faite, vous la videz avec les feuilles sur l'eau qui tient le sucre en dissolution; puis vous ajoutez le rhum et l'eau-de-vie : vous passez à travers la chausse après un mélange parfait. Vous mettez ensuite en bouteilles. Vous pouvez diminuer ou augmenter la force de ce punch.

Les bouteilles bouchées et cachetées sont placées couchées dans un lieu frais. Lorsque vous voulez vous en servir, vous débouchez la bouteille, et la faites chauffer au bain-marie. Le punch parvenu à la température désirée, se sert dans les verres.

Punch au Lait.

Comme liqueur de table ou de soirée, il est difficile de rien prendre de plus sain et de plus agréable au goût que la recette suivante : c'est ce qui nous engage à la recommander à la maîtresse de maison.

Prenez : citrons. . . . 18;
Muscade concassée 1;
Cannelle . . . 1 gros.

Levez le zeste de douze de vos citrons, et mettez infuser le tout dans une bouteille de rhum durant 24 heures; ensuite vous prenez :

Rhum. . . . . 4 bouteilles;
Eau. . . . . *Id.*
Sucre de blanc, de belle qualité   2 livres.

Puis exprimez le jus des dix-huit citrons, et mêlez bien le tout; mettez sur le feu dans une bassine de porcelaine; lorsque le liquide est près de bouillir, vous prenez 2 bouteilles de lait que vous versez par filet en agitant toujours le mélange; lorsque le lait est versé, on retire du feu, on couvre avec un linge, et on laisse reposer deux heures; puis on passe à la chausse; on a soin de rejeter sur la chausse la premiere liqueur qui n'est pas limpide, jusqu'au moment où elle coule claire; on la met en bouteilles que l'on bouche aussitôt que la liqueur est refroidie. Ce punch se sert toujours froid ou frappé à la glace, et glacé il forme d'excellens sorbets; conservé en bouteilles, il offre une liqueur qui soutient sa réputation contre les liqueurs de table les plus famées.

Essence de Café.

Dans beaucoup de maisons, d'ailleurs parfaitement tenues, on n'a point habituellement du café, à raison de l'état de santé des maîtres du logis. Cependant il arrive inopinément un convive auquel il faut de cette liqueur. Faute de temps on court chercher une once de café en poudre chez l'épicier le plus voisin : ce café est plus que médiocre, et d'ailleurs ce qu'il en reste est perdu. Je crois donc rendre service à la maîtresse de ces maisons-là en lui donnant le moyen d'avoir du café à la minute, à l'aide d'une essence qui se garde indéfiniment, et demeure aussi agréable que le café fraîchement préparé.

Premier procédé.

Dans une cafetière à filtre, en porcelaine, on place une once de café sur lequel on jette en deux fois quinze onces d'eau bouillante, on laisse infuser et passer. On fait bouillir (avec toutes les précautions convenables et en bouchant) cette eau légèrement chargée de café que l'on rejette sur une nouvelle once de café. On recommence encore deux fois cette opération; la quatrième fois il reste environ trois onces d'eau de café très-concentrée, qui est l'essence de café : on l'enferme dans une bouteille bouchée avec soin. Placée dans un lieu frais, elle se conserve aisément, mais plus facilement encore si on y ajoute une cuillerée d'eau-de-vie. Pour faire instantanément de l'excellent café, il suffit d'en mettre deux cuillerées à café dans une demi-tasse d'eau.

Deuxième procédé.

Si au lieu d'ajouter du sucre on fait évaporer à cinq onces, on aura une essence de café que l'on rendra parfaite en y mêlant le produit de l'infusion indiquée. Les personnes qui visent à une grande économie, peuvent diminuer la quantité de café, augmenter en chicorée, se servir de cassonade au lieu de sucre, mais en agissant toujours sur les doses indiquées.

Des Glaces.

Ce mets de luxe et d'apparat est très facile à préparer : il s'agit seulement de préparer les *sorbets*, et ensuite de les *frapper* de glace. On donne le nom de *sorbet* au liquide destiné à être glacé. Ainsi, de l'orangeade, de la limonade, sont des sorbets; il ne faut ensuite que les frapper pour les réduire en glaces. Voici l'indication d'une multitude de sorbets.

Sorbets de fruits à écorce.

Ayez citron, orange, bigarade bien saine; roulez-le fruit avec la paume de la main; prenez un morceau de sucre et râpez l'écorce : elle est le réservoir d'une huile essentielle, dans laquelle réside leur arôme.

On exprime le suc du fruit ; on y ajoute le sucre imbibé de l'huile essentielle, et la quantité de sucre et d'eau pour faire le sorbet. Les proportions sont d'une pinte d'eau, de cinq à six citrons, et de dix-huit à vingt onces de sucre.

Sorbets de tous les fruits plantes et fleurs produisant une huile essentielle.

Mettez sur un morceau de sucre, ou sur une cuillerée de sucre en poudre, depuis deux jusqu'à six gouttes d'huile essentielle quelconque pour une pinte de sorbet. Vous remplacerez la substance même.

Sorbets de fruits rouges.

Le sucre des fruits, groseilles, cerises, framboises, etc., tels que nous les préparerons pour en faire vin et ratafia, sont le véritable sorbet des fruits, en y ajoutant de 6 à 8 onces de sucre par pinte.

Sorbets de pêches, abricots, etc.

On peut mettre tout fruit en sorbet et en glace : on les choisit parfaitement mûrs, on les écrase, on leur fait subir une légère coction, avec addition d'eau, pour favoriser l'expression de leur suc, qu'on passe à travers l'étamine ; et on y ajoute les 6 et 8 onces de sucre par pinte de sorbet. C'est au goût et à l'économie à varier les proportions de sucre.

Sorbet de fromage glacé.

On prend une pinte de crème douce, dans laquelle on délaie de 6 à 8 jaunes d'œufs ; on y dissout 6 ou 8 onces de sucre ; on la met sur le feu avec une ou deux feuilles de laurier-amande ; on fait prendre un léger bouillon au sorbet ; on y ajoute, en le retirant du feu, de l'eau de fleur d'oranger, et on le presse à l'étamine, pour ensuite le glacer.

Sorbet au cannellin.

Quatre onces de cannelle de Ceylan bouillie dans 8 onces d'eau réduites à quatre.

Sorbet à la vannille.

Un gros de vannille en poudre passé par un tamis ordinaire avec un peu de sucre pour la tamiser plus promptement.

Du glacier des sorbets.

Ayez un seau pour recevoir la glace, une serbotière d'étain ou de fer-blanc, et une cuiller de buis à long manche, le cuilleron coupé en travers, pour la rendre coupante.

On prend une livre de glace, autant de sel de cuisine, et deux poignées de charbon en poudre grossière. On pile la glace, qui se vend chez les glaciers. On la mêle avec le sel et le charbon dans le seau à glacier. Le seau est étroit, et il a plus de profondeur que la serbotière ; car elle doit être embrassée par la glace, qui n'occupe autour d'elle qu'une épaisseur d'un pouce et demi à deux pouces.

On verse son sorbet dans la serbotière, dont le couvercle est garni d'une main. Il ne s'agit plus que de tourner la serbotière dans la glace, et cela sans discontinuer, pour éviter qu'il ne se forme des glaçons isolés, car le mérite de la glace est d'être glacée uniformément. On ouvre par intervalles la serbotière pour détacher la portion qui se condense sur les parois, et la ramener au centre. La masse également prise, on la laisse dans la serbotière jusqu'au moment de la servir.

Les sorbets qu'on met encore tièdes dans la serbotière se glacent plus promptement que froids. Ne glacez pas trop fortement, ce qui a lieu dans les glaces en tablettes. Beaucoup de gens préfèrent même des *sorbets neigeux*. Rien n'émousse le goût comme un froid excessif, et alors une glace, outre-passant son effet tonique, nuit souvent à la digestion.

Glaces économiques à la neige.

En hiver, par les temps de neige, mettez de la neige dans un sirop quelconque, frappez légèrement de glace, et vous aurez des glaces excellentes.

Glacière économique de M. Belanger.

Prenez une tonne à mettre de l'huile, cerclée avec des cerceaux de fer; défoncez-la par le haut; par le bas, pratiquez, au milieu, un trou de l'ouverture d'un bouchon de liége. Mettez dans cette tonne une tinette de la forme à peu près de celle qui sert à battre le beurre, si ce n'est qu'elle est d'un tiers plus large et plus haute. Cette tinette doit être posée sur deux pièces de bois qui empêchent que son fond ne touche celui de la tonne.

Quand elle est bien établie, on fait remplir les intervalles, de la tinette à la tonne, de charbon pilé ou écrasé. Coiffez la tinette d'un couvercle qui se lève au moyen d'une poignée, et qui est pourvu en dessous d'un ou deux crochets pour attacher la bouteille à rafraîchir.

Sur ce couvercle repose un sac de deux pieds carrés, également rempli de poussière de charbon, et par-dessus tout un second couvercle qui ferme l'orifice de la tonne.

La tinette se remplit de glace pilée, ou de neige bien foulée, à l'époque des dernières gelées. La grande tonne se place ainsi garnie dans une cave ou cellier bien frais, de manière à être enfoncée dans la terre des quatre cinquièmes de sa hauteur. Les terrains sableux conservent mieux cette glacière que les sols humides.

Quand on veut avoir du liquide à la glace, on lève le premier couvercle, et on referme exactement le tout pendant une demi-heure : ce temps est suffisant pour obtenir le plus haut degré de froid. On peut mettre quatre ou cinq bouteilles, pourvu qu'on ait soin de ne point négliger de fermer exactement toute communication de l'air extérieur avec la glace.

Une soupape, pratiquée au fond de la tinette (soupape de *Parcieux*), sert à faire écouler l'eau de la glace qui se fond, sans laisser d'accès à l'air extérieur.

CHAPITRE IV.

Salon. — Ameublement. — Chambre à coucher. — Mobilier. — Soins à prendre pour les lits. — Pour l'arrangement de l'appartement. — Nettoyages. — Dégagemens. — Cabinet de toilette.

Le premier degré de richesse d'un salon est d'avoir des tentures en velours uni ou peint, des glaces du haut en bas des murailles, un plafond peint en ciel, de beaux divans de soie non couverts, parquet d'acajou, etc. Le second est d'être peint à fresque, avec colonnes et glaces intermédiaires, parquet de chêne enjolivé, causeuses au nombre de deux, quatre ou six; fauteuils en soie recouverts. Le troisième degré consiste en une tenture de papier velouté, une seule ottomane ou causeuse en casimir ou drap imprimé de la nouvelle fabrication. Pour le quatrième degré, tenture de papier peint, point de causeuses, fauteuils et chaises rembourrées en velours d'Utrecht, toiles de Jouy, étoffes de crin. Dans les deux premiers, il est d'usage de placer, l'hiver, un beau tapis qui recouvre entièrement le parquet; dans les autres on se contente de mettre un tapis plus ou moins large devant la causeuse, la cheminée; dans les derniers, on a de petits tapis carrés, ou même de jolies sparteries sous chaque fauteuil. J'oubliais de dire que le sol de ces simples salons est tantôt un parquet uni, ou de carreaux frottés et mis en couleur rouge ou couleur de bois : cette dernière est à la fois plus solide et plus distinguée.

Je ne décris point les accessoires, affaire de luxe et de goût, qui varient avec les localités, la mode, la fantaisie du propriétaire. Cependant, je ferai observer que l'on ne place point de fleurs artificielles en vases sur la cheminée des salons opulens; des candélabres de bronze, des vases en porcelaine, précieux par la peinture, les remplacent ordinairement. Les lampes se placent sur les consoles, ainsi que des objets d'art; elles sont aussi un ornement de cheminée. Les plus élégantes sont à pieds de boucs. Les consoles doivent être fort riches, ainsi que les monopodes. Les rideaux sont doubles : il doit à chaque croisée s'en trouver un de soie ou de velours de la couleur de l'appartement, et un de belle mousseline unie ou brodée; de grandes draperies en soie ou en velours règnent sur la paroi du salon où se trouvent les croisées. Un piano est presque obligé. Une glace, une superbe pendule sur la cheminée, une autre glace au-dessus du piano et de la console sont aussi de rigueur.

Les salons qui suppléent à la richesse par l'élégance ont des rideaux en mousseline seulement, et la draperie supérieure de la couleur de l'appartement. On nomme *quinze-seize* l'étoffe de soie dont les tapissiers se servent pour ces draperies. Dans les salons du quatrième degré, elles sont en toiles de Jouy peintes, unies; la couleur en est ordinairement jaune ou cramoisi. En les garnissant de franges noires, on produit un agréable effet.

Comme recevoir dans un salon de compagnie est le privilége de l'opulence et du bon ton, les petites fortunes, qui ne peuvent avoir en même temps cette pièce et une chambre à coucher, imaginent de faire servir la même chambre à ces deux fins. Pour cela, on place le lit dans une alcove fermée, pratique aussi désagréable que mal-saine. On a beau ouvrir les grandes portes de l'alcove pendant la nuit, l'air n'y peut jamais circuler, puisqu'alors les croisées sont fermées ; les laisser ouvertes quand on sort est un assujétissement, car il faut pour cela déranger des fauteuils et autres petits meubles placés devant ces portes pour l'arrangement du salon. Je laisse à penser quel air de désordre a cette pièce lorsqu'on rentre, et combien il est désagréable de se trouver avoir à amener quelqu'un avec soi. C'est bien encore pis lorsqu'on est malade : ces portes, ouvrant dans la chambre, gênent extrêmement ; des rideaux ne peuvent protéger la vue du malade, ni le service, et quelque soin que l'on prenne, la gêne et le désordre se montrent à chaque instant. Du reste, un salon avec rideaux de calicot ou percale est ridicule. Les vieux et rares fauteuils, les nombreuses chaises de paille, les meubles de chambre à coucher, une commode et un secrétaire (qu'on y place ordinairement), la pendule en acajou, et les vases de fleurs artificielles communes, une table de jeu, achèvent de rendre burlesque, comme salon, cette pièce qui, dans sa simplicité, ferait une chambre à coucher très-commode et très-convenable.

Si donc la maîtresse de maison peu fortunée veut écouter mes conseils, elle n'aura point de salon, et meublera agréablement sa chambre à coucher : sans affecter du faste, elle peut la décorer avec goût. Les alcoves étant peu usitées, peu élégantes, les rideaux de calicot et percale blancs étant devenus très-communs, leur blanchissage entraînant au moins deux fois par an des frais, je lui conseillerai d'avoir un lit dans la chambre même, et de le faire en calicot croisé ou non croisé. Le rouge et le bleu sont les couleurs à préférer, le jaune et le vert passant trop vîte. On garnit ces rideaux d'une bordure imprimée (1), assortie, et de franges en soie, en laine ou en coton. Que ce lit soit à couronne, avec deux flèches posées à quelque distance l'une de l'autre, et traversées par deux autres flèches croisées qui formeront ciel de lit ; car rien maintenant ne semble plus misérable que les lits à flèche simple. Veut-elle se meubler d'une manière plus élégante ? elle peut mettre les draperies en toile de Jouy et les rideaux de mousseline ; comme ceux-ci se salissent moins vîte que les premières, et se replacent fort aisément, elle fera bien de s'accorder cette élégance. Ces rideaux en mousseline brochée ou rayée se garnissent aussi d'une bordure imprimée en couleur. Les bordures *perses* se blanchissent bien et sont de très-bon goût.

L'étoffe des fauteuils doit être pareille aux draperies, et si les facultés pécuniaires ne le permettent pas, on peut avoir des fauteuils revêtus de l'étoffe la plus grossière, la housse que l'on a coutume de mettre aux siéges pour les garantir servira en cette occasion pour les cacher. On fait cette housse en calicot, ou basin, ou nankin, ou toile écrue. Selon moi, la maîtresse de petite maison fera bien de choisir ces dernières étoffes, parce qu'elles se salissent moins. Il y a trois manières de préparer ces surtouts de fauteuils : 1º en les attachant sur les côtés de la partie inférieure du dossier avec des rubans de fil ; 2º en les boutonnant ; 3º en les cousant partout, et en les entrant par la partie supérieure du fauteuil. Cette dernière façon est préférée généralement avec raison. Comme ces housses produisent toujours un effet désagréable, quelques personnes les garnissent par le bas et le haut, sur les coutures du devant, sur le bord antérieur (du siége) d'une bordure semblable à celle des rideaux. Cet ornement est assez gracieux. Dans un appartement soigné conve-

---

(1) Les cordons de sonnette doivent autant qu'il se peut être assortis à cette bordure.

nablement, on enlève les housses les jours de réception.

Les croisées se garnissent de trois manières différentes : 1° à draperies quand le plafond est élevé ; 2° à
l'*italienne*, c'est-à-dire sans draperies, et les rideaux
suspendus après une forte baguette dorée, par de grands
anneaux de cuivre polis. Cette baguette est terminée aux
deux extrémités par un ornement doré que l'on entre et
sort à volonté. Quoique j'aie dit *baguette dorée*, prenez-
la recouverte d'une feuille de cuivre afin de pouvoir la
nettoyer constamment et facilement.

Au-dessous des anneaux, à trois pouces environ de
distance, posez la bordure qui doit se trouver tout autour du rideau, à une distance semblable. Quant à la
frange, elle doit se mettre seulement au-devant et au
bas du rideau. Ce serait une triste économie que de supprimer cette garniture du bas, car les plis relevant
beaucoup le rideau, au-dessus de la patère, la garniture
semble coupée par moitié.

3° Les rideaux à l'italienne sont encore *croisés*, c'est-
à-dire qu'il y a un rideau de mousseline et un rideau
de couleur à la même fenêtre. Celui-ci se met toujours
par-dessus. Ce genre me semble peu gracieux ; je préfé-
rerais *croiser* deux rideaux de mousseline différente ou
pareille en garnissant celui de dessus de bordure imprimée et frange, et celui de dessous de la bordure imprimée seulement. Il va sans dire qu'une fenêtre est
toujours garnie de deux rideaux.

Pour prévenir l'obscurité, j'ai dû dire que les rideaux
sont suspendus par de grands anneaux, mais ces anneaux
ne se mettent qu'au rideau de dessus. L'autre reçoit des
anneaux ordinaires et légers en cuivre pour éviter la
rouille. Cependant je ne conseille point de faire blanchir
avec ces anneaux, de peur de déchirures ; un morceau
de ruban de fil étroit cousu à la moitié servira à retenir
chaque boucle. On le dénouera et renouera à chaque
blanchissage. Ce second rideau passe dans une tringle
ordinaire.

Afin de n'être pas embarrassé par les rideaux lorsqu'on ouvre les fenêtres, il faut les placer à poulies, c'est-à-dire mettre une petite poulie de chaque côté des tringles, au haut de la fenêtre, et une autre poulie de chaque côté, en bas ; on passe ensuite un long cordon dans les boucles des rideaux en même temps que la tringle, on le passe dans les poulies du haut et du bas, on en laisse pendre un long bout, que l'on tire pour fermer et ouvrir le rideau. Ce mode a l'avantage de conserver les rideaux propres, parce qu'on n'est point obligé d'y porter les mains, mais lorsqu'il s'agit de remettre les rideaux en place, on éprouve quelque embarras. D'ailleurs les cordons se dérangent, et il en faut neuf aunes par chaque fenêtre. Il vaut donc mieux placer les tringles et baguettes dorées sur des crochets en fer, qui font saillie, et permettent, en portant en avant les rideaux, d'ouvrir la fenêtre librement.

Les rideaux de vitrage doivent être fixés en haut et en bas. De mousseline-gaze, ils sont peu distingués et s'usent fort vite ; de mousseline brodée, ils sont assez coûteux ; de mousseline claire à petites raies satinées, à légers carreaux, ils sont d'un agréable et solide effet. Il faut coudre à demeure les très-légères boucles de cuivre qui servent à supporter ces rideaux, car elles ne peuvent guère avoir d'inconvénient au blanchissage. Les tringles qui les portent sont mobiles, n'ayant de crochet que par un bout : on les enlève en un clin d'œil avec les rideaux.

Le lit demande un soin particulier ; qu'il soit en acajou, à bateau, avec un tapis devant pendant l'hiver. Autrefois on plaçait la table de nuit près de la tête ; mais cela ne se fait plus que lorsqu'on est couché. Pour être parfaitement bon, le lit se composera d'un sommier de crin, d'un matelas, d'un lit de plumes et d'un autre matelas. Un peu moins bon, mais beaucoup moins cher, il aura une paillasse ouverte ou piquée, un peu haute, deux ou un seul matelas et un lit de plumes. Les paillasses ouvertes ont l'avantage de permettre de soulever la paille ; mais le lit est souvent moins régulier qu'avec l'autre genre de paillasses. On couvre les matelas en toile blanche de coton, ou en toile à carreaux, de couleur, dites *toiles à matelas* (1). La première méthode est plus distinguée, et apporte plus de chaleur; elle rend aussi le matelas plus moelleux. Au reste, quel que soit le choix que vous ayez fait pour la litterie, voici comment il faut faire le lit.

Chaque matin vous commencerez par mettre des *coulisses* adaptées aux roulettes du lit, si un tapis à demeure se trouve dans la chambre, ou si ces roulettes raient le parquet ou carreau frotté. Les coulisses sont deux bandes plates, en bois de chêne sillonnées par une rainure, et dépassant d'un pied au moins la largeur du lit. Mais ces coulisses mobiles sont très-incommodes, et je vous engage à leur substituer les coulisses placées à demeure. Chacune d'elle est en deux parties : la première s'étend d'une roulette à l'autre sur le panneau du lit; la seconde qui se replie en dedans le long de la première, quand le lit est fait, forme une ligne droite et continue avec elle, quand le lit doit être tiré en avant. C'est en effet sur cette partie de la coulisse qu'il se tire, et jamais on ne doit le tirer que la coulisse ne soit étendue, car autrement la roulette en sortirait.

Les couvertures doivent être bien secouées aux croisées ouvertes, si le temps le permet, et les draps exposés à l'air : c'est une mesure d'hygiène recommandée par d'habiles médecins, et dont la raison se conçoit. Les émanations du corps, l'insensible transpiration, la sueur ont besoin d'être dégagées pour rendre le coucher parfaitement sain, d'après ce motif, des professeurs d'hygiène conseillent même de ne placer que le soir les draps au lit; mais ce serait un assujétissement désagréable, et il suffit de secouer les draps et de les laisser quelque temps à la croisée. Les matelas seront retournés et levés chaque

_____

(1) Il est bon de faire garnir la couture du matelas avec un galon de laine.

matin : quant au sommier et à la paillasse, on se contente de les retourner chaque huitaine ou quinzaine. La manière de battre le lit de plumes est importante, car il faut qu'il baisse insensiblement à l'endroit des pieds, gonfle au milieu, et soit légèrement levé à la tête. Pour cela, on prend le bout du lit situé vers le pied, et on le secoue de toute sa force, de manière à renvoyer toute la plume vers la tête, ensuite, en la pressant, on la ramène selon le but désiré ; on retourne le lit, on l'égalise, puis, lorsqu'il est bien gonflé, on pose doucement le matelas dessus, en le soulevant. On remet ensuite les draps et couvertures, on roule bien le traversin dans le drap de dessous, et l'on passe dessous celui de dessus avec la couverture qu'il replie. Le soir, en faisant la couverture, on retire ce drap de dessous le traversin, et on laisse le lit demi-ouvert.

On ajoute un oreiller long ou traversin de paille au pied du lit pour soutenir la courte-pointe, ou faire agréablement draper le couvre-pied de mousseline, que l'on relève de manière à laisser paraître les côtés du lit qui forment bateau. Quelques personnes jettent le couvre-pied sur les deux montants du bois de lit. Ce couvre-pied doit être ou brodé (mais sans garnitures ajoutées, à plis, ce qui est extrêmement ancien), ou garni de franges pareilles au lit ; on met dessous une courte-pointe de couleur, quand les draperies sont différentes ; souvent aussi on recouvre ce couvre-pied de mousseline, d'un couvre-pied d'édredon très-gonflé, ordinairement en taffetas vert. Lorsque la courte-pointe de couleur n'est pas accompagnée du couvre-pied de mousseline, on ne peut mettre le couvre-pied d'édredon, parce que les deux couleurs trancheraient désagréablement (1). La courte-pointe doit porter transversalement deux ou trois fois à

(1) On emploie fort élégamment un couvre-pied tricoté à jour, en cachemire : ce couvre-pied ne sert que pendant l'hiver.

distance égale la bordure ou galon des rideaux de lit et de croisée.

Il était de bon goût, il y a une quinzaine d'années, de placer une cuvette et son aiguière sur la commode, meuble obligé de la chambre à coucher; mais cet usage n'est plus reçu maintenant : des tasses, ou même un déjeûner de porcelaine, ne sont guère de meilleur ton. On met à présent en place *un verre d'eau sucrée*, c'est-à-dire un joli plateau, supportant une carafe, un sucrier, un flacon et un verre à pied en cristal : de chaque côté on peut mettre indifféremment des vases, non sous verre, des flambeaux, etc. De petits tapis doivent se placer sous tous ces objets. Il est encore de bon ton de placer sur la cheminée, la commode ou le secrétaire, ces vases de porcelaine, formant à la fois théière et veilleuse, une boîte à thé (en cristal, ou en bois précieux), de jolis nécessaires, de grosses pelotes de toilette, brodées avec soin, avec ou sans transparent rose, des lampes. On doit trouver surtout dans une chambre à coucher une *tricoteuse* ou petite table en acajou pour travailler à l'aiguille; un secrétaire à ressort, c'est-à-dire qui ne puisse retomber de lui-même lorsqu'il est ouvert : cette précaution, toujours utile pour soi-même, est indispensable lorsqu'on a des enfans.

Tout cela était fort élégant, il y a peu d'années, maintenant c'est convenable. Les dorures, les bronzes de prix remplacent sur la cheminée l'albâtre d'Italie. Les épingliers, les porte-allumettes, les brule-parfums aussi chers que des meubles, chargent ceux-ci. D'ailleurs, une toilette de citronnier à glace rondé, ou tablette de marbre blanc, une table de déjeûner à un seul pied, des vide-poches, des chiffonnières, un lavabo, une armoire à porte de glace, ou une psyché: voici le mobilier des des opulentes chambres à coucher, dans lesquelles, dès que la localité le permet, on introduit une causeuse.

Que ce luxe paraisse le *nécessaire* à la maîtresse de maison; qu'il soit pour elle un sujet d'étonnement et presque de scandale, je lui conseillerai l'usage de plu-

sieurs petits meubles de moderne et charmante invention : 1° Les *garde-cendres*, qui bordent si agréablement le foyer, et empêchent les charbons de rouler sur
le tapis; 2° les *garde-feu*, sorte de petit paravent en
tissu métallique, que l'on place devant le feu lorsqu'on
sort; 3° les *écrans économiques*, qui se placent sur la
cheminée, et sont si commodes lorsqu'on travaille devant le feu; 4° les rondelles de toile cirée qui se plaçant
sous les lampes, vases, flacons, préservent de leur contact
l'acajou et le marbre; 5° les coussins de renard pour
l'hiver, le prix n'en est guère plus élevé que celui d'une
chancelière, que l'on ne peut guère présenter aux visi-
teurs.

Le manque de fortune n'est point le principal, le véritable obstacle à se procurer des objets commodes et de
bon goût, c'est le manque d'industrie. Ainsi, il est très-
agréable d'avoir un tapis devant le lit, la cheminée même.
Par le temps qui court, cet objet et tous ceux analogues
sont utiles pour faire juger favorablement des maîtres
de la maison. Pour peu que la maîtresse soit adroite et
qu'elle veuille utiliser ses loisirs, elle s'en procurera un
fort joli, avec infiniment peu de frais, en achetant un
canevas préparé, de la grandeur convenable, chez les
marchands de tapis, et en le travaillant d'après les indications que j'ai données dans le *Manuel des Demoiselles*;
elle se fournira de même de tapis, de coussins, de lampes, vases, qui servent à garnir la base de ces deux
derniers objets, et à préserver le marbre et l'acajou qu'ils
pourraient rayer.

Avec de l'adresse et de l'assiduité, notre ménagère
pourra se donner, à peu de frais, un meuble d'un goût
parfait. Il lui suffira de broder en laine nuancée des
guirlandes de fleurs d'après nature, sur du casimir de
couleur foncée, pour des fauteuils, ou du moins pour
quelques chaises rembourrées. Le manuel indiqué plus
haut lui donnera, à cet égard, toutes les instructions
désirables.

Le cabinet de travail, ou la chambre du maître du

logis, ne doit jamais offrir une élégance aussi gracieuse que celle de la femme. Placez-y donc une bibliothèque, une table à écrire, ou un bureau d'acajou, pendule et ornemens en bronze, fauteuils en crin noir, et cela sera suffisant même en cas d'opulence.

La chambre doit être chaque jour balayée, frottée avec soin ; les meubles, gravures, corniches, doivent être fortement essuyés avec des chiffons de laine, et ensuite époussetés. Il est bon de laisser un peu d'intervalle entre le balayage et ce frottement, afin de laisser tomber la poussière. Les meubles ne seront exposés ni à l'humidité ni au soleil. Quoique très-soigné, ce nettoyage journalier doit être exécuté promptement ; j'indiquerai plus loin en détail les nettoyages de chaque semaine, chaque année, chaque mois, et les diverses recettes qu'il convient d'employer à cet effet.

Une chambre à coucher ne présentera jamais ce bel ordre si agréable à l'œil, et qui donne une idée si favorable de la maîtresse de maison, si elle est dépourvue des dégagemens nécessaires, c'est-à-dire d'armoires à porte-manteaux, indispensables pour suspendre les robes garnies, de soie, et les robes empesées, ainsi que pour ranger les fichus et collerettes à tuyaux. Une armoire semblable, quoique disposée et fermée avec moins de soin, est encore très-utile pour suspendre les vêtemens du matin et ceux que l'on n'a point le temps de plier. La maîtresse de maison ne doit négliger aucun moyen de tout ranger promptement et complétement.

Lors même qu'elle serait extrêmement simple dans sa parure, elle devrait être recherchée dans sa propreté, et par conséquent avoir un cabinet de toilette qui, en outre, lui aidera beaucoup à ranger ses effets et à dégager sa chambre. On y met la table de nuit, les oreillers, la veilleuse pendant le jour. Une table garnie de tiroirs, une toilette portative à miroir carré, une cuvette avec son aiguière, une petite fontaine filtrante, quelques porte-manteaux pour suspendre les vêtemens et peignoirs, un dégagement pour conduire à la garde-robe : tel doit être le simple cabinet |de toilette d'une modeste maîtresse de maison. Ce n'est que là qu'il peut et doit se trouver de petits tabourets en paille ou couverts d'étoffes pour mettre les pieds. Les coussins les rempla- cent dans les appartemens , et les tabourets dits *en X*, pour s'asseoir, sont un meuble de riche salon ou de boudoir.

CHAPITRE V.

La cave. — Chóix et soin d'une bonne cave. — Provision du vin. — Collage du vin. — Pré- cautions à prendre pour le mettre en bou- teilles, — Vin d'entremets ou de dessert. — Distribution du vin. — Nécessité d'avoir un caveau. — Recettes diverses pour la prépara- tion et conservation des boissons.

Le soin de la cave dépend ordinairement du maître de la maison ; cependant il peut arriver, par mille circons- tances, que la femme en soit chargée, et rien de ce qui constitue le bon ordre de l'intérieur ne doit lui être étranger.

Elle fera donc en sorte que la cave soit située au nord, et qu'elle ne soit pas trop élevée ; elle en fera fermer les soupiraux avec des paillassons pendant les grandes chaleurs et les fortes gelées ; elle en éloignera les légumes, le bois, surtout le bois peint, ainsi que toutes choses étrangères; une cave ne devant absolument contenir rien autre chose que le vin. La maîtresse de maison ne souffrira donc pas qu'on y mette des pots de fleurs; elle veillera aussi à ce qu'il n'y ait aucune mau- vaise odeur; souvent le conduit des latrines, passant près des murs de la cave, l'infecte, principalement dans les temps humides. Si l'on a ce désagrément, on fera clore la partie infecte, et l'on s'en servira pour mettre tous les objets qu'il faut bannir de la cave du vin. La plus grande propreté doit se remarquer dans les caves ; le fond doit en être uni et battu. Chaque mois, la maîtresse fera balayer le dessous des chantiers sur lesquels sont posés les tonneaux, essuyer soigneusement avec des torchons grossiers les cercles, les douves : ces précautions sont nécessaires pour éviter l'humidité et l'accroissement des mousses qu'elle produit, ce qui finirait par faire pourrir le bois des futailles, et entraînerait la perte du vin. En essuyant et examinant les pièces, si l'on s'aperçoit que le vin coule par un trou de ver, ou même seulement de ce trou, sans que le vin coulât encore, on agrandirait ce trou avec une vrille, et l'on y mettrait un fausset. A chaque pièce que l'on ôte, ou que l'on met sur les chantiers, il faut bien examiner s'ils sont en état. Enfin, pour dernière précaution, la maîtresse évitera que sa cave soit à l'abri du passage des voitures, car la commotion peut faire tourner le vin et le changer en vinaigre, du moins elle évitera si elle ne peut faire autrement, de placer des tonneaux du côté de la rue.

Les premiers jours du printemps sont le temps favorable pour faire sa provision de vin, parce qu'alors les gelées sont passées, et que les chaleurs ne se font plus sentir encore. Achetez votre vin, autant que possible, chez les propriétaires, afin de l'avoir naturel. Le vin de l'année, quelque bon qu'il soit d'ailleurs, n'est jamais assez fait pour n'être pas vert et âpre. La maîtresse de maison s'arrangera donc pour qu'on ne le boive que deux ans après qu'il aura été récolté, et, à cet effet, sa cave contiendra la provision de l'année courante, quand celle de l'année suivante arrivera. Celle de l'année courante doit être moitié en bouteilles, moitié en pièces ; car pendant que cette moitié, mise en bouteilles, se consomme, l'autre s'améliore dans les tonneaux, pourvu qu'on ait exactement le soin de remplir les tonneaux avec le même vin : il suffit de prendre ce soin une fois par mois. Si la modicité de la fortune ne permet pas ainsi de sacrifier au bout d'un certain temps une pièce de vin pour suppléer à l'évaporation des autres, ou que l'on ne puisse en avoir que deux ou trois pièces, on fera bien de le mettre tout en bouteilles : la maîtresse de maison consultera, à cet égard, ses moyens.

Le vin qu'elle achète doit être toujours soutiré ; il a déjà six mois de date, et par conséquent a subi chez le propriétaire toutes les variations qui demandent le plus de surveillance. Ainsi donc, ôté de dessus sa lie, et rendu dans la cave de l'acheteur, le vin n'exige aucun soin jusqu'à ce qu'on se dispose à le mettre en bouteilles ; alors, trois ou quatre jours avant cette opération, il faut le *coller*. Si cependant on s'aperçoit que le vin ait été mal soutiré, ou que l'on tarde à le mettre en bouteilles, on *le tire à clair*. Pour cela, on fait passer le vin de dessus la lie dans un autre vaisseau bien net à l'aide d'un boyau de cuir, afin que le vin ne s'évente pas. Revenons maintenant au collage.

La méthode la plus ordinaire pour la clarification du vin est l'emploi des blancs d'œufs pour le vin rouge, et de la colle de poisson pour le vin blanc. Quatre blancs d'œufs suffisent pour coller une pièce de vin rouge de deux cent cinquante à deux cent soixante bouteilles. Vous commencerez par retirer cinq à six bouteilles du vin que vous voulez clarifier ; vous battez ensuite les blancs d'œufs avec une chopine de ce vin ; vous introduisez dans le tonneau, par la bonde, un bâton fendu, par le moyen duquel vous agitez fortement le liquide en lui imprimant un mouvement circulaire ; vous retirez le bâton, et versez les blancs d'œufs avec un entonnoir que vous rincez avec un peu de vin, ainsi que le vase qui les contenait, afin de ne rien perdre de la dose nécessaire. On agite de nouveau le liquide avec le même bâton ; on remplit la pièce sur laquelle on frappe avec une *batte* pour faire dégager toutes les bulles d'air et détacher la mousse. On la ferme ensuite avec une bonde fraîchement garnie d'une toile ou d'un papier nouveau. Le vin, ainsi collé, peut être mis en bouteilles trois jours après; mais il n'y aurait aucun inconvénient à le laisser reposer davantage. La colle de poisson se trouve toute préparée chez les épiciers : il en faut un litre pour une pièce de vin blanc de deux cent cinquante à deux cent soixante bouteilles; mais j'invite la maîtresse de maison à choisir de préférence la gélatine d'Appert, dite *colle à vins*, qui se vend 3 francs la livre. Le collage s'opère de la même manière que celui du vin rouge.

Autant qu'il se peut, ne mettez le vin en bouteilles que par un temps sec et beau. Choisissez toujours des bouteilles de bonne qualité, et de même forme et dimension. La qualité contribue à la conservation du vin, et la ressemblance des formes et dimensions les rend plus faciles à ranger en piles, et moins sujettes à se casser.

Il est une précaution journalière à prendre pour diminuer le travail que l'on a lorsqu'on met du vin en bouteilles, et aussi pour qu'elles ne contractent pas de mauvais goûts souvent tenaces. Pour cela, vous aurez à demeure dans un coin de la cour, sous un hangar ou dans l'office de la cuisine, au-dessus d'un baquet, une de ces planches trouées propres à tenir les bouteilles renversées. A mesure que l'on videra des bouteilles, vous les ferez rincer et nettoyer avec l'*outil-brosse*. S'il y a quelque bouchon ou partie de bouchon, vous le ferez extraire au moyen d'un cordon à l'extrémité duquel on aura fait un gros nœud; on entre ce cordon dans la bouteille, qu'on renverse, et en le retirant on amène le bouchon. Ces bouteilles bien nettoyées et rincées seront mises dans la planche trouée. Le lendemain, on les ôtera en en mettant d'autres, et on les portera dans la cave, lorsqu'on y ira chercher la provision du jour; elles y seront rangées en piles, et toutes prêtes lorsqu'on voudra les remplir de vin. Il ne se trouvera de cette façon aucune humidité dans la cave. Quand on aura mis le vin en bouteilles, on les couchera sur le sable, en les alternant, c'est-à-dire en mettant le cou de l'une vers le fond de l'autre, ainsi de suite. On mettra ensuite une couche de sable sur ce lit de bouteilles, puis un second lit, et ainsi de suite jusqu'à peu près hauteur d'appui. On donnera à ces lits de bouteilles, ainsi superposés, une forme carrée, et on les maintiendra bien solidement entre des planches. On se sert aussi, et plus avantageusement, de lattes de chêne. Voyez *Manuel d'Economie domestique.*

Les vins d'entremets et de dessert doivent être rangés avec le plus grand soin, mais dans l'appartement et les bouteilles debout. Il est bon de les séparer d'après leurs espèces, de donner à chacune d'elles une forme de bouteilles différente (formes adoptées, au reste), et de les étiqueter. Chaque espèce doit avoir un coin ou niche ; quelques personnes posent les bouteilles sur des rayons Ces vins ne s'altèrent pas quand les bouteilles ne sont pas pleines.

A moins que vous n'ayez une ancienne domestique en qui vous mettiez votre confiance, allez vous-même chercher le vin à la cave, ou chargez de ce soin un de vos enfans, s'ils sont grands. Il ne faut point exposer à la tentation des sujets que vous ne connaissez point encore : songez à vous informer si leur constitution n'est point nuisible au vin, ce qui arrive quelquefois.

Faites en sorte à donner chaque jour un verre ou demi-verre de vin à vos domestiques ; si ce n'est point l'habitude de la ville que vous habitez, substituez-y du cidre, du poiré, de la piquette, parce qu'en travaillant beaucoup, il faut une boisson légèrement spiritueuse, et qu'il ne faut point que vos domestiques croient être mieux ailleurs que chez vous. Vous pourrez même les dimanches leur donner un verre de vin.

Lorsqu'il reste plusieurs bouteilles entamées, et qu'on ne veut point les descendre à la cave, ce qui est une sujétion, on les met dans le buffet ; alors le vin se détériore, et souvent s'aigrit en été. Ayez dans l'office un petit caveau frais pour cet usage ; vous y rangerez aussi les sirops, et, quand il n'y aura point de vin, diverses choses que vous voudrez tenir au frais. Mettez les bouchons de liége dans un endroit sec.

Voici les petits ustensiles de cave que vous devez tenir toujours propres, et suspendus ou rangés sur des planches au-dessus du caveau : des entonnoirs de diverses grandeurs, un villebrequin à tonneau, une sonde, quelques vrilles, des cannelles. Maintenant, voyons les recettes qui peuvent être utiles à la maîtresse de maison pour la tenue de sa cave.

Moyen de rétablir les vins tournés et échaudés, de M. Berton.

On sait que les vins sujets à la décomposition, désignée par les vignerons par le nom *de tournure*, ont une teinte violette ou presque noire, et prennent une odeur et une saveur désagréables. C'est qu'alors il s'est formé de la potasse aux dépens du tartre et de la matière colorante du vin. Ajoutez de l'acide tartrique à ce liquide décomposé : l'acide s'emparera de la potasse, le tartre se déposera au fond du vase, et le vin reprendra sa saveur et son odeur primitives, pourvu qu'il ne soit tourné que depuis un an. Il faut une demi-once d'acide tartrique pour chaque hectolitre de vin.

Tannin de Berzelius, pour prévenir et détruire la graisse des vins.

Prenez une infusion de noix de galle, ajoutez-y deux gros d'acide sulfurique. Sur une livre d'infusion, il se forme un léger coagulum; on le sépare par filtration; on ajoute ensuite à la liqueur une solution concentrée de carbonate de potasse, ayant soin d'en mettre jusqu'à ce qu'il n'y ait plus formation de précipité. On doit avoir le soin de bien suivre les saturations, pour ne pas ajouter un excès d'alcali, qui redissoudrait une portion du précipité.

On le recueille sur un filtre, après la précipitation; on le lave à l'eau froide. Lorsqu'il est lavé, on le fait dissoudre dans l'eau aiguisée d'acide sulfurique; on filtre la solution, et lorsqu'elle est filtrée, on précipite le tannin par l'acétate de plomb. On lave le précipité, on le délaie dans l'eau, et l'on soumet le mélange, tenant le tannin en suspension, à un courant d'acide hydrosulfurique, en excès : cet acide précipite le plomb, le tannin se dissout, on filtre le liquide, et on obtient ainsi le tannin qui est assez pur pour être employé au traitement des vins.

Cette note n'est bien certainement adressée à la maîtresse de maison que pour passer de ses mains dans celles d'un pharmacien ou chimiste exercé. Il suffit de lui indiquer, d'après M. Chevalier, le moyen de se servir de ce tannin pour corriger les vins filans et graisseux.

Pour détruire ou prévenir la graisse dans du vin blanc, on met par chaque pièce de deux hectolitres, deux bouteilles de tannin, immédiatement après le soutirage de dessus la première colle. On fait ensuite à l'instant un second collage avec deux gros de colle de poisson. Un mois après on soutire le vin, ou bien on le met en bouteilles.

S'il s'agit de rendre sec du vin gras en bouteille, on procède ainsi :

Remuer pendant quinze jours les bouteilles placées sur table; — les ouvrir pour en extraire le dépôt parvenu alors jusqu'au bouchon; — introduire dans chacune d'elles un centième pour les vins filans; un demi-centième pour les vins pesans (tannin sec 10 grains), et ensuite la liqueur à vins dans laquelle on a mélangé la colle de poisson (1 gros pour 300 bouteilles).

La bouteille ainsi préparée, sera bouchée, ficelée, secouée fortement et recouchée. Après vingt jours, elle sera remise sur table, puis remuée pendant dix jours, une fois. Le dépôt sera arrivé sur le bouchon, et l'on fera le premier dégorgement, suivi d'un *second*.

Second collage. Ce vin restera ensuite couché pendant un mois, et le second dégorgement aura lieu.

Ainsi, dans l'espace de trois mois, tel vin aussi gras qu'il puisse être, jeune ou vieux, pourra être livré à la consommation. Il ne pourra plus se graisser et sera désormais d'une limpidité parfaite.

Moyen de préserver les vins de la graisse, d'après l'expérience de M. Sorriot, de Nancy.

« Je préviens, dit-il, le moment de la fermentation en faisant traverser le vin deux ans de suite, deux fois chaque année, dans la première quinzaine de mars et sur la fin de juillet. Au mois de mars, ils sont clairs; mais ils ne sont pas limpides, et font encore un dépôt assez considérable. Après la traversée de juillet, ils sont plus dépouillés; mais ce n'est qu'après avoir été traversés la deuxième année, qu'ils ont ce beau brillant qui plaît tant à la vue. Enfin, ce n'est qu'à la troisième année, et les suivantes, que je me contente de ne les faire traverser qu'une seule fois à la fin de juillet. Depuis cinquante ans que j'ai suivi constamment cette méthode, je n'ai jamais eu de vins gras, ni gâtés en aucune manière. »

Manière de vieillir le vin de Bordeaux.

Retirez un verre de vin de chaque bouteille, que vous reboucherez bien; mettez-les dans un four de pâtisserie à une chaleur modérée et graduée. Au bout de quelques heures, le four refroidi, on en retire les bouteilles, on les remplit, et on les descend à la cave. Le lendemain, ce vin de Bordeaux de deux ou trois ans en a dix ou douze. On peut tenter sur d'autres vins ce procédé, que mettent en usage tous nos restaurateurs.

Manière d'obtenir du vin de paille et de Tokay.

Ces deux vins si justement estimés, dont l'un est préparé dans le Haut-Rhin, peuvent s'obtenir par les procédés suivans.

Pour faire le premier, on prend du raisin parfaitement mûr, on le suspend dans une pièce haute, on le visite de temps en temps pour en séparer les grains offensés : il passe ainsi son hiver; s'il vient à geler, on le laisse dégeler. On prolonge ainsi sa conservation le plus possible; on l'exprime, et on en fait fermenter le moût. La fermentation en est lente; quand elle est arrivée à son terme, on soutire, on clarifie, et on met en bouteilles. Le nom de vin de paille lui vient de ce qu'on étendait le raisin sur de la paille; mais il est préférable de le suspendre, et c'est ce qui se pratique aujourd'hui.

Pour obtenir du vin de Tokay, M. Cadet de Vaux met de la craie dans du vin de paille.

Vin de grenier.

Dans la Lorraine, aux environs de Nancy, on fait un vin préparé comme le précédent. A la fin de décembre, on l'exprime, on le met à fermenter, et c'est dans la lune de mars, par un jour sec et beau, qu'on le met en bouteilles; on les ficelle, on les goudronne pour les porter au grenier, d'où lui vient son nom. Lorsqu'on en brise le fil de fer qui retient le bouchon, il suffit de faire une légère friction avec les deux mains du haut en bas pour faire sauter ce bouchon; comme pour le Champagne.

Vin cuit du Dauphiné.

La ménagère choisira du raisin blanc parfaitement mûr, et de l'espèce la plus sucrée, tel que le mélier blanc : le chasselas ne convient pas. Elle prendra vingt-quatre pintes de moût de ce raisin, le fera réduire à petit bouillon du quart ou du tiers; elle aura un bâton qui servira d'étalon; on le marque à la hauteur de seize pintes pour le tiers, et de dix-huit pour le quart. Le moût évaporé, on y met de la craie; on laisse bouillir, refroidir, déposer, on passe à la chausse. Quand le moût est parfaitement clair, on le mêle avec l'infusion des arômes, préalablement faite d'un mois à l'avance, et filtrée.

Cette infusion se compose de cinq pintes d'eau-de-vie; canelle, gérofle, de chaque, vingt-quatre grains; vanille, demi-gros; iris de Florence, un gros; douze amandes amères d'abricot ou de pêche. On peut s'épargner de filtrer l'infusion, en suspendant dans l'eau-de-vie les arômes pulvérisés et enfermés dans un nouet. Ce vin très-bon peut se boire le jour même.

Vin de Malaga.

Quand le raisin est parvenu à maturité, on en tord la grappe, ou bien on la détache, et on l'expose sur un roc au soleil ardent. Ce raisin perd ainsi la moitié de son poids : alors on le foule, on l'exprime, et on en a un véritable sirop de raisin. On met ce moût fermenter, et la fermentation en est très-lente, parce qu'il n'y a plus de proportion entre l'eau et la matière sucrée. La fermentation enfin achevée, on a le *vin mère de Malaga*, car il ne faut pas croire que ce sirop soit ce vin de Malaga qu'on livre dans le commerce. Sur une pièce de très-bon vin blanc, obtenu par les procédés ordinaires de vinification, on ajoute une quantité déterminée de pots du *vin mère*, et chaque pot donne une feuille de plus au vin de Malaga. La maîtresse de maison pourra aisément essayer ce procédé, qui réussit avec tant de succès en Espagne.

Du Bouquet des Vins de liqueur.

La maîtresse de maison sait que tout bon vin a un bouquet. Pour lui faire sentir la violette, elle y ajoutera un peu d'iris en poudre; le muscat, elle le parfumera avec de la fleur de sureau sèche. Quant aux bouquets composés, de la framboise infusée dans l'eau-de-vie, un peu de fleur d'orange, de cannelle, vanille, etc., en seront l'arôme. Les arômes s'emploient seuls ou mélangés. Si la liqueur doit avoir un goût déterminé, on emploie les arômes de manière que le goût déterminé domine; ainsi, pour une liqueur au citron, on verse pour deux pintes de liqueur, deux fois plein un dez à coudre d'esprit de citron et une seule goutte d'huiles essentielles de vanille, bergamotte, pour former l'arrière-goût. Il faut bien faire attention à ne pas forcer ces derniers arômes.

Vin d'Arbois factice.

Prenez cidre nouveau, préparé sans eau ; bon vin blanc; de chaque, parties égales.

Mettez dans des bouteilles fortes , bouchez et ficelez comme pour le vin de Champagne. Trempez le bouchon et l'extérieur du gouleau dans du mastic fondu, et conservez à la cave.

La plus grande partie des vins de Champagne mousseux du commerce, ne sont autre chose que des vins blancs de ce pays, dans lesquels on a fait dissoudre une once de sucre candi par pinte.

Vin muscat de Lunel factice.

Prenez : Vin blanc de bonne qualité.   1 litre.
Sirop de capillaire. . . . 1 once.
Eau distillée de fleurs de sureau. . . . . . . 4 gros.

Mêlez exactement et mettez en bouteille, Ce vin

qui peut se boire le même jour, est meilleur lorsqu'il a été préparé quelques jours à l'avance.

Si vous craignez de ne pouvoir à volonté vous procurer le troisième ingrédient, recueillez les fleurs de sureau bien évanouies, mondez-les de leur pellicule, remplissez-en une bouteille, et remplissez-la d'eau-de-vie. Laissez macérer de vingt à trente jours, et remplacez par une cuillerée à bouche de cette teinture les quatre gros d'eau distillés.

Vin de Malaga factice.

Vin blanc de bonne qualité, 1 litre. — Cassonade brune, 2 onces. — Eau-de-vie à 22 degrés, 2 cuillerées à bouche. — Eau de goudron, une cuillerée à café.

Faites dissoudre la cassonade dans le vin, ajoutez l'eau-de-vie et l'eau de goudron, mêlez exactement, filtrez et mettez en bouteille que vous boucherez et cachetterez avec soin.

On peut boire ce vin immédiatement : il est meilleur préparé à l'avance.

Vin de Porto factice.

Prenez : vin rouge vieux de Bourgogne, 3 litres.
Ratafiat des quatre fruits, confectionné depuis plus d'un an . . . . 1 litre.
Mêlez, et mettez en bouteilles bouchées avec soin.

Vin ordinaire factice.

Remplissez d'eau aux deux tiers un tonneau de 90 litres, puis introduisez :

Baies de genièvre . . . , . 20 livres.
Semences de coriandre. . . . 2 livres.
Pain de seigle sortant du four et coupé par morceaux. . . . 20 livres.

Bondez légèrement le tonneau et laissez fermenter. La fermentation terminée, achevez de remplir d'eau, et laissez reposer pendant trois semaines. Tirez au clair. Donnez, si vous le jugez à propos, de la couleur avec une infusion de betterave dans l'eau. Ce vin n'est bon que pour les domestiques. On le dit toutefois agréable et sain.

Rhum factice.

Cette liqueur étrangère, qu'on trouve rarement pure dans le commerce, est imitée de la manière suivante par beaucoup de liquoristes.

Prenez figues, un once — Raisins de caisse, une once. — Cuir de bœuf, un gros. — Piment de la Jamaïque, 18 grains. — Safran gâtinais, 5 grains. — Eau-de-vie à 22 degrés, deux livres et deux onces.

Ecrasez les figues et les raisins; coupez le cuir en lanières minces : concassez le piment et le safran ; mettez macérer le tout dans l'eau-de-vie pendant quinze jours, en agitant de temps à autre. Après quoi, filtrez et mettez en bouteilles, que vous boucherez et cachetterez avec grand soin.

Vin de Porto factice, méthode russe.

Les Russes préparent de la manière suivante un vin de Porto factice, qu'ils trouvent excellent :

Cidre.	3 litres.
Eau-de-vie de France. . .	1 litre.
Gomme résine Kino. . . .	1 gros.

Mêlez et gardez dans des vases clos.

Vin du Rhin, méthode russe.

Si l'on désire de vieux vins du Rhin, mettez dans la recette précédente, en place de la gomme de Kino, un gros d'Ether nitrique alcoolisé, et vous obtiendrez ce vin dans toute sa perfection.

Manière de conserver les vins en perce.

Pour conserver sans altération les vins en perce, M. Imery, de Toulouse, assure qu'il suffit de mettre dans les barriques une bouteille d'huile d'olive fine. L'huile répandue en couche légère sur la surface du vin, empêche l'évaporation des parties alcooliques, ainsi que la combinaison de l'air atmosphérique qui rend les vins acides et en altère les parties constituantes. Ce procédé est employé en Toscane fort avantageusement.

Moyen très-simple de rendre le vin mousseux.

Dans ses *Lettres sur l'Economie domestique*, madame Pariset indique cette recette très-facile pour se procurer un vin blanc mousseux presqu'aussi agréable que celui de Champagne. Ayez le premier vin blanc venu ; pourvu qu'il soit bien clarifié et de bonne qualité ; mettez au fond de chaque bouteille une forte pincée de sucre candi ; ficelez le bouchon avec du fil de fer, et au bout d'un mois ce vin sera parfaitement mousseux.

Manière de vieillir l'eau-de-vie.

Pour donner à l'eau-de-vie nouvelle le goût et les propriétés de la plus vieille eau-de-vie, vous n'aurez qu'à mettre dans chaque bouteille cinq à six gouttes d'alcali volatil.

Mastic pour luter les bouteilles.

Nous savons que pour bien conserver le vin en bouteille, il est nécessaire de les luter, c'est-à-dire d'environner leur bouchon d'une cire très-adhérente et très-solide. En voici deux moyens éprouvés :

1°. Prenez demi-livre de bitume végétal ordinaire, ou le bitume mastic, ou bien encore le bitume gondron ; demi-livre de résine noire ou arcanson, un quarteron de cire jaune. Faites fondre le tout ensemble en remuant un peu. Quand les bouchons sont placés, on plonge le haut de la bouteille dans le mastic en fusion. Si les bouchons étaient mouillés, le bitume ne prendrait pas.

2°. Mêlez et faites fondre de même, huile de lin, un quarteron, autant d'ocre jaune ou rouge, autant de cire jaune, et une demi-livre de poix de Bourgogne ou d'arcanson. Employez de la même manière ce mastic également bon.

Cidre de ménage.

Faites une ouverture d'un pied en carré à un tonneau de deux cent soixante bouteilles et du côté de la bonde ; mettez dans ce tonneau vingt-cinq livres de poires et autant de pommes séchées au four ; remplissez le tonneau d'eau, et bouchez l'ouverture avec une planche épaisse et carrée, à laquelle on met une poignée, afin de pouvoir la placer et l'ôter aisément après treize jours de fermentation ; versez dans le tonneau, par la même ouverture, deux litres d'eau-de-vie, et deux jours après, mettez le cidre en bouteilles. Ne les couchez point en les rangeant à la cave. Si vous voulez le colorer, mettez, en même-temps que l'eau-de-vie, deux onces de pétales de coquelicots secs. On peut aussi mêler aux poires et pommes du raisin sec. Cette boisson économique est agréable et saine.

Moyen très-simple de purifier les futailles.

Frottez d'huile d'olives les parois intérieures, et même la bonde des tonneaux gâtés ; à une première couche, ajoutez-en une seconde, après laquelle vous verserez immédiatement dans chaque vase un grand verre d'eau de-vie. Bondonnez de suite, et agitez en tous sens. Le lendemain, remplissez de vin nouveau, et plusieurs mois après, le vin dégusté n'offrira aucune altération, comme l'a prouvé l'expérience.

Recettes pour rendre les bouchons de liége imperméables.

Pour rendre les bouchons de liége entièrement imperméables à l'alcool contenu dans les liqueurs, ou aux essences les plus volatiles, il suffit de les laisser pendant quelques minutes dans un mélange bien chaud de deux parties d'huile et une de suif.

CHAPITRE VI.

Nourriture. — Ordre pour l'heure et la composition des repas. — Variété. — Comptes. — Soin des diverses substances. — Manière d'utiliser les restes et de rajeunir les plats. — Assaisonnemens. — Nourriture des domestiques. — Livres de cuisine. — Farines de M. DUVERGIER. — Tablettes de bouilllon de M. APPERT.

La maîtresse de maison doit considérer la nourriture sous le triple rapport de la santé, du plaisir et de l'économie. Si l'inspiration de ces trois motifs l'anime constamment, non seulement mes conseils lui paraîtront faciles, mais elle y suppléera dans toutes les occasions qu'il m'est impossible de décrire et de prévoir.

Son premier soin sera de fixer des heures invariables pour les repas, d'après l'état de son mari et les habitudes reçues. Comme maintenant on dîne presque partout à cinq heures, que cette heure est généralement commode, et qu'il est désagréable d'être dérangé, prenons donc cinq heures, mais évitons de ne faire que deux repas par jour, c'est-à-dire de déjeûner seulement de dix à onze heures, car c'est un mauvais régime. Selon moi, il serait préférable de déjeûner à neuf heures, dîner à trois, souper légèrement à dix; mais puisque le dîner doit être à cinq, déjeûnez légèrement de huit à neuf, faites un second déjeûner en laitage ou fruits, de midi à une heure. Les heures une fois adoptées d'après les convenances de votre intérieur, que rien ne puisse les déranger, car si la domestique pense qu'on attendra, elle retardera ensuite; ou si elle est exacte, les ragoûts seront brûlés, les sauces tournées; on emploiera beaucoup plus de combustible, et il en coûtera davantage pour manger un mauvais dîner. Que la règle de vos repas ait donc, en quelque sorte, force de loi; n'attendez jamais ni personne de la maison, ni convives invités; qu'on en soit bien persuadé, et que si l'on a besoin de faire avancer ou retarder l'heure des repas, on vous en prévienne à l'avance, afin que les préparatifs soient faits en conséquence et que les mets n'en souffrent pas. Outre l'ordre du temps des repas, la bonne ménagère veillera à l'ordre de leur composition. Par exemple, si son dîner consiste en un potage, le bœuf, une entrée, un rôti, une salade et deux plats de dessert, ce nombre de plats doit toujours reparaître avec les modifications nécessaires, c'est-à-dire que si l'entrée est légère (supposons une fraise de veau), le rôti sera fort (supposons un gigot de mouton), ou bien il sera composé de deux pigeons quand l'entrée sera un abondant ragoût de viande et de légumes. Ces modifications, qui ne détruisent point l'ordre du repas, sont indispensables en ce qu'elles procurent la même quantité de nourriture, et surtout qu'elles y mettent de la variété. En ordonnant chaque matin les repas du jour, la maîtresse doit se rappeler les mets le plus anciennement servis, afin de les ramener successivement de manière à ce que l'on ne voie pas toujours la même chose. Je lui conseille de varier aussi les potages, le bouilli; tantôt, pour les premiers, en servant du riz, du vermicelle, de la soupe au gras; tantôt pour les seconds, en accompagnant le bœuf de cornichons, en le relevant d'une sauce aux câpres, en le faisant panner et griller, ou en le mettant en salade. Elle doit aussi à cet égard mettre les jours maigres à profit, et sans recourir aux primeurs (moyen assuré de payer fort cher de mauvaises denrées), profiter de la saison pour que sa table soit variée d'une manière agréable. Ce soin la dispensera de la recherche dans les assaisonnemens, témoignera de son attention pour le bien-être de son époux, et lui deviendra en très-peu de temps chose si facile, qu'elle ne s'en apercevra même pas.

Les détails de la nourriture sont extrêmement multipliés, et cependant il faut tous les connaître, les relater, les calculer, savoir au plus juste ce qu'on dépense chaque année, chaque mois, chaque semaine, chaque jour. Pour y parvenir, il faut payer chaque mois le boulanger, le boucher, l'épicier, le charcutier, s'il y a lieu; porter leurs comptes sur le grand livre de dépenses, et avoir un autre petit livre sur lequel on inscrira chaque jour tout ce qui s'achettera pour la table; on en fera le relevé chaque semaine, et au bout du mois, additionnant les calculs des quatre semaines, on portera le total sur le grand livre. De temps à autre on y jettera les yeux, on examinera si la dépense est égale d'un mois à l'autre : on se rendra compte des motifs, des circonstances qui ont pu la diminuer ou l'accroître, et, de cette façon, on ne dira jamais comme trop de femmes, *je ne sais pas comment cela se fait.*

Quelque fortune qu'ait la maîtresse de maison, quelque confiance qu'elle ait en ses domestiques, elle ne se contentera pas de commander les repas d'après ce qui a été dit précédemment; elle veillera à ce que les provisions journalières soient faites de bonne heure, afin de mieux choisir et de payer moins cher; elle examinera si le poids est juste, si les objets sont de bonne qualité; elle les fera disposer de la manière la plus avantageuse pour la garde, dans l'office de cuisine ou le garde-manger; elle fera préparer soit la viande de boucherie, soit les volailles, ou les poissons. Pour les volailles, elle les fera vider, c'est-à-dire ôter les boyaux, le foie, le gésier; et, dans l'intérieur du corps, elle fera mettre du sel égrugé, avec un peu de thym.

Si ce sont des poissons frais, elle les fera bien essuyer avec un linge blanc un peu ferme, en ayant soin surtout de ne point altérer la peau, et elle fera remplir les ouïes de sel; ensuite elle les fera mettre sur des plats de faïence, dans l'endroit le plus frais de sa maison.

Quant à la viande de boucherie, elle se corrompt beaucoup moins vite; néanmoins, si c'est l'été, il faut tout prévoir et tout craindre : un orage peut, en moins d'une heure, gâter les viandes. Pour être dans une parfaite sécurité, si ce sont des rôtis ou côtelettes, vous les passez à la casserole avec du beurre et les laissez sur le feu jusqu'à ce qu'ils aient pris une couleur un peu dorée; ensuite, vous les saupoudrez de sel bien fin dessus et dessous. Avec cette précaution, vous pouvez conserver ces rôtis trois ou quatre jours sans qu'ils s'altèrent.

Elle déterminera aussi la nature de la préparation des mets d'après la température et les divers accidens à prévoir. Une volaille est-elle un peu faite, et le temps est-il chaud, elle la fait mettre à la sauce vive, à la marinade, à la crapaudine : en pareil cas, un carré de mouton s'accommode à la tartare, aux câpres, etc.

Chaque espèce de substances veut un soin particulier ; la charcuterie demande seulement d'être écartée de l'humidité. Le lait craint l'air, qui lui donne le goût de suif, les mauvaises odeurs qui le font tourner et la chaleur qui produit le même effet. Le poisson vivant sera mis à l'eau. La volaille vivante que l'on voudra manger de suite très-tendre, boira une cuillerée de vinaigre. Les légumes froids, comme petits pois, haricots verts, ne seront écossés ou effilés qu'à l'instant de cuire, afin d'être plus savoureux. Les salsifis ne seront grattés et nettoyés aussi qu'au moment de cuire, de peur de rougir, etc. La maîtresse veillera à ce que ces diverses conditions soient remplies.

Moyen d'attendrir les viandes.

Des convives imprévus obligent quelquefois la maîtresse de maison à se servir des viandes toutes fraîches.
Ces viandes sont fort dures alors, mais on les attendrit
en les enveloppant de linge blanc et en les exposant à
une chaleur douce et continue, comme l'âtre de la cheminée, ou tout autre semblable. Si l'on peut disposer
d'une nuit, la viande sera le lendemain parfaitement
tendre.

Manière d'attendrir le bœuf pour le pot-au-feu.

Pour rendre très-tendre du bœuf tué le jour même,
battez-en très-fortement avec un rouleau à pâte le morceau que vous devez mettre au pot. Quand il aura été
bien battu en dessus et en dessous, ficelez-le avec soin
et mettez-le dans la marmite. On dit que ce bœuf cuit
plus vite et produit un bouillon plus succulent qu'à
l'ordinaire. Je n'en ai point fait l'essai.

Un article important dans l'économie du ménage,
c'est la manière d'utiliser, de déguiser les restes de
plats. La maîtresse de maison doit faire de telle sorte
qu'ils ne reparaissent jamais en cette qualité sur la
table. Il est d'autant plus utile qu'elle veille à cette res-
tauration de mets, que souvent, pour économiser le
temps et le combustible, on fait, en hiver, cuire le pot
au feu, les légumes, et plusieurs plats de viande, pour
deux jours ; que les grosses pièces, comme les forts
gigots, les dindons, reviennent forcément long-temps,
surtout quand la famille est peu nombreuse ; qu'enfin,
si un ami vient à l'improviste vous demander à dîner,
il est impossible de lui offrir des restes.

Une fricassée de poulets dont il restera un tiers,
doit être lavée dans du bouillon, mise en pâte et frite :
cela fait un plat neuf.

Des restes d'épinards se mettent en boules roulées

dans de la farine; on les trempe ensuite dans une pâte légère et on les frit. Cela fait un plat d'entremets.

Les choux-fleurs se mettent au gratin comme des macaronis; on les fait frire aussi en les pannant.

Un gigot, de la volaille, du bœuf, du veau en petite quantité, se mettent en hachis. L'on en fait aussi des boulettes roulées dans de la farine, et l'on prépare une sauce rousse, dans laquelle on met des champignons, des petits oignons et des morilles.

Lorsque l'on a un pâté froid, il ne faut pas servir la croûte, ni même l'ouvrir en totalité, afin que la partie qui couvre le pâté soit entière.

Un pâté se sert plusieurs fois, et, quand il est entièrement vidé, l'on fait une fricassée, soit de pigeons, soit de poulets, de cervelles de veau, même de boulettes composées de plusieurs sortes de viandes, et lorsque la fricassée est cuite, on l'arrange dans la croûte du pâté; on le recouvre, et, pour remplir les joints, l'on fait un peu de pâte avec laquelle on bouche toutes les ouvertures; ensuite on l'enduit d'un jaune d'œuf délayé dans de l'eau, pour qu'il prenne ce qu'on appelle une couleur dorée; on met ensuite le pâté (restauré) sous un four de campagne, avec un feu léger dessous et dessus, seulement pour communiquer peu à peu de la chaleur à la pâte, et surtout qu'elle ne brûle pas la croûte du pâté, qui n'a pas besoin de cuire, puisqu'elle est cuite, mais qui doit être réchauffée par gradation.

S'il reste une fricassée blanche de veau, et que ce soit en hiver, le lendemain on peut l'augmenter d'autre veau que l'on fait cuire de la même manière : aux trois quarts de la cuisson, on ajoute le reste de la veille. Un peu avant, on y a mis des pommes de terre et des salsifis, ce qui diversifie agréablement le plat. Ce dernier légume, au reste, est excellent dans les fricassées de ce genre; le mélange des pommes de terre est plus économique, mais de moins bon goût.

Avec des restes de viandes et des hachis on peut préparer des saucisses (Voyez *Manuel du Charcutier*).

Les restes de rouelle de veau font des paupiettes, bresolles , noix de veau en caisse , à la Chantilly , filets de veau tôt fait , pains de veau. Les gigots de mouton entamés font des émincés, haricots de mouton , se disposent en tranches sur des ragoûts de légumes : on fait de toutes les viandes blanches des rôties , des godiveaux, des quenelles de toutes sortes d'autres, de la chair à petits pâtés; des lapins rôtis , des lapins frits, croquettes de lapin , filets de lapin en turban, en gimblettes , etc. : il en est de même pour le lièvre.

Lorsqu'on fait cuire des haricots rouges , blancs ou verts , des betteraves , des pommes de terre , il est plus économique de le faire pour deux jours , parce qu'il ne faut pas plus de temps et de combustible pour un grand pot que pour un petit ; mais on doit se garder de fricasser le tout à la fois. Le jour même la moitié en est accommodée au lait comme à l'ordinaire , et l'autre est gardée pour manger en salade. Je ne décrirai point cet accommodage si connu; seulement je dirai qu'il faut y ajouter trois à quatre cuillerées d'eau pour les pommes de terre , et mettre beaucoup d'huile aux haricots verts.

Les assaisonnemens doivent aussi captiver l'attention de la maîtresse : qu'elle ait sa provision de quelques livres de sel gris et blanc, rangées dans des vases de bois au grenier ou tout autre endroit bien sec; qu'à la table de cuisine soit un tiroir à compartimens, ou mieux encore que sur une planche en rayon on trouve de petits cartons forts superposés l'un sur l'autre , et portant le nom des substances qu'ils renferment , ainsi qu'on le voit chez les épiciers; ce sera le moyen d'éviter le mélange et la perte inévitable des assaisonnemens imparfaitement contenus dans du papier , et se mêlant tellement dans la table de cuisine, qu'il faut finir par en jeter la plus grande partie. Ne souffrons pas cela; ce sera , dira-t-on , une légère économie; j'en conviens; mais nulle économie répétée n'est à dédaigner. *Les grandes économies du ménage*, dit M. Ch. Dupin, *portent tou-*

jours sur les objets à bon marché. Avec la perte du girofle, poivre, muscade, etc., vous éviterez aussi celle du temps que l'on consomme ordinairement à chercher. Auprès des boîtes seront les moulins à poivre, à café, etc. Ce n'est pas chose indifférente que de rapprocher les objets qui ont du rapport entre eux.

Quel que soit le genre de votre déjeûner, établissez chez vous l'habitude de faire manger le matin de la soupe à vos domestiques ; veillez à ce qu'elle soit abondante, saine et variée. Après la soupe, ils auront du pain à discrétion et du fromage commun, tel que le plus médiocre des fromages d'Auvergne, nommé *forme*, dont il faudra faire ample provision ; du raisiné, du fromage d'Italie, pourront varier et servir au second déjeûner. Quant au dîner, à la soupe laissée par les maîtres, on ajoutera tout le pain et le bouillon nécessaire, y compris les légumes du pot, qui doivent être abondans ; le reste du bœuf et de l'entrée complettera leur dîner. Quand vous voudrez faire garder ce dernier plat, ayez pour vos domestiques un grand plat de pommes de terre, choux, purée de légumes avec des saucisses ou un morceau de petit salé. De temps en temps, comme à votre fête, pendant le carnaval, le dimanche, donnez-leur quelque chose d'un peu délicat. Il est essentiel qu'ils soient bien assurés que vous cherchez à les rendre heureux.

La cuisinière ainsi que la maîtresse doivent savoir de mémoire la plus grande partie des plats ordinaires ; mais il est bon, pour ne pas dire indispensable, d'avoir des livres de cuisine pour indiquer des mets variés, surtout pour les jours où l'on reçoit du monde. Ces livres sont en quantité : je les connais tous et peux guider la maîtresse dans le choix qu'elle voudra en faire. *La Cuisinière bourgeoise* est trop surannée ; *le Cuisinier royal, le Cuisinier impérial, le Cuisinier des Cuisiniers, l'Art du Cuisinier, le Manuel des Amphytrions,* ne conviennent qu'à des restaurateurs ou aux chefs de cuisine de millionnaires. *Le Cuisinier économe,* bien qu'il ne mérite guère son titre, vaut mieux ; mais le meilleur, selon moi, est le *Manuel du Cuisinier et de la Cuisinière*, par Cardelli.

Je vais maintenant recommander à la ménagère deux genres précieux de provisions.

Tablettes de bouillons économiques.

M. Appert, (1) auteur de *l'Art de conserver infiniment les substances alimentaires animales et végétales*, prépare des tablettes de jus de viandes et de légumes, supplétives de ces substances, mais beaucoup plus économiques, puisqu'il opère en grand, journellement, avec tous les procédés de l'art, tant pour le service de la marine royale que pour le commerce.

Chacun aime un bon potage, un bon bouillon et de bonnes sauces ; mais, pour les obtenir, il faut généralement employer beaucoup de viandes ; elles donnent du bouilli, et souvent cet aliment finit par lasser l'appétit. Ainsi, procurer ce chacun aime, et débarrasser de ce qui fatigue, a paru à M. Appert un moyen de succès d'autant plus assuré, qu'il est économique ; chose dont les plus incrédules pourront se convaincre au premier essai.

Manière d'opérer.

Au lieu de quatre livres de viande. mettez-en seulement deux livres au pot, mais avec la même quantité d'eau que pour quatre livres ; ajoutez quelques légumes frais, seulement pour garnir la soupe ; une heure avant de la servir, vous ajouterez deux onces de tablettes, qui remplaceront les deux livres de viande, ainsi que les carottes et ognons brûlés supprimés.

Ce bouillon servira pour tous potages : on peut néanmoins les préparer au moyen seul des tablettes, faisant cuire légumes, riz, vermicelle ou tous farineux, à l'eau ;

_____

(1) Rue Moreau, n° 17, faubourg Saint-Antoine à Paris.

lorsqu'ils sont cuits, on y ajoute une demi-once de ta-blettes par personne, avec *une idée* de beurre ou de graisse, pour donner des *œils*.

Quant aux sauces ou ragoûts, excepté *ceux au blanc*, on les mouille avec de l'eau, et lorsque l'objet cuit, on y ajoute plus ou moins de ces tablettes, pour les corser et leur donner un bon goût : on économisera par ce moyen les bouillons et consommés requis en pareil cas.

Ces tablettes ne peuvent toutefois faire, seules, une excellente soupe : elle serait sans doute très-nourrissante, mais il lui manquerait la saveur et le parfum, qui, con-centrés par la préparation des tablettes, ne se développ-pent qu'à l'aide de substances qui n'ont pas encore sup-porté l'action du feu. Mais c'est une grande économie et un grand agrément d'obtenir le double par le simple, ainsi qu'on l'établit ci-après.

Ces tablettes se vendent 3 francs la livre; l'once re-vient à moins de 20 centimes : ainsi, avec 40 centimes on remplace deux livres de viande du prix ordinaire de 90 centimes à 1 franc; aussi bien que 10 centimes de carottes ou ognons brûlés, ordinairement ajoutés à tous les pots-au-feu pour colorer le bouillon. M. Appert pro-cure donc, et ceci n'est point indifférent, une économie de cinquante pour cent sur un aliment précieux, presque indispensable; et cette économie, journellement répétée, donne, par année, 150 à 200 francs.

Farines de racines potagères et de légumes cuits, propres à faire de la purée à l'instant.

Il est bien reconnu aujourd'hui que la meilleure ma-nière de faire usage des légumes secs, tels que *pois*, *haricots*, *lentilles* et autres, est de les réduire en purée : ils sont alors moins venteux, d'une digestion plus facile et beaucoup plus nourrissans. Livrer ces substances lé-gumineuses aux consommateurs, à un prix modique, *bien mondées de leurs enveloppes par un moyen méca-*

nique , et réduites ensuite en *farine toute cuite* dont on puisse faire usage à l'instant même, telle a été l'intention de M. Duvergier. La bonne cuisson et la parfaite dessiccation que ces farines subissent ayant détruit tout principe de fermentation, la simple précaution de les tenir à l'abri de l'humidité , comme cela est absolument nécessaire pour toutes les substances alimentaires, suffit pour les conserver long-temps.

Ces différentes farines légumineuses ont obtenu l'approbation de plusieurs Sociétés savantes (1), et mérite au fabricant une médaille qui lui a été décernée par le grand jury, lors de la dernière exposition, à titre d'encouragement et de récompense pour un objet d'utilité générale.

Elles ont l'avantage de renfler beaucoup, en sorte qu'une forte cuillerée suffit pour préparer un potage à une personne, et il y a dix-huit à vingt cuillerées semblables à la livre. L'usage en est aussi facile que commode, ainsi qu'on va le voir ci-après.

Potage au maigre.

Préparez un bouillon maigre, soit avec des herbes fraîches ou cuites, tel qu'on le fait ordinairement dans les ménages ; mais ne mettez pas le beurre de suite. Dix

---

(1) Voir le rapport fait par *M. Cadet-Gassicourt* au *Conseil de Salubrité*, le 26 novembre 1818, mentionné dans le rapport général de la même année. — Le rapport fait par M. Robiquet, professeur de Chimie à la Société d'Encouragement, inséré au Bulletin de cette Société, du mois de juillet 1822. — Le rapport fait par M. Devilliers, docteur en médecine à l'Athénée des Arts, le 16 fév. 1824, lu en séance publique le 5 décembre, même année, par lequel l'Athénée a décerné au fabricant une médaille et une couronne, maximum de ses récompenses. Dans ce rapport il est dit : « Nous « avons appris qu'elles ont resté (les farines) à un séjour prolongé « sur les mers, lors des courses périlleuses et lointaines du capitaine « Freycinet. »

minutes avant de servir, jetez dans une casserole autant de cuillerées combles de farine que vous avez de personnes; délayez-la avec environ un verre de votre bouillon, par cuillerées de farine; posez sur le feu, assaisonnez de sel et de poivre à volonté; votre potage étant en pleine ébullition, ajoutez environ une once de bon beurre frais, toujours par cuillerée de farine; remuez, retirez du feu, liez avec un jaune d'œuf, et versez sur du pain en tranches, mieux sur des croûtons.

Purée maigre.

Détrempez quatre à cinq cuillerées combles de farine avec environ deux verres et demi d'eau chaude; posez sur le feu, tournez le mélange, ajoutez une pincée de persil haché menu, sel et poivre à volonté. Lorsque la purée bout, ajoutez un bon quarteron de beurre bien frais, remuez et servez soit avec des œufs durs ou pochés dessus, ou simplement des croûtons fins.

Purée au lard.

Faites cuire convenablement dans de l'eau une livre de petit lard de poitrine entrelardé, assaisonnez d'un bouquet garni et d'un oignon; dix minutes avant de servir, jetez dans une casserole cinq cuillerées combles de farine délayées avec environ trois verres de votre bouillon passé au tamis; le tout étant en ébullition, ajoutez, si vous voulez, un peu de poivre et environ un quarteron de beurre bien frais; servez avec votre lard dessus.

L'on peut tout aussi facilement en préparer des garnitures d'entrées, comme pour masquer côtelettes, perdreaux, petit salé, cuisses d'oie et autres.

En général, tous les assaisonnemens usités dans les ménages pour les légumes secs peuvent très-bien s'appliquer à toutes ces farines légumineuses. *Le tout sera bon si l'assaisonnement est convenable.*

Lorsque c'est de la purée de pois, l'on y ajoute ordinairement un peu de vert d'épinârd pour lui donner une couleur verte plus décidée.

Le riz, le vermicelle, la semoule, et généralement toutes les pâtes, peuvent recevoir un accroissement de bonté en y ajoutant l'une ou l'autre de ces farines. Il suffira de délayer dans le riz ou le vermicelle, que l'on tiendra un peu clair à cet effet, une ou deux cuillerées de pois ou de lentilles, suivant la force du potage.

Racines potagères.

Les farines de racines mélangées, telles que carottes, panais, navets, porreaux, céleri, etc., servent également à préparer des potages à la purée de racines et de pain, des potages à la crécy et autres; elles font un très-bon effet dans le pot-au-feu, et se mêlent très-avantageusement avec celles de haricots, de pois et de lentilles, ce qui offre une agréable variation.

Potages ordinaires.

Enfin, l'expérience a prouvé que toutes ces farines entrent très-convenablement dans la composition des soupes le plus ordinairement en usage dans notre économie domestique, telles que soupes aux choux, à l'oignon (dans lesquelles les farines de haricots font un très-bon effet), dans les potages aux herbes, à l'oseille et autres. Une ou deux cuillerées, suivant la force du ménage, détrempées peu de temps avant de servir, dans l'une ou l'autre de ces soupes en ébullition, les améliorent sensiblement, et les rendent plus nourrissantes.

Polenta de pommes de terre.

La semoule et la farine servent également à faire des potages au gras et au maigre très-bons et très-sains, ainsi que de très-bonnes purées. Pour l'agrément de la variation, l'on peut mêler dans les potages à la polenta-semoule un peu de farine de pois ou de lentilles, ce qui fait un très-bon effet.

La polenta-farine est excellente pour faire les liaisons des sauces, et bien préférable à la farine de blé; elle est aujourd'hui généralement recommandée pour faire la bouillie aux enfans.

La polenta-semoule, légèrement torréfiée, acquiert une saveur agréable de pain grillé, et remplace très-avantageusement la chapelure sur toute espèce de côlettes, mouton braisé, pieds de cochons farcis et autres.

M. Duvergier vient de joindre à sa fabrique de farines de légumes cuits, celle de maïs, de froment, de seigle, d'orge et même d'avoine. Ces farines, bien mondées de tout son, auront l'avantage d'offrir, à *l'instant même*, des bouillies provenant de grains bien cuits, chose très-recommandée par tous les médecins, ainsi que des potages très-légers, au gras comme au maigre; celles de seigle, d'orge et d'avoine seront très-convenables dans toutes les occasions où il sera nécessaire de prendre des alimens légers et rafraichissans, et dans toutes les circonstances où l'on ordonne l'orge et le gruau d'avoine.

Les farines préparées à la gélatine coûtent 20 cent. de plus par livre.

La fabrique de M. Duvergier est à Gentilly, près Paris, et son dépôt général est établi dans sa maison, quai Saint-Paul, en entrant par la rue des Barres, n° 9, où l'on trouvera toutes les farines ci-dessus, renfermées dans des sacs d'une livre; et chez François Guitel, au dépôt d'eaux minérales rue J.-J. Rousseau, n° 5 (1).

_____

(1) Il y en a des dépôts chez divers marchands de Paris, et dans toutes les villes de province.

CHAPITRE IX.

Conservation des substances alimentaires. —
Des viandes. — Poissons. — Charcuterie.

Conservation des viandes.

C'est surtout dans la conservation des substances alimentaires que la bonne ménagère trouvera d'agréables
et de profitables économies. Par là elle se dispensera des
frais de détail, toujours coûteux ; elle épargnera la peine
et le temps de ses domestiques, et, tout en exigeant
moins, elle en retirera plus ; car une domestique que
l'on ne charge pas d'une multitude de commissions,
de courses, de petits achats mal entendus, ayant beaucoup de temps de reste, peut en donner une partie au
raccommodage du linge de cuisine, à la filature, etc. Le
surplus lui appartient, et elle a encore plus de loisirs
que dans les maisons non approvisionnées, où on lui
laisse tout son temps. Survient-il à dîner quelques personnes que l'on n'attendait pas ? on n'est point forcé de
courir chez le traiteur ; les provisions sont sous la main :
que de fatigue, d'impatience, de frais et d'ennuis,
épargne la bonne habitude de faire convenablement ses
provisions en conservant les substances alimentaires. Je
vais indiquer d'abord les procédés pour la conservation
des viandes ; le chapitre suivant traitera de celle des
légumes ; enfin, je terminerai par la conservation
du laitage, œufs et fruits. Pour cette importante
partie, j'ai mis à contribution les moyens employés par
les meilleures ménagères, recommandés par MM. Cadet-
Devaux, Gassicourt, les Traités les plus estimés d'économie domestique, et surtout les excellens procédés de

M. Appert, qu'il suffit de nommer pour en faire le plus grand éloge.

Avant d'indiquer à la maîtresse de maison quelques modes de salaisons et autres pour la conservation des viandes, je vais lui donner le moyen de conserver différentes espèces de viandes pendant plusieurs jours, même dans les grandes chaleurs.

Le veau, le bœuf, le mouton et le gibier se conservent parfaitement pendant une dixaine de jours dans les temps les plus chauds. Pour obtenir ces résultats, il faut les couvrir d'une légère couche de son bluté, et suspendre les morceaux au plafond d'une chambre élevée et bien aérée, dans un petit baril percé d'un grand nombre de petits trous, ou un garde-mangé carré, garni de toile métallique, qui donne passage à l'air et en écarte les mouches.

Le gibier à poil ou à plume se conserve long-temps, si on lui met autour du cou une corde très-serrée qui empêche l'air de pénétrer dans le corps, et un morceau de charbon dans le ventre.

On conserve, dit-on, le gibier et la volaille en les vidant, les enveloppant soigneusement de linge blanc, et en les mettant dans un coffre recouvert de sable.

Autres moyens de conserver le gibier, etc.

Ouvrez chaque pièce, videz-la, mais laissez les oiseaux dans leurs plumes, et les lièvres dans leur poil. Remplissez-les de froment, recousez-les, et enterrez-les en quelque sorte dans un tas de blé ou d'avoine. Soustraire ainsi les animaux à l'action de l'air, suffit pour les conserver.

Un moyen de conservation que je puis donner pour certain, quoique sans l'avoir essayé, est le suivant. Videz le poisson, le gibier ou la volaille à conserver : mettez dans le ventre un fort bouquet garni, puis placez chaque pièce dans une boîte ou terrine, entre deux lits épais de poudre de charbon. Couvrez bien, et collez du papier sur toutes les jointures. Un turbot ainsi disposé est parvenu, sans aucune altération, de Caen à Stuttgard.

Conservation des viandes par le lait caillé, etc.

On peut aussi conserver, pendant une huitaine de jours, les viandes de toute espèce dans du lait caillé, aigre. On les conserve encore en les arrosant avec de l'eau bouillante pendant une heure, dans une passoire et en les frottant ensuite de sel bien égrugé.

Lorsqu'au bout de huit à dix jours on veut les manger, il faut avoir l'attention de les exposer pendant vingt-quatre heures à l'air, et de les mettre tremper une ou deux heures dans de l'eau tiède.

Il est un bon moyen encore pour conserver un laps de temps assez considérable toute espèce de viandes cuites.

L'on range par couches, dans un vase de terre ou de grès, la viande de boucherie ou la volaille rôtie. On l'arrose avec une gelée, une sauce, ou du jus de rôti. On ferme le vase hermétiquement et on lutte les bords avec de la pâte ou du papier, afin d'interdire tout accès à l'air extérieur.

Je vais aussi indiquer un moyen de rétablir la viande qui se serait gâtée dans un temps chaud, humide ou orageux. Si c'est du bœuf, pour faire du bouillon, vous le mettez dans le pot avec de l'eau, vous l'écumez, et, lorsque l'eau est en ébullition, vous jetez dedans un charbon allumé, bien compacte et sans fumée; vous l'y laissez l'espace de deux minutes; il aura alors attiré à lui l'odeur fétide de la viande et du bouillon. Si un seul charbon ne réussit pas, vous réitérez l'opération.

Si c'est un rôti qui a éprouvé l'influence de la saison ou des mauvaises odeurs, avant de l'embrocher vous le mettrez dans de l'eau froide sur le feu, et l'y laisserez jusqu'à ce que l'eau soit en ébullition.

Après l'avoir écumé, vous jetterez dans le vase un charbon ardent bien compacte et sans fumée; vous l'y laisserez l'espace de deux minutes, ensuite vous retirerez la viande, vous l'essuierez jusqu'à ce qu'elle soit sèche, et vous l'embrocherez.

Il est très-rare, lorsque l'on a bien pris ces précautions, que la viande conserve aucun mauvais goût.

Recette pour conserver les quartiers d'oies et de canards.

On garde les oies deux ou trois jours après qu'on les a tuées et plumées, puis on les étend sur une table et on les ouvre en faisant une incision longitudinale; on détache les chairs de dessus les os, et on ôte entièrement la carcasse de l'oie.

On coupe cette chair en quatre quartiers, on les saupoudre de sel, et on les met en tas dans un vase qu'on recouvre de sel. S'il gèle, on ne les laisse que deux fois vingt-quatre heures; dans le cas contraire, on les laisse quatre ou cinq jours.

On tire les quartiers, et on les essuie avec un linge fort et grossier, afin qu'il ne reste nulle humidité.

Dans le fond d'un vase vernissé en dehors et en dedans on met de petits brins de sarment qui forment une espèce de plancher postiche, qu'on recouvre avec de la graisse fondue; on y place alors un ou deux quartiers d'oie, selon la largeur du pot, en évitant cependant que les quartiers ne touchent les parois intérieures du pot : on recouvre les quartiers de sain-doux et on met alternativement une couche de sain-doux et une couche de quartiers, jusqu'à trois pouces de l'orifice du pot. Quand tout est refroidi on remplit le pot jusqu'au sommet de sain-doux fondu. On laisse refroidir et on a le soin de boucher les fentes qui pourraient se former à la superficie. Ensuite on applique dessus un papier trempé dans l'esprit de vin, et on couvre le pot avec du parchemin. Traitez de même les canards.

Ailes et cuisses d'oie à la bayonnaise.

Levez entièrement les ailes et les cuisses de plusieurs oies ; aplatissez les cuisses avec la main ; frottez-les, ainsi que les ailes, de sel fin, dans lequel vous aurez mis une demi-once de salpêtre pilé, pour les membres de cinq oies ; rangez toutes vos ailes et vos cuisses dans une terrine ; mettez entre elles du laurier, du thym et du basilic ; couvrez-les d'un linge blanc ; laissez-les vingt-quatre heures dans cet assaisonnement ; puis, retirez-les, passez-les légèrement dans l'eau ; laissez-les égoutter. Vous aurez ôté toute la graisse qui est dans le corps de vos oies, même celle qui est attachée aux intestins ; vous l'avez préparée comme le sain-doux ; faites-les cuire à un feu extrêmement modéré : il faut que ce sain-doux ne fasse que frémir. Vous serez sûr que ces membres seront cuits, lorsque vous pourrez y enfoncer une paille ; alors égouttez-les quand ils seront bien refroidis. Vous les arrangerez le plus serré possible dans des pots ; vous coulerez votre sain-doux aux trois-quarts refroidi ; laissez-le tout ainsi refroidir pendant vingt-quatre heures ; après cela couvrez les pots bien hermétiquement de papier ou de parchemin ; mettez-les dans un endroit frais, sans être humide, et servez-vous de leur contenu au besoin.

Conservation des viandes au moyen de la suie.

J'engage la maîtresse de maison à employer le procédé de M. Bottcher, pharmacien à Menselwits, en Saxe, pour la conservation de la viande de boucherie. On imprègne d'abord la viande de sel ordinaire, puis on l'humecte pendant quarante-huit heures avec de l'eau saturée de sel, et enfin on l'essuie avec un linge. On prend ensuite un demi-kilogramme de suie dans une cheminée où l'on n'a brûlé que du bois, et on la met dans un vase avec quatre litres d'eau; on la laisse infuser pendant vingt-quatre heures, en la remuant de temps à autre; on transvase l'eau, qui est chargée d'environ un vingt-cinquième du poids de la suie, et on y plonge la viande pendant une demi-heure; elle doit être d'un kilogramme et demi si c'est du bœuf, et de deux kilogrammes si c'est du mouton ou porc. Après l'avoir retirée de cette eau, on la sèche à l'air, et on la conserve à volonté. Elle ne perd rien de sa saveur pendant six semaines et plus.

Conservation des poissons frais.

Les poissons frais sont susceptibles de se corrompre facilement dans les grandes chaleurs, et même l'hiver dans les temps humides; ils perdent aussi leur goût savoureux s'ils ont été gelés, et une maîtresse de maison doit remédier à ces accidens.

Il faut commencer, quand on a fait sa provision de poissons grands et petits, par les bien faire nettoyer, saupoudrer de sel, de poivre et d'autres épices. Il faut ensuite mettre les poissons dans un pot, à sec; le pot étant rempli, on le couvre hermétiquement, et l'on ajoute de la colle de farine autour de l'ouverture du pot, afin que l'air n'y pénètre pas; puis on le met, sur-le-champ, dans un four au moment où l'on enfourne le pain.

Lorsque l'on *défournera*, les poissons seront assez cuits. Apprêtés de cette manière, ils deviennent des mets succulens.

Le four n'est point absolument nécessaire à cette préparation; l'on peut de même la faire au feu de la cuisine ou sur du charbon.

Si le poisson menace d'être peu *frais*, ce qui, dans les grandes chaleurs, arrive assez subitement, il faut, pour lui ôter le goût et l'odeur fétide qu'il a contractés, le faire bouillir dans une grande quantité d'eau, à laquelle on ajoute un quart de vinaigre, du sel, et un nouet de linge, contenant du poussier de charbon.

Ce procédé est également applicable aux viandes qui menacent de se corrompre.

Il est aussi une précaution à prendre pour le poisson gelé. Si on le fait cuire dans cet état, l'on s'expose à le trouver en petits morceaux lorsqu'on le sert, et, ce qui est pis encore, c'est qu'il n'a ni qualité, ni consistance, et qu'il est absolument sans goût.

Il est donc essentiel de s'occuper, avant la cuisson, de lui rendre peu à peu la température qui lui est naturelle. Pour y parvenir, il faut commencer par le plonger dans un vase plein d'eau froide; cette eau le dégèlera doucement, et bientôt formera autour de lui une couche légère de glace; vous retirerez alors le poisson pour le remettre dans une nouvelle eau, toujours froide, jusqu'à ce qu'il ne se forme plus de glace. Alors il a repris sa température ordinaire, et il n'y a plus rien à craindre pour la cuisson (1). Mais il faut le manger le plus promptement possible, sans quoi il se gâterait, à moins cependant que ce ne soit de l'espèce des poissons que l'on mange *au bleu;* alors on peut le garder quelques jours.

Si la maîtresse de maison à la campagne craint (avec raison) d'éprouver le désagrément de voir geler ses provisions en poissons, et croit pour cela devoir s'abstenir d'en acheter, elle peut s'en garantir par le moyen que je vais lui indiquer.

Il faut faire jeter un bouillon au poisson (de quelque nature qu'il soit), dans une petite quanté d'eau, et y mettre un peu de sel. On pourra le laisser trois ou quatre jours dans cette eau sans appréhender qu'il se corrompe, parce qu'il tombera au fond du vase, et que l'eau salée le couvrira entièrement.

---

(1) Il est prudent d'envelopper de linge ce poisson, pour le faire cuire,

Si l'on est forcé, par un motif quelconque, de le garder plus de trois jours, l'on remet le vase sur le feu, en y ajoutant un peu de sel et une ou deux feuilles de laurier.

Le poisson préservé de cette manière peut soutenir jusqu'à trois ébullitions. Il est bon d'observer qu'il ne faut employer que des vases de terre pour cette opération.

Pour garder le saumon une quinzaine de jours, il faut lui enlever un petit corps semblable à une grappe de groseilles rouges qu'il a dans l'estomac. Cette grappe cède facilement sous les doigts. Comme elle donne la couleur rouge à ce poisson, ce moyen de conservation le laissera pâle; mais on y suppléera avec un peu de cochenille.

Nouveau mode de conservation du poisson.

L'auteur de cette recette assure qu'il a vu, grâce à elle, des poissons transportés au milieu de l'été à de grandes distances, qui, après un voyage de plusieurs jours, présentaient tous les caractères de fraîcheur de ceux qui sortent de l'eau. Ce procédé très-simple semble en effet devoir être précieux. J'engage la maîtresse de maison à l'essayer.

Préparez avec de la mie de pain tendre et une quantité suffisante d'alcool, une pâte de consistance moyenne avec laquelle vous remplirez la bouche et les ouïes du poisson : enveloppez-le ensuite d'une couche d'orties fraîches, et par-dessus d'une couche de paille que vous arrosez un peu de temps en temps.

Charcuterie de ménage.

Si vous habitez la province, et que vous ayez une nombreuse famille, des ouvriers à nourrir, même lorsque votre maison serait moins considérable, il vous serait très-avantageux de tuer chez vous un ou deux porcs dans l'hiver. Le *Manuel du Charcutier* contient à cet égard toutes les instructions que vous pouvez dé-

sirer, et je né les répèterai pas. Mais, soit que vous ne
puissiez ou ne vouliez pas mettre en usage la charcuterie domestique en grand, je vous conseillerais encore
de l'essayer en petit, c'est-à-dire, d'acheter des quartiers
de porc non salé, le quart ou la moitié d'un cochon
fraîchement tué, d'en lever le lard, de le préparer et
de saler la viande. Si c'est du cochon écorché, vous
pourrez faire fondre le lard, qui remplacera alors le
sain-doux pour accommoder les légumes au gras et les
légumes communs. Vous trouverez dans cette pratique
une notable économie, quoique moins avantageuse que
celle que produirait le porc entier tué dans votre maison, 1° parce que la qualité en serait supérieure,
2° parce que vous mettriez à profit tous les accessoires
de l'animal, et vous savez que rien n'est perdu dans le
porc. Si les circontances vous interdisent ces deux genres
d'économie, du moins ayez votre provision de sain-doux,
de lard; fumez et salez quelques viandes pour l'hiver.
Cette dernière précaution est presque indispensable à
la campagne, où souvent, par les mauvais temps, il est
impossible de se rendre chez le boucher, chez lequel,
en outre, on est quelquefois obligé de prendre de
mauvaise viande, faute de mieux, et faute aussi de provisions. Ne vous exposez pas à cette pénurie, et lisez
avec attention les pages 119 jusqu'à 128 du *Manuel du
Charcutier*, où sont décrites, avec le plus grand détail,
les méthodes les meilleures et les plus variées pour saler,
fumer, mariner et dessécher la viande.

Si vous êtes dans la bonne habitude de la charcuterie de l'intérieur, ayez dans votre cuisine les instrumens nécessaires : un *boudinoir*, un tranchelard, des
moules, de petits entonnoirs, etc.

Conservation du lard.

Après que le lard a été dix-sept jours dans le sel, on
prend une caisse qui ne puisse contenir que trois ou
quatre pièces, puis on met du foin au fond et on entoure

haque pièce avec un lit de foin, en ayant soin que haque pièce soit séparée par une couche de foin : on erme la boîte lorsqu'elle est bien remplie et foulée de bin dans toutes les parties, on la dépose dans un lieu ec, en évitant de l'exposer aux attaques des animaux nuisibles. Le lard que l'on conserve de cette manière ne rancit jamais et conserve un excellent goût.

CHAPITRE X.

Conservation des légumes de toute espèce. — Procédés nouveaux. — Conservation des œufs et du laitage.

Acheter à peu de frais des légumes dans la belle saison, les conserver à peu de frais encore pour l'époque où l'on ne se les procure qu'à un prix exorbitant, et même où on ne peut plus se les procurer du tout, tel est l'objet qui va nous occuper : on voit qu'il suffit d'y songer pour en apprécier le bénéfice.

Avant d'indiquer les moyens de conserver leur goût naturel aux légumes, nous allons donner ceux de conserver ces substances en changeant plus ou moins leur goût.

Manière de sécher les carottes et les oignons pour donner une couleur brun doré aux potages.

Les carottes. Ayez-en de belles, bien formées, mais non encore ligneuses : épluchez-les, ratissez-les bien, coupez-les en deux parties si elles sont très-grosses et puis enfilez par un gros fil de cuisine doublé en quatre, ou bien par un petit cordon, quoique fort; mettez-les sur le feu pendant un quart-d'heure au plus dans de l'eau bouillante; jetez-les ensuite dans de l'eau très-froide, égouttez-les bien et essuyez-les dans un linge blanc. Formez-en après cela plusieurs chapelets, et placez-les sur des claies, dans le four, dès qu'on a ôté le pain ou la pâtisserie. Il faut les y remettre plusieurs fois, jusqu'à ce qu'elles soient parfaitement desséchées et roussies. Si l'on n'a point de four, on peut envoyer ces chapelets de carottes chez son boulanger, ou mieux encore, les mettre sous le four de campagne, convenablement chauffé. On s'en sert ensuite pendant l'hiver comme de carottes ordinaires.

Les oignons. Placez sous un four de campagne bien chaud, et sur un gril très-serré ou plutôt sur une feuille de tôle très-chaude, de beaux oignons plats que vous aurez préalablement épluchés. Retirez-les au bout d'un quart d'heure et battez-les bien avec un morceau de bois plat; pour leur faire rendre leur jus (ce jus ne doit point être perdu; on le mettra immédiatement dans quelque ragoût). Remettez vos oignons bien aplatis sous le four bien plus chaud encore, et laissez-les bien se calciner jusqu'à ce qu'ils soient entièrement noirs; conservez-les ensuite au sec dans des corbeilles.

On peut préparer des navets et des betteraves selon ces deux procédés.

Haricots, petits-pois, concombres, herbes, etc.

Ces légumes délicats sont ceux que l'on désire particulièrement conserver. On choisit les premiers, bien verts, peu gros; on les épluche sans les casser en deux, parce qu'ils prendraient trop l'humidité, et que s'ils ne moisissaient pas, ils seraient mous et peu agréables au goût : on les épluche donc sans les casser en deux, et on les fait blanchir.

Pour que cette première opération réussisse, il faut que l'eau destinée à blanchir soit bouillante lorsqu'on les jette dedans; et surtout ne les y laisser que le temps nécessaire pour qu'ils soient bien saisis. Enfin il faut les retirer aussitôt que l'eau sera revenue en ébullition, afin qu'ils conservent leur verdeur et leur fermeté;

ensuite les faire égoutter, et, lorsqu'ils sont à peu près séchés, les mettre dans des pots *de grès*. Il faut éviter d'en mettre par trop dans le pot, afin qu'ils puissent baigner dans l'eau. On met dans chaque pot une forte poignée de sel gris, et on les laisse jusqu'au lendemain.

Cette première opération terminée, l'on met dans chaque pot de haricots deux tiers d'eau et un tiers de vinaigre, avec trois poignées au moins de sel gris pour chaque pot, contenant trois pintes; puis on les couvre avec du *beurre frais* que l'on fait fondre, et l'on a le soin de placer les pots dans un lieu qui ne soit exposé ni à la gelée, ni à une trop grande chaleur.

J'ai souligné les mots *beurre frais*, parce que l'usage du beurre salé fait contracter aux haricots un goût âcre : parce que le beurre fondu ne vaut pas non plus le beurre frais qui d'ailleurs peut faire des fritures, tandis que les deux autres ne peuvent être employés.

Il est bon d'observer que les haricots verts que l'on veut conserver doivent être cueillis avant que la *fève* soit formée dans la cosse.

Lorsqu'on veut manger ces haricots, il faut les faire tremper une ou deux heures avant de les fricasser.

Le pois est aussi un légume trop agréable pour que l'on ne désire pas de s'en procurer la jouissance le plus long-temps possible.

Le meilleur est celui nommé *pois Michaud* (1). Il faut que la maîtresse de maison fasse sa provision dans le temps où ils sont à meilleur marché, et choisisse les pois petits et tendres. On les conserve de la même manière que les haricots, et avec les mêmes précautions. Pour cela il faut que les maîtresses veillent à l'*écossage*; qu'elles fassent supprimer ceux qui seraient trop gros, parce qu'ils jauniraient dans la

_____

(1) C'est le nom du premier cultivateur qui a obtenu cette espèce.

saumure, ce qui leur donnerait un aspect moins agréable.

Il est une autre manière de conserver les petits pois : c'est de les faire sécher à l'ombre.

Moyen employé à Berlin pour conserver les petits pois.

Un voyageur assure avoir trouvé ces pois très-tendres et très-savoureux pendant l'hiver.

Dès qu'ils sont écossés, on les saupoudre de sel bien fin, en mettant un verre à liqueur de sel sur une bouteille de petits pois. On les remue, et on les laisse se saler pendant douze heures. On les met ensuite dans des bouteilles que l'on arrange toutes droites dans un chaudron : on leur donne un petit bouillon; refroidis, ils sont bouchés et placés à la cave.

Petits pois séchés.

Mettez-les sur le feu avec de l'eau, et retirez-les aussitôt qu'elle commence à bouillir. Jetez-les dans l'eau froide : faites-les égoutter un moment sur un tamis, puis sur des claies couvertes de serviettes, en les remuant de temps en temps. Lorsqu'ils ne présentent aucune humidité, on les place sur du papier gris, et on complette leur dessication en les mettant alternativement au soleil, au four, ou à l'air. On les laisse tremper quelques heures avant de les faire cuire.

Conservation des asperges.

Il suffit, après les avoir bien nettoyées et en avoir ôté le blanc, de les faire blanchir, en prenant garde surtout de ne pas les écorcher. Ensuite on les met dans un pot de grès, dans lequel on a versé de l'eau et du vinaigre, par égales portions. L'on y ajoute du sel gris et quelques tranches de citron; puis on les couvre de trois pouces au moins d'huile d'olive, de sain-doux ou de beurre fondu.

Lorsque l'on veut les employer, on les lave dans l'eau chaude deux ou trois fois, enfin jusqu'à ce qu'elles soient débarrassées de la partie huileuse. On les fait cuire comme dans la saison où elles donnent.

Asperges conservées en rouleaux.

On coupe les asperges vers la Saint-Jean, moment où on cesse de les récolter ; on les lave soigneusement, et on les sèche bien avec un linge, de sorte qu'il n'y reste ni sable ni terre ; ceci fait, on prend de la farine bien sèche, on la mêle avec la sixième partie de sel séché et pulvérisé, et on en saupoudre chaque asperge séparément, en observant bien que la coupe inférieure en soit entièrement enduite ; on lie alors ces asperges en bottes de 50 au moins, selon leur grosseur, avec de l'écorce qui n'est pas sujette à couper comme le fil ou la ficelle ; on saupoudre encore avec le mélange les bottes d'asperges, et on les enveloppe, chaque botte séparément, dans une pâte faite avec de fa farine bise ou à pain, et roulée en gâteau de l'épaisseur d'un couteau, mais il faut que cette pâte soit bien pétrie.

Ces bottes d'asperges, ainsi enveloppées et bien fermées de haut en bas par la pâte, ressemblent, sous cette forme, à de gros rouleaux ; on les laisse sécher en un lieu sec, avec le soin que la pâte ne se fende pas, et que l'air ne s'introduise point dans l'intérieur ; on range ensuite ces rouleaux dans des pots de grès, ou dans une terrine ; on verse par-dessus de la graisse fondue, et on conserve dans un lieu frais et sec. Chaque fois qu'on veut manger des asperges, on prend une botte ; lorsqu'elle est ouverte, on en retire les asperges, que l'on met tremper une heure ou deux dans de l'eau, puis on les accommode à la manière ordinaire ; elles sont aussi bonnes que celles du printemps.

Conservation des concombres.

Les concombres se conservent aussi très-facilement. Il faut les prendre bien mûrs, ôter toute la graine et laisser les morceaux un peu gros ; ensuite on les jette dans de l'eau bouillante, deux minutes au plus, puis on les met égoutter ; et si, par hasard, il s'en trouvait qui fussent trop mous, il faudrait les mettre de côté pour les employer de suite.

Aussitôt que les concombres sont blanchis, on les met dans des pots de grès avec du sel gris. Le lendemain, on jette cette eau, et l'on en remet de nouvelle, que l'on sale fortement. Les concombres doivent en être baignés.

On met, pour chaque pot, un demi-setier de vinaigre, et on couvre les pots avec du beurre.

Quand on veut les employer, il est indispensable de les laver dans de l'eau tiède, trois ou quatre fois, ensuite on les fait cuire à grande eau. Après qu'ils sont cuits, on les jette dans de l'eau fraîche, on les égoutte et on les accommode.

L'on fait aussi mariner les concombres. Pour cette opération, l'on prend de gros concombres qui ne soient pas trop mûrs ; on les coupe en tranches minces, et l'on met au fond d'un plat étamé une couche de concombres, et par-dessus deux gros oignons blancs coupés en tranches minces. On recommence ainsi jusqu'à ce que le plat soit rempli. J'observe qu'il faut mettre une poignée de sel gris entre chaque couche. On couvre le plat avec un pareil, étamé de même, et on laisse les concombres vingt-quatre heures en cet état. Après cela, on les verse dans une passoire de *terre* ; et, quand ils sont bien égouttés, on les met dans un pot de grès ; on les couvre de vinaigre blanc, et on les y laisse quatre ou cinq heures.

On les retire du vinaigre, que l'on fait bouillir avec une petite poignée de sel par chaque pinte.

On met ensuite, avec les concombres, une pincée de poivre en grains, un morceau de gingembre coupé par tranches, et l'on jette du vinaigre bouillant par-dessus.

Lorsque qu'ils sont refroidis, l'on bouche, le plus hermétiquement possible, le vase avec un morceau de parchemin. De cette manière, l'on peut conserver les concombres jusqu'à la belle saison. On peut aussi, au bout de trois jours, commencer à en manger.

Ainsi conservé, ce légume sert en hors-d'œuvre. L'on peut l'entourer de petits cornichons, ou de câpres confites dans du vinaigre. On conserve les cardes de même : il faut seulement bien leur enlever toutes leurs filandres.

Conservation des artichauts.

Les artichauts sont aussi très-faciles à conserver. L'on prend de beaux artichauts que l'on prépare comme pour les employer sur-le-champ; on les met dans l'eau bouillante, et on les y laisse assez de temps pour que l'on puisse en enlever la calotte et en extraire *le foin*. A la place du foin, l'on introduit du sel bien fin (le blanc doit être préféré), puis l'on met les artichauts dans des pots de grès, que l'on remplit d'eau, en y ajoutant une bonne poignée et demie de sel gris.

Le lendemain, l'on jette cette eau, et l'on en met de nouvelle avec quatre bonnes poignées de sel gris, et environ un demi-setier de vinaigre blanc, ensuite l'on couvre le pot avec du beurre frais, qui doit toujours être fondu.

Lorsque l'on veut manger les artichauts, on les fait tremper dans de l'eau tiède, et on les met cuire à grande eau, dit madame G.-Dufour.

Conservation des fonds d'artichauts.

Prenez-les au commencement de la saison; enlevez le foin et les feuilles; donnez-leur une cuisson complète, et

après les avoir enfilés en chapelet, faites-les sécher au
soleil, ou bien au four.

J'ai fait plusieurs fois l'expérience de garder ces artichauts ainsi conservés d'une année sur l'autre, et j'ai eu
la satisfaction de les trouver aussi frais et aussi bons que
ceux que je venais de préparer.

Conservation des carottes, pommes de terre et autres racines.

Il est bon de faire provision de toute espèce de légumes communs, tels que carottes, panais, poireaux,
navets, betteraves, etc.; les carottes de Flandres sont
plus savoureuses et plus juteuses. C'est justement pour
cette raison qu'il faut s'en pourvoir en moindre quantité
que de celles nommées carottes de Belleville, qui sont
moins susceptibles d'être attaquées par la gelée, en raison
de leur chair moins spongieuse. Ces légumes se conservent dans du sable. Il faut éviter de les serrer dans la
cave où sont les vins, parce qu'ils les détériorent; on
doit leur sacrifier un petit caveau, et les enterrer jusqu'à
la tête dans du sable qui n'ait, autant que possible,
aucune humidité.

On conserve parfaitement les pommes de terre en les
faisant sécher au four après la sortie du pain.

L'on doit aussi conserver de même le *céleri*; ce légume
est excellent frit, en sauce blanche et au jus; on le
mange aussi en salade et en rémoulade.

Les cardons d'Espagne se conservent encore de la
même façon.

Conservation des choux. — Choucroute.

Les choux se conservent aussi très-bien enterrés dans
le sable, la racine en l'air; mais il est plus avantageux
de convertir la plus grande partie en choucroute.

Prenez de gros choux milans d'automne; cueillez-les
par un temps sec; épluchez-les, lavez-les, faites-les

égoutter. Enlevez la racine, puis l'intérieur du trou, en creusant avec un large couteau. Vous songez ensuite à les *rubanner*.

Pour cela vous placez contre la muraille un baquet; vous posez transversalement dessus une planche, puis à l'aide du petit *rabot*, avec lequel on divise ordinairement les racines et légumes pour les juliennes, vous rubannez chaque chou, en le rabotant sur le côté. Il se divise en tranches minces, qui se détachent en rubans en tombant dans le baquet.

Cette opération terminée, vous frottez de farine et d'un peu de sel un tonneau défoncé. Vous étendez ensuite, au fond, un lit de choux ainsi divisés, puis vous saupoudrez de sel cette première couche. Vous mettez une seconde couche jusqu'à la moitié du tonneau. Arrivé à ce point, vous foulez fortement avec un lourd pilon de bois.

Les couches qui ont dû avoir trois pouces d'épaisseur, après le pilotage n'ont plus que la moitié. On continue ensuite de la même manière pour achever de remplir le tonneau. On le couvre ensuite d'une toile, puis d'un couvercle, chargé d'une masse de cailloux : la masse est recouverte d'eau pure.

Quand la fermentation s'établit, on enlève cette première eau, on découvre la choucroute, on la saupoudre de sel, et l'on recouvre comme il vient d'être dit.

Tous les quinze jours, il faut réitérer cette opération. Au bout de six semaines, on peut manger la choucroute. On l'accommode avec du sain-doux, du porc et du lard. On doit l'entourer de petites saucisses frites, et la servir en pyramide.

Il faut les éplucher avec attention, les plonger dans l'eau bouillante, et de suite dans de l'eau fraîche ; et, lorsqu'ils sont bien égouttés, les mettre dans des bocaux bien bouchés, et les faire bouillir au bain-marie une demi-heure au plus. Lorsqu'ils sont à peu près secs, vous les mettez dans des pots de grès que vous remplissez aux

deux tiers avec de l'eau de rivière, et l'autre tiers avec
du vinaigre blanc : vous les salez beaucoup, les couvrez
de beurre frais ; et, lorsque vous voulez vous en servir,
vous les mettrez tremper la veille dans de l'eau de rivière.
Cependant, si l'on était forcé de les employer le même
jour, il faudrait les laver, à plusieurs reprises, dans de
l'eau un peu plus que tiède.

Conservation de l'oseille, de la chicorée, des épinards.

Triez, épluchez, et faites blanchir de belle oseille ;
mettez-la sur une passoire pour égoutter, puis faites-la
cuire à un feu vif, avec de l'eau, en petite quantité,
et retournez-la avec une écumoire pour bien l'amortir.
Quand elle est cuite, égouttez-la en la pressant fortement sur la passoire, puis remettez-la sur le feu avec
sel, poivre, un bouquet garni, un peu de laurier, et un
bon morceau de beurre. Quand elle est complétement
assaisonnée, retirez-la du feu, laissez-la refroidir, et
mettez-la dans de petits bocaux de verre en la recouvrant
de beurre fondu ; bouchez soigneusement, et conservez
dans un endroit frais.

La chicorée se traite absolument de même, ainsi que
les épinards. Seulement il est inutile de faire blanchir ce
dernier légume.

Conservation des tomates.

C'est le même procédé à très-peu de choses près.
Vous choisissez de belles tomates, bien rouges et bien
mûres ; vous ôtez la queue, et les mettez *sans eau*, sur
un feu vif, en les retournant. Elles baignent alors dans
leur jus ; c'est le moment de les presser sur une passoire
à trous rapprochés. Le jus tombé de cette passoire est
remis par vous dans la casserole avec l'assaisonnement
précédent. Faites réduire, et terminez comme il vient
d'être expliqué.

Cette conserve est excellente, et du plus facile usage.

Au moment de s'en servir, on en met seulement deux cuillerées dans une sauce. Poisson, gibier, volaille, œufs, prennent un goût exquis par cette addition.

J'ai gardé ces tomates sans la moindre altération, depuis octobre jusqu'à la fin de février. Je les recommande très-particulièrement.

Manière de faire cuire promptement les légumes.

M. Cadet-Devaux rapporte qu'à la campagne, une dame enceinte eut la plus grande envie de manger d'un chou énorme qu'on se réservait pour graine. Mais on devait se mettre à table dans une demi-heure, et il en fallait deux pour que le chou fût cuit. M. Cadet-Devaux alla secrètement chercher de l'alcali purifié; il en mit plein un dé à coudre dans l'eau où devait cuire le chou, qui fut, au grand étonnement de chacun, parfaitement cuit en moins d'une demi-heure. L'alcali dénaturant l'odeur du chou, l'eau dans laquelle il avait cuit ne la prit point : cela améliora singulièrement son goût, en le rapprochant de celui du chou-fleur. Ce savant a toujours employé avantageusement cette recette pour les légumes, pois, lentilles, haricots, qui se refusaient à la coction.

Manière de conserver des œufs frais cuits à la coque.

Ayez à la mi-septembre des œufs nouvellement pondus, faites-les cuire à la manière ordinaire, et ne les laissez que deux minutes et demie dans l'eau bouillante. Serrez ces œufs dans un lieu sec et peu accessible à l'air extérieur, soit dans un tiroir de commode, soit dans des boîtes bien fermées. Quand vous voudrez manger ces œufs pendant l'hiver, vous les mettrez dans de l'eau froide, que vous ferez chauffer, et de laquelle vous les retirerez au moment de l'ébullition. Ces œufs ainsi conservés, auront le même lait, et le même goût que s'ils étaient pondus du jour. On peut les accommoder de telle manière que l'on juge à propos, au lieu de les mettre dans l'eau froide.

Manière de conserver les œufs avec la cendre.

Faites votre provision d'œufs au temps où ils sont à bon marché, c'est-à-dire depuis le 15 août jusqu'au 15 septembre. Arrangez-les avec beaucoup de soin dans un baril bien sec, avec de la cendre très-fine et très-sèche, et par lits, que vous recouvrez chacun de l'épaisseur de quatre doigts de cendre. Prenez bien garde, quand vous en prendrez, de déranger l'ordre dans lequel ils auront été mis, et de tenir le baril hermétiquement fermé dans un endroit sec, qui ne soit pourtant pas trop chaud.

J'ai vu conserver des œufs de la manière suivante : on prend des œufs très-frais ; on promène sur toute la surface une plume d'oie bien imbibée d'huile d'olive, et l'on place ensuite les œufs dans un panier. L'huile empêche que la substance de l'œuf ne s'évapore, et on le conserve parfaitement sain pendant un assez long intervalle.

Moyen de conserver les œufs par le lait de chaux.

La maîtresse de maison me saura gré, sans doute, de lui communiquer le moyen de conserver les œufs, par M. Cadet de Gassicourt : elle en mettra ce qu'il en pourra tenir dans un vase quelconque avec de l'eau saturée de chaux, ou une solution peu saturée de muriate de chaux.

Ces œufs peuvent ainsi se garder de dix mois à un an. On peut aussi en conserver en les plongeant dans l'eau bouillante, et lorsqu'ils sont essuyés, en les mettant dans un vase que l'on remplit de cendre tamisée ; mais ils contractent une couleur verdâtre, qui du reste ne fait rien au goût.

Pour conserver des œufs très-frais pendant plusieurs jours, on doit les mettre dans un plat d'eau très-froide, de manière à ce que l'eau les dépasse de quelques pouces. Pour réparer les œufs gâtés, il faut, dit-on, les faire fermenter avec une forte infusion de camomille. On ne risque toujours rien à tenter l'essai.

Méthode anglaise pour conserver les œufs.

Mettez dans un tonneau un boisseau de chaux-vive, deux livres de sel de cuisine et huit onces de crême de tartre; ajoutez-y la quantité d'eau nécessaire pour qu'un œuf puisse s'enfoncer de manière à ne laisser paraître qu'une petite portion de sa surface. On place alors les œufs dans le liquide, qu'on a soin de remuer afin que les sels soient bien dissous; on couvre le tonneau, et on laisse les œufs dans cet état, où ils se conservent pendant plusieurs années.

La préparation dans laquelle on plonge les œufs attaque légèrement leur coque, qui alors devient plus tendre et plus fragile, ce qui demande quelques soins pour les transporter.

Conservation du laitage.

Une extrême propreté est la première condition pour conserver le lait; la seconde est de le tenir au frais et à l'abri de l'air; la troisième est de mettre une cuillerée de raifort sauvage en poudre ou en feuilles dans une terrine de lait, ou d'y ajouter une petite quantité de potasse, lorsqu'on le fait bouillir, pour l'empêcher d'aigrir, comme il arrive souvent en été, surtout par un temps d'orage. Le petit-lait étant propre à blanchir, très-avantageux pour adoucir la peau, la maîtresse de maison défendra qu'on le jette, car sa devise doit être : *tirer parti de tout.*

On donne le goût d'amande au lait en mettant par pinte une demi-feuille de *laurier à lait.* On la met quand le lait commence à chauffer, et on l'ôte dès qu'il a bouilli, car l'infusion trop prolongée donnerait, au lieu d'un goût d'amande, une saveur amère au lait.

Pour faire cailler promptement du lait, lorsqu'on manque de présure, il suffit de frotter avec du thym sauvage et du serpolet la terrine qui le doit contenir.

Conserve de lait de M. Braconnot.

Pour avoir toujours du lait à volonté, il faut s'exposer à la chance de le voir s'aigrir, et lorsque dans le ménage on n'en prend le matin que la quantité rigoureusement nécessaire, une circonstance imprévue, qui exige au dîner l'addition d'une crème, ou de toute autre friandise lactée, met la maîtresse de maison dans l'embarras. Voici le moyen de l'éviter.

Exposez cinq litres de lait à une température très-douce; ajoutez-y, à plusieurs reprises, une quantité suffisante d'acide hydro-chlorique *purifié*, étendu. Le lait se coagulera.

Séparez alors le caillé, et après l'avoir lavé, mélangez-y dix grammes de carbonate de soude cristallisé. La dissolution s'opère facilement, et l'on obtient une frangipane d'un goût très-agréable, qui peut offrir à la cuisine de nombreuses ressources.

On peut obtenir une conserve de lait délicieuse, en ajoutant à la liqueur laiteuse concentrée que nous venons d'indiquer, son poids environ de sucre, à l'aide d'une douce chaleur. Il en résulte un sirop de lait qui se conserve très-bien, se transporte facilement, et qu'il suffit d'étendre d'eau pour obtenir un lait sucré d'un goût exquis.

Les réactifs indiqués produisent du sel marin, et ne doivent par conséquent point effrayer.

CHAPITRE XI.

EXTRAIT DU LIVRE DE TOUS LES MÉNAGES,

ou

L'ART DE CONSERVER PENDANT PLUSIEURS ANNÉES TOUTES LES SUBSTANCES ANIMALES ET VÉGÉTALES.

PAR M. APPERT.

Procédés préparatoires.

Les opérations de M. Appert, si avantageusement connues dans toute l'Europe, et dont on a pu voir les étonnans résultats à l'exposition des produits de l'industrie (1827) (tels que lait conservé frais depuis cinq ans, bœuf parfaitement sain après dix ans, etc., etc.) doivent particulièrement faire partie du code d'une bonne maîtresse de maison.

Ces procédés sont simples : ils consistent principalement, 1° à renfermer dans des bouteilles ou bocaux les substances à conserver; 2° à boucher ces vases avec la plus grande attention ; 3° à les soumettre, ainsi renfermées, à l'action de l'eau bouillante d'un bain-marie pendant plus ou moins de temps, d'après leur nature ; 4° à retirer les bouteilles de l'eau au temps prescrit.

La ménagère aura donc pour la préparation des conserves Appert, 1° des rayons de planches trouées, dites planches à bouteilles, comme celles sur lesquelles on doit chaque jour mettre égoutter les bouteilles ordinaires;

2° d'excellens bouchons de liége, qui doivent être de dix-huit à vingt lignes de longueur, et du liége le plus fin. Le liége des montagnes de la Catalogne est le meilleur de tous; celui de plaine est communément creux, et plein de défauts. Ces bouchons devront être comprimés par le petit bout au moyen d'une forte pince en fer, qui remplacera le mâchoir dont se sert l'entrepreneur dans sa fabrique; 3° une pelote de fil de fer comme celui qu'on emploie pour maintenir les bouchons du vin de Champagne; 4° une forte palette en bois pour faire entrer de force les bouchons; 5° une cisaille ou ciseaux à couper le fil de fer; 6° des bouteilles et vases de matière liante, les premières pesant de vingt cinq à vingt-six onces, pour une pinte de capacité dont le verre soit réparti également; car autrement elles casseraient au bain-marie, à l'endroit le plus chargé de matière : la forme de Champagne est celle que l'on doit préférer; 7° une grande marmite chaudière, ou chaudron, à laquelle s'adapte un couvercle; 8° des sacs de treillis, ou de grosse toile, faits comme un manchon, ouverts également par les bouts, serrant par une coulisse, garnis d'un cordon, et ne laissant d'ouverture que la largeur d'une pièce de cinq francs : l'un des bouts est garni de deux ficelles pour tenir le sac autour du col de la bouteille; 9° un couteau bien affilé, graissé d'un peu de suif, ou de savon, pour couper les têtes des bouchons, qui doivent rarement se trouver trop hauts à l'extérieur de la bouteille; 10° d'un lut composé par M. Bardel, pour luter les bocaux. Ce lut se fait avec de la chaux vive, qu'on fait éteindre à l'air, jusqu'à ce qu'elle soit bien fusée et réduite en poudre. On la conserve ainsi dans des bouteilles ou vases bouchés, pour s'en servir au besoin. Mêlée à du fromage blanc, dit à la pie, à consistance de pâte, cette chaux produit un lut qui durcit promptement et résiste à la chaleur de l'eau bouillante. On voit que tous ces ustensiles et ingrédiens sont très-simples.

Colle pour faire de gros bouchons.

Pour rendre les bouchons plus gros, M. Appert fait fondre sur le feu quatre gros de colle de poisson dans huit onces d'eau : cette colle fondue, il la passe à travers un linge fin, et la remet ensuite sur le feu pour la réduire à un tiers de son volume; il y ajoute ensuite une once de bonne eau-de-vie de vingt à vingt-deux degrés; il laisse le tout sur le feu jusqu'à réduction de trois onces environ, puis met cette colle ainsi préparée dans un petit pot sur des cendres chaudes ; il a soin de faire chauffer des morceaux de liége , puis, avec un pinceau , il les enduit légèrement de cette colle pour les coller ensemble; quand tous les morceaux composant le bouchon ont été réunis et bien collés ensemble, il passe aux deux extrémités du bouchon une ficelle bien serrée, pour maintenir tous les morceaux, et les laisser sécher, soit au soleil, soit à une chaleur douce, pendant environ quinze jours; au bout de ce temps , il a donné aux bouchons la forme convenable, au moyen d'un couteau de bouchonnier.

On commence par bien rincer les bouteilles dont on veut faire usage; on les remplira des substances, on les bouchera parfaitement, on les revêt de leur sac, on les met ensuite dans une chaudière, debout, et l'on emplit cette chaudière d'eau fraîche, de manière à ce que les vases y baignent jusqu'à la cordeline ou bague ; on couvre la chaudière de son couvercle, lequel pose sur les vases : on entoure le dessus du couvercle d'un linge mouillé, afin de fermer toutes les issues, et empêcher le plus possible l'évaporation du bain-marie. On peut, si l'on veut, opérer sans couvercle , mais alors il faut avoir de l'eau dans un coquemar ou bouilloire, pour remplir le bain-marie d'eau bouillante, à mesure qu'elle s'évapore, car il est indispensable que le bain-marie soit toujours à la même hauteur. L'eau bouillante est de rigueur, car la moindre différence de chaleur avec l'eau du bain-marie ferait casser les bouteilles.

Plus on évitera l'évaporation de l'eau en ébullition, plus on évitera la peine d'ajouter de l'eau au bain-marie, comme il a été recommandé, et par conséquent plus on économisera le combustible : ce n'est que pour cette raison que M. Appert prescrit de couvrir la chaudière.

Le même bain-marie peut contenir différentes espèces de substances dans des bouteilles séparées, pourvu que ces objets aient été disposés de manière à n'avoir besoin que du même degré de chaleur au bain-marie.

On peut disposer les bouteilles et bocaux dans la chaudière, de telle manière, et dans telle position que l'on voudra ; néanmoins il est plus convenable, par rapport aux bouchons, de les mettre debout.

La chaudière étant préparée, et remplie d'eau froide, on la tient sur le feu le temps prescrit pour les substances qu'elle contient, puis, le temps expiré, on retire tout de suite la chaudière du feu. Un quart d'heure après, on retire l'eau par le robinet, si la chaudière en est pourvue (ce qui serait à désirer); au cas contraire, on retire les bouteilles, lorsque l'eau est assez refroidie pour en pouvoir supporter la chaleur à la main.

L'eau étant sortie de la chaudière, on la découvre une demi-heure après seulement, et une heure après l'avoir découverte, on en retire les bouteilles.

On doit ensuite déshabiller les bouteilles, les examiner avec précaution, s'assurer qu'elles n'ont aucune avarie, au sortir du bain-marie, et les coucher ensuite sur des lattes, à la cave ou dans un lieu tempéré.

On peut, si on le juge à propos, et sans que cela soit d'une nécessité absolue, goudronner les bouteilles avec du galipot seul, ou avec le lut indiqué par M. Bardel, avant de les ranger à la cave.

En terminant ces instructions sur les procédés préparatoires de l'art de conserver les substances alimentaires, M. Appert fait observer que les vases à grandes embouchures étant bien plus chers et bien plus difficiles à boucher parfaitement que ceux à petites embouchures, il est plus facile, plus économique et plus certain d'opérer sur les substances animales après les avoir désossées, et sur les gros fruits, après les avoir coupés par quartiers.

On voit combien cette précieuse méthode offre peu de difficulté. On a sous la main, dans un ménage, presque tout ce qu'il faut pour opérer. On trouve chez les faïenciers les bouteilles et les vases convenables. Les verreries de la Garre, de Sèvres, et de Prémontré et beaucoup d'autres, fabriquent des vases et bouteilles propres à cette méthode, c'est-à-dire solides, et munies d'une cordeline ou bague à l'extérieur, ainsi que souvent à l'intérieur. Les soins que l'on prendra pour le bouchage (la partie essentielle) ressemblent fort à ceux qu'exige la mise en bouteilles des vins et liqueurs. Les dames-jeannes de verre peuvent servir avantageusement, mais demandent beaucoup de précautions.

Bouchage. Pour parvenir à boucher parfaitement, il faut d'abord s'assurer de ce que les bouteilles ne soient pleines qu'à trois pouces de la cordeline, afin d'éviter la casse, qui serait la suite nécessaire du gonflement produit par l'application de la chaleur au bain-marie, si ces bouteilles étaient trop pleines. Quant aux légumes, aux fruits, aux plantes, etc., deux pouces de la cordeline suffisent. La bouteille convenablement remplie, on la pose sur un billot de bois, creusé à sa surface supérieure en forme de cuvette plate; on prend le bouchon convenable; on le trempe à moitié dans un petit pot d'eau que l'on doit avoir près de soi, afin qu'il entre plus facilement. Après en avoir essuyé le bout, on l'appuie, en tournant contre l'embouchure; on le soutient dans cette position de la main gauche, que l'on tient ferme, pour que la bouteille soit d'aplomb. On se sert ensuite de la palette en bois pour faire entrer le bouchon de force. Quand il ne reste plus que le quart du bouchon, on cesse de frapper avec la palette, cet excédant étant nécessaire pour soutenir le fil de fer mis en croix : on peut, à la rigueur, remplacer ce fil de fer par de la forte ficelle. M. Appert dit que les bons boucheurs ne songent jamais à renverser la bouteille pour s'assurer si elle ne fuit pas. Il leur suffit d'avoir introduit le bouchon avec peine; s'il entrait trop facilement, il faudrait en substituer un autre un peu plus gros.

Moyens de conserver les viandes et poissons préparés de différentes sortes.

Tous les objets dont la liste va suivre n'ont besoin que d'être disposés à demi ou aux trois quarts cuits, pour recevoir l'application du bain-marie. Il est important de ne pas les y laisser même deux minutes de plus. Un quart d'heure au bain-marie est le temps fixé pour :

1° Les palais, langues, cervelles, filets, biftecks, entre-côtes, etc., de *bœuf*;

2° Les fraises, ris, rognons, foies, fricandeaux, noix sautées, blanquettes, etc., de *veau*;

3° Les langues braisées, émincés de gigot, carbonnades, hachis, côtelettes, rognons, queues, etc., de *mouton*;

4° Côtelettes sautées, blanquettes, préparation de croquettes, etc., d'*agneau*;

5° Boudins noirs et blancs, saucisses, andouilles, pieds aux truffes, filets mignons, rognons, etc., de *cochon*;

6° Filets piqués, débris de hure, etc., de *sanglier*;

7° Filets sautés, côtelettes sautées ou braisées, etc., de *chevreuil*;

8° Filets sautés, civets, etc., de *lièvre et levreau*;

9° Préparation de croquettes et filets sautés aux champignons, hachis, etc., de *lapereau*;

10° Les filets sautés, aux truffes, rôtis, etc., du *faisan;*

11° Côtelettes, filets sautés, salmis, hachis, purées, etc., de *perdreau:*

12° Filets sautés, préparations diverses de la *caille.*

13° *idem* de la *bécasse;*

14° *idem*, de la *sarcelle;*

15° *Les grives, ortolans, rouges-gorges, mauviettes,* encroustade, sautés, au fines herbes ou après un tour de broche, etc.

16° Aiguillettes sautées, ragoûts, rôtis de *canard;*

17° Les blancs émincés, blanquettes, hachis, préparations de quenelles, croquettes, etc., de *dindon;*

18° Les filets au suprême, piqués, etc., purées, etc., de *poularde;*

19° Aiguillettes, ragoûts, rôtis, etc., de l'*oie;*

20° Toutes les préparations du *pigeon;*

21° Les parties désossées et préparées de toutes sortes de poissons, de l'*esturgeon*, du *thon*, du *turbot*, du *cabilleau* et de l'*anguille de mer;*

22° Les tranches à moitié cuites sur le gril, et au bleu aux trois quarts cuites, pour en préparer de telle manière qu'on voudra, etc., du *saumon;*

23° Au bleu, en filets sautés, etc., la *truite;*

24° Les filets sautés, en aspics, préparés pour salade, de la *sole;*

25° A la bonne eau, etc., de l'*éperlan;*

26° A la maître-d'hôtel, filets sautés, etc., du *maquereau;*

27° Les quenelles de filets, filets sautés, etc., du *merlan;*

28° Au bleu, à l'allemande, filets sautés, pour le *brochet;*

29° Les matelotes et marinières, de *brochet*, d'*anguille, carpe* et *barbeau*, ainsi que les ragoûts à la tartare et à la poulette d'*anguille;* les quenelles et les allemandes, etc., etc., de *carpe;*

30° Les *huîtres* préparées, pour les coquilles et à la poulette ;

31° La préparation ordinaire, etc., de l'*écrevisse*.

Conservation des grandes sauces.

Elles se conservent de la manière suivante : après avoir été préparées, puis refroidies, on les met en bouteilles, et on les tient un quart d'heure au bain-marie, au bouillon. Les gelées de viande, les essences et les sucs de viande et de volaille, le bouillon, peuvent supporter, sans inconvénient, une heure d'ébullition, mais non les sauces composées qui ne veulent absolument qu'un quart d'heure. Les sauces dites aspic blond de veau, essence de gibier, de légumes, glaces de racines et de veau, grandes espagnoles, velouté, roux, blanc et blond velouté, et espagnoles travaillées, sauces romaines, farces cuites, bechamel, malgré la crême qui entre dans sa préparation, se conservent très-bien par le procédé ci-dessus.

On peut ainsi préparer un grand repas à l'avance, en conserver les restes, et défier les saisons pluvieuses, les temps humides et chauds, ainsi que les grandes chaleurs.

Conservation des œufs et du laitage.

OEufs. Plus l'œuf est frais, plus il résiste à l'action du bain-marie. Prenez donc des œufs du jour, que vous rangerez dans un bocal avec de la chapelure de pain ou de la fine sciure de bois, pour remplir les vides et les garantir de la casse quand on les transportera. Bouchez, lutez, ficelez, etc.; mettez dans la chaudière, et donnez soixante-quinze degrés de chaleur au bain-marie. Retirez ensuite le bain-marie du feu, et quand vous y pourrez tenir la main, retirez les œufs. Au bout de six mois, retirez-les du bocal ; faites-les recuire de nouveau de la même manière dans de l'eau à soixante-quinze degrés de chaleur, c'est-à-dire fortement bouillante. Ils se trouveront cuits à propos pour la mouillette, et aussi frais que lors de la première préparation. Quant aux œufs durs, préparés à la tripe ou à la sauce blanche, etc., M. Appert leur donne quatre-vingts degrés de chaleur au bain-marie, c'est-à-dire qu'après le premier bouillon, il retire la chaudière du feu.

Lait. M. Appert a pris du lait récemment trait, en le faisant réduire de moitié au bain-marie dans un plat creux. Lorsqu'il fut réduit ainsi, il y ajouta huit jaunes d'œufs bien frais, délayés avec une partie de ce même lait. La quantité de ce lait était d'abord de douze pintes, et par conséquent ensuite de six. Après avoir laissé le tout ainsi bien mêlé sur le feu, pendant une demi-heure, il l'a passé à l'étamine, l'a fait refroidir, a ôté la peau qui s'était formée par le refroidissement, et l'a mis en bouteilles d'après les procédés ordinaires, et de suite au bain-marie, pendant deux heures de bouillon, etc. Ce moyen, dit M. Appert, m'a parfaitement réussi. Le jaune d'œuf avait tellement lié toutes les parties, qu'au bout de deux ans le lait était on ne peut mieux conservé. La cr   , qui s'y trouve en flocons, disparaît sur le feu   ébullition se supporte parfaitement, et on a obtenu de ce lait du petit-lait et du beurre.

Crème. J'ai pris, dit M. Appert, cinq pintes de crème levée avec soin sur du lait trait de la veille : je l'ai rapprochée au bain-marie à quatre pintes sans l'écumer. J'en ai ôté la peau, je l'ai passée à l'étamine, j'ai fait refroidir ; j'ai enlevé encore la peau qui s'y était formée en refroidissant. Je l'ai mise en demi-bouteilles et exposée une heure au bain-marie. Au bout de deux ans, cette crème était aussi fraîche que le premier jour. J'en ai fait de bon beurre frais la quantité de quatre à cinq onces par demi-pinte.

Petit-lait. Obtenu par les procédés ordinaires, clarifié et refroidi, il demande une heure de bouillon au bain-marie.

Beurre frais. Prenez six livres de beurre frais battu, lavez-le; ressuyez-le sur un linge blanc; mettez-le en bouteilles par petits morceaux, et tassé pour remplir les vides, de manière que la bouteille soit pleine à quatre pouces de la cordeline; bouchez bien; soumettez les bouteilles au bain-marie jusqu'à l'ébullition seulement; retirez-les dès qu'il est assez refroidi pour y tenir la main. Après six mois, ce beurre est frais comme au jour de sa préparation.

On retire le beurre des bouteilles au moyen d'une petite spatule de bois un peu plate et crochue par le bout, qui du reste sert pour extraire toutes les autres substances des bouteilles. Le beurre a été mis ensuite dans l'eau fraîche, puis en motte, après l'avoir bien lavé et peloté dans plusieurs eaux, jusqu'à ce que la dernière soit restée bien claire.

Les *huiles*, le *sain-doux*, les *graisse de volailles*, ainsi que toutes les graisses de cuisine, se préparent de la même façon.

Conservation des légumes et racines.

Petits pois verts. Préférez le pois *michaud*, puis le *crochu* et le *clamart*; qu'ils ne soient pas trop fins; écossez-les dès qu'ils sont cueillis; séparez les gros; tassez-les bien dans des bouteilles; bouchez de suite. Mettez au bain-marie une heure et demie, s'il fait frais et humide, et deux heures s'il y a chaleur et sécheresse. Les gros pois veulent deux heures ou deux heures et demie, suivant la saison.

Les petits pois cueillis dans une saison chaude et sèche se conservent mieux et ont plus de saveur que lorsqu'ils sont récoltés par un temps humide. De moyenne grosseur, ils se conservent aussi beaucoup mieux.

Asperges. Qu'elles soient nettoyées comme pour l'usage ordinaire, puis plongées dans l'eau bouillante, et de suite dans l'eau fraîche. Les asperges entières sont

rangées avec soin dans les bocaux, la tête en bas; celles
en petits pots, mises en bouteilles; égouttez-les et donnez-leur un seul bouillon au bain-marie.

Petites fèves de marais. Cueillez-les très-petites;
mettez-les en bouteilles tout en les écossant; tassez légèrement; ajoutez à chaque bouteille un bouquet de
sarriette; bouchez promptement et donnez une heure
de bouillon.

Haricots verts. Prenez l'espèce dite *bayolet* : épluchez
à l'ordinaire; tassez. Si les haricots sont gros, coupez-les
dans leur longueur, en deux ou trois : alors ils ne veulent qu'une heure d'ébullition, autrement il faut une
demi-heure de plus.

Haricots blancs. Prenez celui de Soissons; qu'il soit
cueilli quand sa cosse jaunit un peu; écossez le tout de
suite; mettez en bouteilles; deux heures de bouillon.
Beaucoup de personnes préfèrent le haricot flageolet.

Artichauts entiers, de moyenne grosseur. Otez les
feuilles inutiles, parez-les; plongez-les dans l'eau bouillante, puis de suite dans l'eau fraîche; égouttez-les.
Une heure de bouillon.

Artichauts en quartiers. Otez le foin; après les avoir
échaudés et mis à l'eau froide, passez-les sur le feu dans
une casserole avec un morceau de beurre frais et un
peu de sel. Lorsqu'ils seront à moitié cuits, on les
laisse refroidir, et on leur donne l'ébullition du bain-
marie pendant une demi-heure.

Choux-fleurs. On les épluche comme à l'ordinaire,
on les prépare comme les artichauts entiers, et on termine par les faire tremper une demi-heure au bain-
marie.

Oseille, belle-dame, laitue, poirée, cerfeuil, ciboule.
Epluchez convenablement toutes ces herbes; faites-les
cuire séparément, comme à l'ordinaire, c'est-à-dire
après quelques bouillons; retirez-les du feu, et mettez-
les refroidir dans des plats de grès ou de faïence. Lorsqu'elles seront mises en bouteilles, donnez-leur un
bouillon d'un quart d'heure. Ces herbes, ainsi prépa-

rées, se conservent fort long-temps. M. Appert a gardé pendant dix ans de l'oseille parfaitement saine.

Oignons, échalottes, céleri, cardons d'Espagne. Ils se préparent au maigre ou au gras. Dans le premier cas, on les fait cuire aux trois quarts, on les laisse refroidir, puis on leur donne un bouillon d'un quart d'heure; dans le second cas, on les fait cuire à moitié avec un peu de sel, avec ou sans l'assaisonnement nécessaire; on les égoutte, on les met refroidir, puis on les expose une demi-heure à l'ébullition du bain-marie.

Carottes, betteraves, navets, panais, salsifis, scorsonères. Absolument la même chose que précédemment, mais l'ébullition du bain-marie est d'une heure.

Pommes de terre. On les conserve, 1° en pulpe; 2° en rouelles légères, et cuites comme à l'ordinaire, ou plutôt à la vapeur, puis on leur donne seulement un bouillon au bain-marie. On les fait aussi frire, et on ne les laisse pas plus long-temps exposées à l'ébullition.

Tomates ou *pommes d'amour.* On les fait cuire dans de l'eau; on les écrase; on les passe, et on en met refroidir la liqueur dans une terrine de grès; on lui donne ensuite un bouillon seulement.

Conservation des fruits.

Groseilles rouges et blanches égrainées. M. Appert ne met point la grappe, parce qu'elle donnerait de l'âpreté; ces fruits doivent être cueillis avant leur maturité. Un seul bouillon.

Suc de groseilles. Le fruit non trop mûr écrasé, passé, mis en bouteille. Un bouillon seulement.

Suc de framboises, de cerises, de cassis, de mûres. Ces fruits doivent être cueillis parfaitement mûrs. Après les avoir réduits en jus, on leur donne un seul bouillon au bain-marie. Les merises veulent être très-mûres.

Pêches, abricots, brugnons. Conservez ces fruits entiers, choisissez-les fermes et un peu avant leur maturité; donnez-leur un bouillon. Le brugnon doit être pelé, parce qu'autrement il acquerrerait de l'amertume.

Prunes de toutes sortes. On peut les conserver avec ou sans queue; on les cueille un peu fermes. On leur fait subir un bouillon.

Verjus. Egalement un seul bouillon.

Poires. Une demi-heure au bain-marie.

Coings. Prenez-les très-mûrs; essuyez-les pour leur ôter le duvet; mettez-les une demi-heure au bain-marie, comme ci-dessus.

Marrons. Piquez-les avec la pointe d'un couteau, comme si vous vouliez les faire rôtir. Exposez-les seulement à un bouillon.

Truffes. Exposez-les pendant une heure à l'action de l'eau bouillante.

Champignons. Mettez-les dans une casserole de cuivre bien étamé, avec un morceau de beurre ou de l'huile d'olive, pour leur faire jeter leur eau; laissez-les sur le feu pour que cette eau se réduise à moitié; mettez-les refroidir ensuite, et qu'ils reçoivent un bouillon.

Café. Commencez par triturer votre café dans un mortier, ce que M. Appert regarde comme beaucoup préférable à moudre; faites le café ensuite comme à l'ordinaire; mettez en bouteille, et donnez un léger bouillon.

Thé. Pour en conserver l'arôme, faites l'infusion, et donnez un bouillon de six minutes. Ce moyen est bon pour conserver le surplus d'un thé.

Oranges, citrons. Bouillon de six minutes également.

Fraises. Jusqu'ici il avait paru impossible de conserver l'arôme fugitif et délicieux de ce fruit: M. Appert y parvient en présentant seulement à l'ébullition la bouteille qui le renferme.

On peut se servir des substances conservées dix jours après l'opération, si on le juge à propos. On peut aussi

13

les retirer partiellement des bouteilles, mais en ayant bien soin de les reboucher exactement. Quand on sort les bouteilles du bain-marie, il faut les examiner attentivement, parce que s'il s'en trouve d'étoilées, on les mettrait à part, pour consommer d'abord leur contenu.

Tels sont les procédés de M. Appert, qui fournit la marine royale, et qui a monté une fabrique en grand, où s'approvisionnent tous les voyageurs de long cours. La maîtresse de maison verra, selon les circonstances, le parti qu'elle peut tirer de ces préparations, dont les soins sont légers et les résultats certains, pour peu qu'on y mette d'attention. Les manipulations Appert sont si généralement, si justement estimées, qu'il n'est pas un ouvrage d'économie domestique, disposé avec ordre, qui ne doive en faire mention.

CHAPITRE XII.

De la conservation des fruits. — Fruitier portatif. — Fruits séchés, compotes. — Confitures, etc.

La maîtresse de maison doit aussitôt que les fruits sont récoltés, faire ses provisions en poires, pommes, etc. Il n'en est pas des fruits que l'on nomme *fruits à couteau* comme de ceux destinés à faire du cidre (1); que ceux-ci soient froissés, ils n'éprouvent aucun tort, mais ceux que l'on veut conserver jusqu'à ce que les fruits rouges don-

(1) Des gens expérimentés prétendent que le cidre est meilleur quand la gelée a enlevé la partie aqueuse des pommes.

nent, demandent à être choisis et soignés. Il faut, autant que possible, que les pommes conservent leurs queues, et qu'on les mette doucement dans les paniers qui doivent servir à les transporter au fruitier.

Le fruitier doit être garni de planches bordées avec des lattes, afin d'empêcher les fruits de tomber, ce qui les froisserait et les gâterait promptement.

Il ne faut pas que le fruitier soit à l'exposition du nord, parce que le fruit gèlerait, si le froid était excessif. Il faut même avoir soin, l'hiver, de mettre un vase d'eau au milieu, et si l'eau se congèle à la surface, boucher toutes les fenêtres avec des paillassons très-épais; si, malgré cette précaution, l'eau gelait encore, il faudrait mettre au milieu une poêle de braise allumée pour adoucir la température, si ce n'est point pour échauffer le fruitier. Il est essentiel que le fruitier ne soit jamais ni trop froid ni trop chaud.

Mais une chose plus essentielle encore, c'est l'existence du fruitier. Nous la supposons, et dans beaucoup d'appartemens des grandes villes surtout, cette supposition est tout-à-fait gratuite. Elle ne sera plus, grâce aux bons conseils de M. Mathieu de Dombasle, on ne sera plus forcé de mettre, comme on le fait trop souvent dans le voisinage des chambres à coucher, des fruits dont l'odeur incommode, ni de leur consacrer une ou plusieurs chambres, toutes circonstances qui dégoûtent de la conservation des fruits, et font qu'on se résigne à les acheter au marché, où on les paie dix fois plus cher.

Fruitier portatif.

On fait construire en planches de sapin ou de peuplier, de huit à dix lignes d'épaisseur, des caisses de trois pouces seulement de hauteur, et de deux pieds de longueur sur quinze pouces environ de largeur, le tout pris en dedans: toutes ces caisses doivent être de dimensions bien égales, de manière à s'ajuster exactement les unes sur les autres; elles n'ont pas de couvercles, et le fond est formé de planches de quatre à six lignes d'épaisseur, solidement fixées par des pointes sur le bord inférieur des planches qui forment les parois des caisses. Au milieu de chacun des quatre côtés de la caisse, on fixe par des clous, pris des bords supérieurs, des morceaux de bois ou tasseaux de trois ou quatre pouces de longueur, sur deux pouces de largeur, et cinq ou six lignes d'épaisseur. Ces morceaux sont appliqués par une de leurs faces larges, sur les faces extérieures de la caisse, et en sorte qu'un de leurs bords, sur toute la longueur du tasseau, dépasse en hauteur de trois à quatre lignes le bord supérieur de la caisse. Ces tasseaux ont deux destinations; d'abord ils aident au maniement des caisses, en servant de poignées par lesquelles on saisit facilement des deux mains les petits côtés d'une caisse; ensuite ils servent d'arrêt pour tenir exactement les caisses dans leur position, lorsqu'on les empile les unes sur les autres; à cet effet, ces tassseaux doivent être un peu délardés ou amincis en dedans, dans la partie qui dépasse la hauteur de la caisse, de manière que la caisse supérieure puisse poser exactement sur les bords de la précédente, sans être serrée par le bord des tasseaux.

On conçoit facilement, d'après cette description, que chaque caisse étant remplie d'un lit de poires, de pommes, de raisins, etc., elles s'empilent les unes sur les autres, chacune servant de couvercle à la précédente; et la caisse supérieure est seule fermée, soit par une caisse vide, soit par une plate-forme mobile en planches des mêmes dimensions que la caisse. On peut empiler ainsi quinze caisses ou même davantage, et chaque pile présente l'apparence d'un coffre entièrement inaccessible aux animaux rongeurs, et que l'on peut loger dans un local destiné à tout autre usage, dans lequel il n'occupe presque pas d'espace.

J'ai indiqué la hauteur de trois pouces pour les caisses, parce que c'est celle qui convient pour des poires ou des pommes d'un gros volume; mais pour des fruits plus petits, on peut faire des caisses de deux pouces et demi, ou même deux pouces de profondeur, et l'on peut placer dans la même pile des caisses de profondeur différente, pourvu qu'elles aient toutes les mêmes dimensions en longueur et en largeur.

On pourrait aussi donner à toutes les caisses plus de longueur ou plus de largeur que je ne l'ai indiqué ; mais je pense que l'on trouvera toujours plus commode de ne pas dépasser les dimensions dans lesquelles chaque caisse peut être maniée sans effort, par une seule personne. Dans les dimensions que j'ai proposées, chaque caisse peut contenir cent poires de beurré ou de bon chrétien d'une belle grosseur, et plus du double des petites espèces ; en sorte qu'une pile de quinze caisses, qui n'occupe qu'une hauteur de quatre pieds au plus, contiendra un approvisionnement de deux mille à deux mille cinq cents poires ou pommes, d'espèces diverses.

Les fruits se conservent parfaitement dans ces caisses, et cette bonne conservation est vraisemblablement due à la stagnation complète de l'air dans cet appareil. On s'efforce d'obtenir autant qu'on le peut cette condition dans les fruitiers ordinaires, parce qu'on a reconnu que c'est elle qui contribuait le plus à la conservation des fruits ; mais quelque soin que l'on prenne, il est impossible de l'atteindre dans le local le mieux clos, avec la perfection qu'on l'obtient sans aucun soin dans les caisses. On sent toutefois qu'il est encore plus indispensable ici que dans toute autre disposition, de ne serrer les fruits dans les caisses que lorsqu'ils sont entièrement exempts d'humidité, puisqu'il ne peut plus s'y opérer d'évaporation.

Les principaux avantages que l'on trouvera dans l'emploi du fruitier portatif consistent non-seulement dans la possibilité de loger une très-grande quantité de fruits dans un très-petit espace, et de les tenir parfaitement à l'abri des animaux malfaisants ; mais aussi dans la facilité avec laquelle se fait le service, pour soigner et tirer les fruits en enlevant ceux qui viendraient à se gâter, ou dont on a besoin pour la consommation journalière; en effet, la caisse supérieure de la pile étant découverte, on examine tous les fruits avec bien plus de facilité qu'on ne peut le faire entre les tablettes d'un fruitier ordinaire. On enlève ensuite cette caisse, et on la pose à terre à côté de la pile, afin de procéder à la même opération dans la seconde caisse qui se trouve découverte, et toutes les caisses viennent successivement se placer ainsi sur la première, en formant une nouvelle pile dans un ordre inverse de celui de la première. Si l'on place plusieurs piles les unes à côté des autres, une seule place vide suffit pour permettre d'opérer le remaniement de toutes, parce que le déplacement de la première laisse un nouveau vide, où vient se placer la seconde, et ainsi de suite.

Les fruits renfermés dans ces piles sont beaucoup moins exposés à la gelée que lorsqu'ils sont à découvert sur des tablettes; et à moins que le local où on les conserve ne soit exposé à de très-fortes gelées, il sera facile d'en garantir les fruits, en revêtant les piles de plusieurs doubles de couvertures, de vieux matelas ou de tout ce qui serait propre à cet usage; mais si la gelée devenait trop intense, on pourrait transporter instantanément toute la provision de fruits dans un autre local, sans les endommager et sans embarras, puisqu'il ne s'agirait que de former ailleurs une pile avec les caisses dont le transport peut s'opérer en très peu de temps sans déranger les fruits. Chaque caisse, dans les dimensions que je viens d'indiquer, coûtera de 75 centimes à 1 franc, selon que le prix du bois sera plus ou moins élevé dans la localité, et que la construction sera plus ou moins soignée.

Moyen de conserver les fruits précieux.

Les procédés de conservation doivent être relatifs à la valeur des objets. Celui que je vais vous indiquer ne peut guère s'appliquer qu'à des fruits rares et coûteux. On les cueille par un temps sec; on les enveloppe de papier Joseph qu'on attache avec un fil. A l'aide de ce fil, on plonge les fruits dans un bain de cire jaune ou blanche, seulement assez chaude pour être liquide. La couche de cire obtenue, on enveloppe ces fruits dans du papier ordinaire, et on les emballe dans des caisses ou barils contenant du son, de la sciure de bois, de la cendre tamisée, etc.

Des ananas, corosols, goyaves, ont été ainsi rapportés des Antilles à Paris, dans un état parfait de conservation.

Conservation des fruits à la vapeur de l'alcool.

L'extrait d'un ouvrage inédit de M. Couverchel sur les fruits, indique ce mode fort avantageux.

Quand il a suspendu des poires dans un local contenant un vingtième de sa capacité d'alcool, ce liquide a perdu de sa force, car celui qui marquait 36°. au bout de quatre mois n'en marquait plus que 15. Les poires gonflées, présentant des goutelettes à leur surface, étaient bien conservées.

M. Couverchel ayant suspendu de la même manière une grappe de raisin, les grains devinrent assez vite opaques et d'un brun clair, mais ils ne s'altérèrent pas pendant six mois, et le raisin très-ferme paraissait devoir se conserver indéfiniment.

Soins du fruitier.

Lorsque la maîtresse de maison aura fait toutes ses provisions de fruits pour l'hiver, il faut qu'elle fasse trier les espèces et les mette séparément, et surtout qu'elle évite qu'ils ne se touchent, la circulation de l'air autour des pommes et des poires étant essentiellement nécessaire. Si l'une se pourrissait, elle gâterait celles qui la toucheraient, et ainsi de proche en proche.

Il est des espèces qui, si l'été a été pluvieux, ne se gardent point; si l'automne a été chaud, et qu'ils mûrissent trop tôt, on est également privé du plaisir de les conserver aussi long-temps qu'on le désirerait.

Les poires dont la maîtresse de maison doit se pourvoir, sont les poires de Saint-Germain, de royale d'hiver, (qui se mangent en décembre,) le messire-jean (en janvier), le rousselet d'hiver (il se conserve jusqu'au mois de mars), le martin-sec (il ne passe pas janvier).

La bergamote dure jusqu'en février. La bergamote de Pâques, ainsi nommée parce qu'elle se conserve jusqu'à ce temps, et le bon-chrétien, le catillac, sont les fruits que l'on peut garder, en apportant de l'attention, jusqu'à ce que les fruits rouges viennent annoncer le printemps.

Dans le nombre des pommes, les seules bonnes à garder pour l'hiver sont : le calville blanc, la pomme violette, le fenouillet jaune; mais celles qui doivent avoir la préférence sur toutes les autres, ce sont les reinettes d'Angleterre dorées, les reinettes blanches, les reinettes du Canada, les reinettes franches, reinettes grises, de Ranville, qui résistent aux plus grands froids.

Toutes ces espèces de pommes se conservent jusqu'en mars et avril. Néanmoins, si l'on néglige de visiter le fruitier, au moins trois ou quatre fois par semaine, une seule poire ou une seule pomme qui se gâtera pourra perdre une planche entière.

La petite pomme d'api n'est pas le meilleur fruit; mais sa forme et sa couleur la rendent charmante; elle a de plus l'avantage de durer long-temps.

Une chose qu'il faut éviter, c'est de mettre dans le fruitier des potirons, des coloquintes, des concombres du Canada : toutes ces plantes (qu'il est essentiel de mettre au sec si l'on veut les conserver) répandraient une odeur forte, qui serait très-nuisible aux fruits.

Les fruits sont une chose trop agréable l'hiver pour que la maîtresse de maison néglige d'employer tous les moyens propres à leur conservation. C'est, dit-on, entre la poire et le fromage que la gaîté se glisse.

Une chose que la maîtresse de maison ne doit pas

négliger, c'est, lorsqu'une certaine quantité de fruits menace de ne point se conserver, de les employer à l'instant, soit en faisant faire des compotes, des tourtes, des conserves, soit même des poires et pommes tapées.

Il faut placer le fruit sur des planches, et en le saupoudrant de cendre, de sciure de bois bien sèche ou autre poussière, au moyen d'un tamis grossier. On le conserve beaucoup au-delà du temps ordinaire, en le plongeant dans du blanc d'œuf ou un mélange de fécule de pomme de terre dans l'eau, ou bien dans un vernis à l'esprit-de-vin qui se vend chez les marchands de couleur. On le plonge dans ces diverses substances, à l'aide d'un fil attaché à la queue.

Quant au bon-chrétien, il faut l'envelopper dans du papier blanc et fin, car sa peau, quoique fort épaisse, se noircit facilement à l'air. Le *papier Joseph* est celui qu'on doit préférer. Le fruit se conserve très-bien sur de la mousse sèche.

Poires en quartiers conservées en bouteilles.

Vous prenez la quantité de poires que vous désirez conserver ; vous les coupez par quartiers, les débarrassez de leurs pepins, les mettez en bouteilles et ensuite au bain-marie. Il ne faut qu'un seul bouillon aux poires à couteau ; il en faut au moins quatre au catillac et au bon-chrétien d'hiver. Pour utiliser les poires tombées, vous les préparez de même, à l'exception que, n'ayant pas acquis le degré de maturité qui leur est nécessaire, il est essentiel de les faire bouillir l'espace d'un quart d'heure au moins.

Ces poires, lorsque les fruits sont très-rares, c'est-à-dire lorsqu'il n'y eu a presque plus, servent à faire des compotes, qui ont un goût savoureux, lorsqu'on les emploie au moment où les poires ornent les jardins.

Poires sèches.

Il est aussi nécessaire de faire sécher les poires, surtout les *poires de rousselet;* mais il faut les cueillir un peu avant leur maturité, pour les conserver avec toute leur saveur. Vous les pelez, les placez sur des clayons dans un four un peu moins chaud que pour cuire le pain; vous les y laissez à peu près une demi-heure; vous les en retirez pour les exposer à l'ardeur du soleil, jusqu'à ce qu'elles soient presque sèches.

Cette manière est la meilleure, et je vais en expliquer la cause. La poire étant mise au four chaud, l'humidité produite par son jus ne s'évapore point, elle se concentre et s'attache au cœur de la poire ; de même, les pépins peuvent et doivent même communiquer de l'humidité, qui nécessairement corromprait la poire ; au lieu qu'en la mettant au sortir du four exposée aux rayons ardens du soleil, il pompe l'humidité, l'intérieur se dessèche autant que l'extérieur, et l'on ne court point le danger de perdre son fruit et ses peines.

Si lors de la seconde épreuve du four et du soleil, l'on s'aperçoit que les poires sont encore molles, c'est-à-dire qu'elles ploient sous le doigt, il faut recommencer jusqu'à ce qu'elles aient acquis le degré de sécheresse suffisant pour leur conservation. Ce procédé est celui que l'on emploie à Reims.

Les poires de bon-chrétien, de doyenné, de Saint-Germain, se préparent à peu près de la même manière. Après qu'elles ont été pelées, on les plonge environ cinq ou six minutes, dans l'eau bouillante ; on les met ensuite dans un four très-chaud l'espace d'une demi-heure, puis on les expose au soleil; et aussitôt que ces fruits ne reçoivent plus la même chaleur, on les rentre dans un lieu sec et à l'abri des influences de l'air; puis le lendemain on les expose de nouveau au grand soleil. On continue cette opération jusqu'à ce que les fruits soient bien secs.

Ces poires faites avec soin sont meilleures que celles de rousselet. Elles deviennent rouges et transparentes. Ce procédé peut être employé pour sécher toutes sortes de poires. Il est absolument essentiel pour les conserver de les enfermer dans un lieu sec, après les avoir mises dans des boîtes de bois également sec.

Poires tapées.

Les poires tapées sont beaucoup moins longues à préparer. On pèle les poires; on les blanchit dans l'eau bouillante, et on leur donne même un petit bouillon, si elles sont assez fermes pour le soutenir. Il faut conserver l'eau dans laquelle elles auront blanchi, ainsi que les pelures.

Lorsque les poires ont subi la première préparation, vous les rangez sur des claies et les mettez dans le four, un peu moins chaud que pour cuire le pain; vous les replacez au four, jusqu'à ce qu'elles soient parfaitement sèches; ensuite vous les mettez dans des boîtes bien closes, et dans un endroit à l'abri de toute humidité.

Vous pilez ensuite les pelures, et lorsqu'elles sont maniables, vous les mettez dans l'eau où ont blanchi les poires, dans laquelle vous les faites bouillir jusqu'à ce qu'elles soient bien molles; vous mettez de la cassonade dans cette eau, la quantité proportionnée au jus; vous passez ce jus et le mettez dans des bouteilles bien fermées; et l'hiver, lorsque vous voulez faire des compotes avec vos poires tapées, vous prenez de ce jus et les faites bouillir avec jusqu'à ce qu'elles s'amollissent; vous n'y ajoutez rien qu'un morceau de cannelle. Ces compotes sont excellentes et peu coûteuses.

Moyen de donner à la pomme de reinette le goût de l'ananas. (Mme G. Dufour.)

L'ananas est une plante cultivée dans les Indes, et maintenant à Paris dans les serres chaudes, à cause de

l'excellence de son fruit, dont la saveur surpasse celle
de tous les autres.

On distingue plusieurs sortes d'ananas : l'ananas *pain
de sucre*, ainsi nommé à cause de sa forme ; le gros
ananas blanc, d'une odeur plus suave que celle de nos
coings ; et l'ananas pomme de reinette, qui est le plus
excellent de tous. C'est de celui-ci que le moyen que
j'emploie procure exactement le goût.

Il faut choisir des pommes de reinettes blanches, bien
belles, bien saines, et dont la peau soit bien lisse ; vous
les essuyez à plusieurs reprises avec un linge fin, et
surtout vous faites attention à ne point froisser la
peau.

Vous prenez ensuite des boîtes de sapin, dans lesquelles vous mettez des fleurs de sureau bien séchées
à l'ombre et récoltées au printemps qui précède
cette opération, afin qu'elles conservent toute leur
odeur.

Ces préparations étant terminées, vous prenez les
boîtes de sapin bien séchées, vous mettez un lit de fleurs
de sureau au fond, puis un lit de pommes ; un second
lit de fleurs et un lit de pommes, jusqu'à ce que votre
boîte soit pleine. Il faut surtout avoir soin de remplir de
fleurs tous les vides occasionés par la forme ronde des
pommes, et prendre aussi bien garde qu'elles ne se
touchent.

Tous vos lits de fleurs et de pommes ainsi faits, et le
lit de fleurs étant le dernier, vous fermez votre boîte et
collez du papier sur tous les joints, afin d'éviter que l'air
n'y pénètre par aucun endroit.

Au bout d'un mois, ces pommes ont le parfum du
fruit qu'elles représentent, et vous avez de plus l'avantage de les conserver jusqu'aux mois de juillet et d'août,
aussi fraîches et aussi bonnes qu'en janvier. Lorsque les
ananas (dans les serres) n'ont point acquis le degré de
maturité qui leur est nécessaire, l'on en fait des compotes : l'on peut aussi faire des compotes avec les pommes
imitant les ananas ; et j'affirme qu'elles sont beaucoup

meilleures que celles de véritables ananas qui ne sont
pas assez mûrs pour avoir le parfum et la saveur de l'a-
nanas des Indes.

Confitures d'abricots entiers.

On choisit pour cela les plus beaux ; il faut qu'ils
soient un peu fermes. L'on retire avec attention le noyau
par une petite ouverture du côté de la queue ; on les
met à mesure dans de l'eau fraîche, et, lorsque la quantité que l'on veut conserver est préparée, on les fait
blanchir.

Quand ils commencent à bouillir, il faut ôter la bassine du feu, et retirer le fruit avec une écumoire, en
prenant le plus grand soin pour éviter qu'il ne soit
froissé. Vous le laissez égoutter tout le temps que vous
employez à faire le sirop de sucre. Lorsque le sirop est
en ébullition, vous y mettez le fruit et lui faites jeter
une douzaine de bouillons ; vous ôtez la bassine de
dessus le feu. Lorsque le tout est un peu refroidi, vous
séparez le fruit du sirop, que vous faites cuire de nouveau et, lorsqu'il commence à perler, vous le jetez
bouillant sur les abricots; vous les laissez encore refroidir ; et, lorsqu'ils sont entièrement froids, vous les
mettez dans des bocaux, les couvrez et les serrez dans
un endroit à l'abri de toute humidité.

Les abricots-pêches se conservent différemment. Il
faut qu'ils soient de plein-vent, bien mûrs, bien colo-
rés, et qu'en les serrant légèrement entre les doigts,
l'on sente le noyau se détacher. Vous les mettrez dans
des vases de terre vernissés ; à chaque lit d'abricots, vous
les saupoudrez de sucre, et lorsque le vase est plein,
vous versez de l'eau de fontaine avec précaution.

Lorsque les pots sont remplis, vous les mettez dans
un chaudron plein d'eau sur le feu, et aussitôt que l'eau
est en ébullition, vous retirez le chaudron et laissez
l'eau se refroidir (les pots toujours dedans).

Quand l'eau a perdu assez de calorique pour que l'on

14

puisse y tenir la main sans éprouver une trop grande
chaleur, vous retirez les pots, les laissez refroidir entièrement ; vous saupoudrez le faîte avec du sucre en assez
grande quantité, pour que les fruits puissent être entièrement imprégnés, et les laissez ainsi jusqu'à ce que le
sucre se soit bien amalgamé avec les fruits. Cela fini, et
le sucre à peu près mis en liqueur, vous versez environ
un demi-verre d'eau-de-vie bien sucrée, dans laquelle
vous aurez mis quelques gouttes d'eau de fleurs d'orange,
et vous bouchez vos pots hermétiquement. On peut
d'ailleurs appliquer cette méthode à tous les fruits.

Compote d'abricots verts.

L'on fait aussi, pour l'été, des compotes d'abricots,
même de ceux qui tombent verts, lorsque l'arbre est
trop chargé de fruits. Pour cela, l'on blanchit les abricots (après les avoir piqués avec une grosse épingle, afin
qu'ils laissent évaporer leur *jus vert*) ; lorsqu'ils s'amollissent, vous les retirez de l'eau, les laissez égoutter sur
un tamis. Quand ils commencent à sécher, vous les mettez
sur le feu avec un gros morceau de sucre ; vous y ajoutez
quelques gouttes d'eau de fleurs d'orange, et vous les
mettez dans des pots.

Ces compotes bien cuites peuvent se garder un mois
ou deux, et font attendre plus patiemment que les fruits
qui doivent les suivre soient mûrs.

Confitures d'abricots verts.

Lorsque les abricots sont abondans, et qu'avant leur
maturité les vents les ont fait tomber, il ne faut pas
perdre ces fruits verts. Voici la manière de les utiliser :

Pour attendrir les abricots, vous prenez un linge
blanc, que vous remplissez de cendre tamisée, et le
mettez dans de l'eau de rivière, sur un grand feu. Après
qu'elle a jeté deux ou trois bouillons, vous mettez les
abricots dedans, toutefois après les avoir bien lavés et

percés avec une épingle un peu grosse; lorsqu'ils flé-
chissent sous le doigt, vous les retirez du feu, et les
jetez dans de l'eau fraîche pour les faire reverdir; ensuite vous les faites égoutter sur un tamis; puis vous
faites un sirop de sucre, et mettez les abricots dedans :
il ne faut pas qu'ils bouillent plus de deux minutes.
Vous les retirez du feu, les laissez dans le sucre pendant une heure; vous les faites égoutter, et donnez une
cuisson plus forte à votre sucre; vous y ajoutez les zestes
et le jus d'une ou deux oranges, selon la quantité de
fruit qui est cuite; vous mettez, de nouveau, les abricots dans le sirop, et après une ou deux ébullitions,
vous les retirez avec une écumoire. Lorsqu'ils sont froids,
vous les mettez dans des compotiers, et passez le sirop
que vous versez dessus.

Les brugnons se conservent de la même manière que
les abricots.

Marmelade d'abricots.

Afin que cette confiture se garde bien, on doit choisir
les abricots très-mûrs, le moins tachés qu'il soit possible; et, d'abord, il faut peser le fruit, et mettre par
chaque livre un peu moins d'une demi-livre de sucre.

Lorsque le sucre est cassé, que les abricots sont épluchés, l'on met le tout dans la bassine; on fait bouillir
ce mélange à petit feu, en ayant surtout soin de le remuer, ce fruit s'attachant plus facilement que les autres.

Quand votre marmelade a acquis une consistance
convenable (ce qu'il est facile de reconnaître en en
faisant refroidir dans un vase de faïence), vous mettez
les amandes provenant des noyaux des abricots dans
votre marmelade; toutefois après les avoir fait blanchir
pour les dépouiller de leur peau, vous leur faites jeter
un bouillon dans la confiture et, de suite, vous mettez
vos abricots dans les pots.

Il est important de ne couvrir cette confiture que
lorsqu'elle est entièrement refroidie.

Les marmelades de prunes de reine-claude, de mira-
belle, de monsieur, se font absolument de la même manière, excepté que l'on n'y met pas les amandes provenant des noyaux.

L'on peut aussi, avec des abricots, faire une liqueur
nommée *vin d'abricots*; mais ce sont les abricots-pêches
que l'on emploie, comme étant plus juteux et plus
succulens. Vous prenez des *abricots-pêches* extrêmement
mûrs; vous en extrayez les noyaux, et les saupoudrez
d'une once et demie de sucre par livre, pour faciliter
la séparation de leur suc; ensuite vous les faites cuire à
une chaleur douce; et, sur quatre livres de fruit, vous
versez une pinte de bon vin blanc et un demi-setier
d'eau-de-vie. Vous aurez aussi le soin de casser les
noyaux; d'en extraire les amandes; vous laisserez le bois
des noyaux sécher pendant un jour au soleil, et vous
les ferez infuser dans le vin; un mois après, vous passerez cette liqueur à la chausse, et, si elle n'était pas
bien claire, vous la filtreriez au papier gris.

Conserve pectorale d'abricots.

On prend des abricots blancs à demi mûrs, on les
coupe par petites tranches, et on les fait dessécher sur
un feu doux. Il ne faut, pour cette conserve, que quatre
onces de fruit par livre de sucre. L'on fait cuire le sucre
en sirop à la plume. Lorsqu'il commence à épaissir, on
le laisse refroidir un peu, puis on met le fruit dedans;
et on le remue pendant un certain temps, afin qu'il
puisse se bien amalgamer avec le sucre. Quand il est déjà
consolidé, l'on dresse cette conserve sur du papier
blanc, après l'avoir coupée selon la forme que l'on
désire.

La conserve de pêche se fait de la même manière.

Gelée de groseilles.

Il faut d'abord choisir des groseilles bien mûres, et
faire en sorte qu'elles ne soient pas cueillies par un

temps humide. On prend la quantité de groseilles que l'on désire préparer en gelée, on les épluche; on met un tiers de blanches et deux tiers de rouges; des framboises rouges et blanches, en quantité proportionnée : toutefois il faut observer que ce dernier fruit ne doit pas dominer, mais seulement donner de son goût agréable.

Les groseilles doivent être épluchées et mêlées ensemble dans la bassine avec les framboises. Lorsqu'elles sont en ébullition, et qu'elles ont jeté cinq à six bouillons, vous les retirez du feu, les mettez sur un tamis, et les laissez égoutter; quand elles sont un peu refroidies, vous les pressez dans un linge un peu serré, afin de recueillir tout le jus; puis vous les remettez sur le feu.

Si l'on veut que ces confitures soient bonnes, et en même temps économiques, il ne faut pas mettre plus de demi-livre de sucre par livre de jus.

Lorsque l'on aura mêlé le jus de groseilles dans la bassine, avec le sucre, il faudra l'écumer avec attention; mettre la première écume de côté, et conserver la seconde, qui sert à faire au moins une ou deux bouteilles d'eau de groseilles.

La première écume doit être employée, attendu sa partie sucrée, à mettre dans des compotes d'autres fruits qui tomberaient, et pourraient être encore utilisés lorsque la maîtresse de la maison serait seule avec sa famille.

Quand le jus de groseilles sucré est en ébullition, et qu'il a été bien écumé, il faut le surveiller, et de temps en temps, en mettre dans une cuiller exposé à l'air, afin d'examiner s'il se met en gelée. Lorsqu'il y est, l'on retire la bassine du feu, et l'on met le jus dans des pots; ensuite on les serre dans un endroit sec, surtout sans les couvrir ni avec des planches ni avec du papier. Il faut que cette gelée soit saisie par le contact de l'air.

Deux ou trois jours après, l'on peut couvrir les pots; mais il faut préférablement couper, de la largeur du

haut des pots, des ronds de papier, que l'on fait tremper
dans de l'eau-de-vie ; ensuite l'on a du papier que l'on a
mis tremper dans de l'eau fraîche, et, lorsqu'il est bien
imbibé, l'on en met un morceau sur chaque pot, et légèrement on le fixe autour du pot (1).

Pommée ou marmelade économique de pommes.

Prenez à la fin de novembre toutes les pommes les
moins belles, ainsi que celles dont la piqûre de ver a
devancé la maturité, en un mot, toutes celles qui sont
peu susceptibles de se conserver. Pelez-les (à moins que
vous n'opériez en grand); coupez-les de deux en quatre;
enlevez les pepins ; mettez-les dans un chaudron sur
lequel vous posez un couvercle, et au fond duquel vous
avez jeté un ou deux verres d'eau. Faites cuire à feu
doux ; quand les pommes commencent à fondre, versez-
les dans des terrines que vous transporterez au frais ;
mettez le lendemain les pommes à la cuisson, et retirez-
les de même du feu. Si vous n'avez pas voulu ôter les
pepins, vous passez la pulpe à travers une pulpoire ou
passoire très-fine. On peut mêler des coings à la pommée : un seul suffit pour cent pommes.

Enfin, vous remettez la pommée sur le feu pour la
troisième fois, et vous finissez par la cuire en consistance
de marmelade. Si, refroidie, elle relâche encore son
eau, on la remet sur le feu; enfin on l'empote, et on
présente à deux ou trois fois les pots au four, à la sortie
du pain, ce qui recuit la pommée et produit à sa surface une croûte qui tend à la conserver. Ces coctions
successives la rendent très-sucrée : on peut l'aromatiser
avec de la cannelle et autres arômes, comme les compotes. La pommée fait une excellente marmelade de pommes, aussi sucrée que les confitures.

---

(1) Voyez plus bas *Vin de groseilles.*

Gelée de pommes de Rouen.

Qui ne connaît la transparence, l'éclat, et pour ainsi dire l'aspect aérien de cette suave gelée? qui ne désire, sans l'espérer toutefois, parvenir à l'imiter? La recette suivante va complétement satisfaire ce désir.

Pelez avec un couteau à lame d'argent des pommes de reinette, bien saines; ôtez-en avec soin les pepins, coupez-les par morceaux, et jetez les à mesure dans une terrine pleine d'eau froide, pour empêcher l'air de les noircir. Faites chauffer ensuite de l'eau de rivière dans une bassine de faïence ou d'argent, et jetez-y vos pommes avec les écorces de deux citrons, dont vous avez ôté toute la chair, puis quatre clous de girofle.

Lorsque vos pommes sont cuites à peu près en compote liquide, vous les mettez dans des chausses ou linges bien propres; vous les suspendez sur des vases pour recevoir le jus qui en tombera, vous mettez ce jus dans la bassine avec la quantité de sucre ou de cassonade qu'exigera le sirop, et placez votre bassine sur un grand feu. Vous coupez les écorces de citron que vous avez fait cuire avec les pommes, et, lorsque votre gelée commence à prendre, vous les jetez dedans. Néanmoins on préfère généralement la gelée pure.

Pour connaître si votre sirop est cuit, il faut faire les essais indiqués pour les autres gelées : il faut surtout ne pas quitter la bassine, parce que cette gelée est susceptible de prendre un degré de cuisson qui la rend très-ferme.

La gelée à demi froide est versée dans de jolis pots de verre blanc, qui laissent voir tout son éclat. Les soins de préparation indiqués en commençant, ont pour but d'atteindre à la blancheur parfaite. S'il vous est indifférent que la gelée ait une teinte jaune, vous pouvez vous servir d'ustensiles ordinaires.

Confiture de raisin.

Le raisin le meilleur pour cette confiture est celui que l'on appelle vulgairement *raisin de vignes ;* le chasselas n'est jamais aussi bon.

Vous prenez donc ce raisin, vous l'égrainez, et le mettez dans la bassine sans une goutte d'eau. Vous le faites bien cuire et le passez de même que la groseille. Si votre raisin est bien mûr, vous ne mettez pas un quarteron de sucre par livre. Il faut avoir soin de prendre du sucre ou de la cassonade un peu belle, cette confiture ne supportant d'autre liquide que celui du jus de raisin. La moindre goutte d'eau l'empêche de se tourner en gelée. Elle s'écume comme la groseille ; son écume fait une boisson excellente et rafraichissante.

Vous essayez à l'ordinaire pour juger le degré de cuisson.

Confiture de raisin muscat.

Vous choisissez un certain nombre de beau raisin muscat que vous égrainez. Vous choisissez les plus grosses graines.

Avec des aiguilles fines, vous ôtez tous les pepins et vous conservez soigneusement le jus, en prenant le plus de précaution possible pour que le grain reste en son entier.

Vous éviterez ce travail si vous pouvez vous procurer des raisins frais de Corinthe, ou des raisins muscat-malaga, dont les grains sans pepins sont d'ailleurs beaucoup plus gros.

D'autre part vous faites bouillir environ dix ou douze livres de raisin, dont vous exprimez le jus ; vous prenez un quarteron de sucre par livre, vous en faites un sirop dans lequel vous faites bouillir vos grains de raisin muscat, jusqu'à ce qu'ils aient perdu leur couleur verdâtre ; ensuite vous les retirez du sirop avec une écumoire; puis vous mettez dans ce sirop le jus que vous avez retiré du raisin que vous avez fait bouillir, et, sur un grand feu, vous le faites cuire jusqu'à ce qu'il commence à former une gelée; alors vous mettez dans cette gelée vos grains entiers et les faites bouillir de nouveau jusqu'à ce que votre jus soit en gelée parfaite, ce qui doit être l'affaire d'un demi-quart d'heure au plus.

Conservation des fruits par le sirop de vinaigre.

On prend une certaine quantité de vinaigre blanc de la meilleure qualité, proportionnée au nombre de livres de confitures que l'on veut préparer. On y jette une quantité suffisante de sucre en poudre, pour que ce vinaigre puisse, au bout de quelque temps, se changer en un sirop acéteux, où l'acide ne domine point trop; c'est dans ce sirop que l'on met les fruits que l'on veut conserver. Il faut avoir la précaution de choisir les fruits dans leur parfaite maturité: et par un temps très-sec au bout de six ou sept mois, le sirop a parfaitement pénétré les fruits. Il faut avoir soin de tenir les vases de grès dans lesquels on les met, dans un endroit ni trop chaud ni trop froid. Les fruits ainsi confits conservent toute leur saveur, et ont un goût très-agréable.

Confitures économiques.

Elles se font avec toute espèce de fruits. On pèle et l'on coupe par tranches les fruits à pepins; on ôte la queue, la grappe, le noyau des autres, puis on les met dans des pots plus ou moins grands, en les saupoudrant d'une plus ou moins grande quantité de cassonade, selon le degré de délicatesse et de conservation que l'on veut obtenir. On met ces pots dans le four après la sortie du pain, et à défaut de four, dans un chaudron plein d'eau. On fait bouillir le temps nécessaire pour donner une légère cuisson aux fruits que l'on conserve dans un lieu sec.

Raisiné.

Cette confiture est ordinairement si mal faite, que des personnes fort peu délicates, la refusent obstinément sans vouloir même la goûter. C'est un petit préjugé que la ménagère est bien sûre de vaincre. Dès qu'on aura accepté de son raisiné par complaisance, on y reviendra par attrait.

A l'époque des vendanges, procurez-vous du moût bien frais, faites-le bouillir dans une chaudière; écumez-le parfaitement. Lorsqu'il ne donne plus d'écume, jetez dedans de la craie en poudre, peu à peu, à raison de l'effervescence que cette substance détermine dans la liqueur. Ne craignez pas d'en mettre trop, l'excès ne pouvant être nuisible, cependant une livre de craie pulvérisée est plus que suffisante pour dix litres de moût.

Quand elle a cessé de produire de l'effervescence, vous brassez fortement le liquide, et vous le versez de suite dans une terrine. Vous brassez de nouveau, et laissez reposer jusqu'au lendemain matin. La craie se précipitera, la liqueur sera très-limpide; alors vous la découlerez et la ferez bouillir rapidement jusqu'à consistance de sirop. D'autre part, vous ferez blanchir dans une chaudière les fruits à raisiné, moitié coings, moitié poires. Vous pourrez même y ajouter des carottes rouges et des betteraves jaunes, sans diminuer la douceur et l'agrément de votre confiture. Vous jetterez ces fruits et racines dans le moût désacidifié, et vous continuerez l'ébullition jusqu'à ce qu'ils soient tout-à-fait cuits. Vous essaierez de temps en temps si le sirop est à point : à cet effet, vous en laisserez tomber une goutte sur du papier à lettre bien collé, et, si vous ne l'apercevez pas sur le verso, la confiture est cuite; et vous pouvez l'ôter du feu sans craindre qu'elle ne s'altère.

Quelques instans auparavant, jetez-y des grains de

raisin muscat blanc, bien mûr : la peau ne doit pas en
être ridée quand vous enlèverez la chaudière. C'est une
agréable addition.

Cette confiture n'a du raisiné commun que le nom.
Au lieu d'être noir comme lui, elle est d'un brun clair ;
au lieu d'être acide, elle est douce et sucrée. Après l'a-
voir préparée, ainsi que je viens de l'expliquer, j'avais
moi-même peine à croire qu'elle n'eut pas reçu une large
partie de sucre.

CHAPITRE XIII.

Vins de fruits. — Fruits à l'eau-de-vie. —
Ratafias.

Vins de fruits.

Les vins de fruits sont les sucs de ces fruits, animés
par la fermentation, et tantôt adoucis par la coction,
l'addition de cassonade, de sirop de betterave, de miel
(ce qu'il y a de plus économique, selon les localités),
tantôt excités par une addition de levain, d'eau-de-
vie, de divers parfums. Le goût et l'habitude décident
de ces additions.

Vin de cerises blanches.

La cerise blanche est, de toutes les espèces, la plus
sucrée ; en la faisant légèrement cuire et infuser dans
un mélange d'une pinte de vin et d'une chopine d'eau-
de-vie, on a un vin infiniment agréable, auquel le
noyau qu'on a concassé donne une légère odeur de vanille. On passe l'infusion, on exprime et on filtre ; il n'y
a pas de sucre à ajouter.

Vin de groseilles et de cassis.

Il faut cueillir les groseilles ou les cassis sur la fin de la matinée, et les exposer à l'ardeur du soleil pendant quelques heures; ensuite les égrainer sur un crible, et les fouler à mesure pour faire tomber le suc et les peaux dans un cuvier destiné à faire l'opération. Cela terminé, on ajoute un peu de sucre brut (5 kil. par quintal de jus), et la quantité d'eau nécessaire pour diminuer un peu de viscosité du suc de groseilles; brassez le mélange pendant quelques instants, couvrez le cuvier d'une toile par-dessus laquelle vous poserez son couvercle, et placez-le dans un lieu tempéré afin que la fermentation ne soit pas trop tumultueuse; elle s'annoncera au bout de quelques heures par un sifflement qui, bientôt, augmentera aussitôt que la liqueur commencera à baisser. Soutirez-la dans des barils que vous porterez à la cave.

Laissez ces barils débouchés pendant quelques jours, et à mesure qu'ils dégorgeront, vous les remplirez avec du vin de groseilles réservé à cet effet. Bouchez les barils petit à petit, à mesure que la fermention diminuera, sans cesser cependant de les remplir quand il en sera besoin, et n'enfoncez tout-à-fait le bouchon que lorsque toute la fermentation aura cessé. Ce vin sera soutiré au bout de deux mois seulement, en ayant soin de ne pas le remuer jusque-là, après quoi il sera excellent.

On doit le coller avant de le mettre en bouteilles.

Vin de pêches.

On choisit de préférence la pêche de vigne, quoiqu'elle soit peu agréable à manger et peu parfumée, mais on y ajoute un sixième de pêches fines. Après avoir essuyé ces fruits pour en ôter le duvet, on les ouvre en deux pour en enlever le noyau, et on les jette dans un tonneau défoncé en les écrasant à mesure. Après avoir laissé reposer cette pâte pendant quelques heures, sans lui donner le temps d'entrer en fermentation, on y ajoute environ une livre de levain artificiel par quintal de fruit; on la pétrit avec des billots de bois; on délaie la masse en consistance de bouillie claire avec de l'eau chaude; enfin on ajoute les noyaux sans les casser, très-peu de cannelle et de girofle si on le juge à propos, et l'on met en fermentation pendant quelques jours, comme pour le vin de cerises, après avoir couvert le tonneau avec des planches ou toute autre chose capable d'intercepter l'air extérieur.

Lorsque la pâte a été préparée et délayée ni trop ni pas assez, la fermentation est vive et prompte. Le vin de pêche est l'un des plus agréables que l'on puisse boire. Quelques personnes y ajoutent, après le soutirage, un peu de vanille triturée avec du sucre, ou quelques gouttes d'ambre; mais le parfum naturel du fruit et celui du noyau suffisent. Ce vin étant très-liquoreux, a besoin d'être gardé pendant un an en futaille.

Vin d'abricots.

Ce vin se fabrique exactement comme celui de pêches, et lui cède peu quand il est bien préparé; on choisit de préférence des abricots en plein vent. Il est inutile de rappeler que ces fruits et tous ceux que l'on destine au même usage, doivent être aussi mûrs que possible. On peut parfumer le vin d'abricots avec un peu de framboises blanches.

Vin de poires et de pommes.

On prépare par les mêmes procédés que pour le coing, et avec les poires de rousselet, ou les pommes de fenouillette, des vins qui diffèrent très-peu du cidre et du poiré, préparés par les procédés ordinaires.

Vin de coings.

Ce fruit, malgré le peu de matière sucrée qu'il semble contenir, fournit une liqueur vineuse très-bonne et qui n'est point assez connue ; on extrait le suc du fruit comme pour le ratafia, et l'on met fermenter ce suc avec environ huit à dix livres de cassonade ou du miel, et deux livres de levain pour cent pintes de liqueur. Cette pratique est, sans contredit la meilleure : ou bien on coupe les coings par quartiers, on enlève la peau que l'on met de côté, et l'on rejette les pepins, on fait ensuite cuire les fruits dans l'eau jusqu'à ce qu'ils s'écrasent aisément ; on les jette dans un fort tamis de crin ou dans un crible de fil de laiton, pour les réduire en pulpe. On ajoute le sucre et le levain, on délaie le tout d'abord avec le produit de la décoction, et ensuite avec de l'eau chaude. Si la matière est trop pâteuse, on ajoute alors la peau des fruits, un ou deux clous de girofle par pinte, et l'on se conduit du reste en tout point comme pour le vin de pêches. Ce vin conserve encore de l'âpreté ; mais il s'en dépouille en vieillissant, et devient même gracieux.

Fruits à l'eau-de-vie.

Avant de connaître la méthode de M. Cadet-Devaux, pour préparer les fruits à l'eau-de-vie, je trouvais comme lui détestables ces fruits infusés simplement dans cette liqueur. J'engage donc bien la maîtresse de maison à renoncer à cette mauvaise méthode pour adopter celle de M. Devaux.

Cerises à l'eau-de-vie.

Prenez, dit-il, cerises précoces parfaitement mûres, ôtez le pédoncule, écrasez-les à la main, séparez-en les noyaux et les concassez, mettez-les sur le feu dans une poële à confiture avec le sucre ou la cassonade ; faites bouillir à un feu doux pendant une demi-heure ; retirez et jetez dans cette compote bouillante la framboise que vous ferez plonger avec l'écumoire, et versez le tout avec l'eau-de-vie dans une cruche, en y joignant les arômes.

On laisse infuser le tout au soleil jusqu'au moment où l'on récolte la grosse cerise qui est la dernière de toutes.

Alors on exprime cette infusion, on la passe à la chausse, et on y plonge sa cerise, dont on coupe la queue en partie.

Par ce procédé, ce n'est plus dans l'eau-de-vie pure, mais dans un excellent ratafia de cerise framboisé et aromatisé, que la cerise infusera ; elle n'échangera pas son eau douce et légèrement sucrée contre de l'eau-de-vie, mais bien contre une liqueur aussi agréable au goût que salutaire, et elle ne sera ni molle ni racornie.

Voici les proportions :

Cerises précoces, six livres ;

Cassonade au sucre, trois livres ;

Framboises, une livre ;

Eau-de-vie, six pintes ;

Œillets à ratafia épluchés, six poignées, ou tout autre arôme, girofle, cannelle, vanille ;

Cerises à confire, la quantité suffisante pour être recouvertes du liquide.

Cerises à l'eau-de-vie, au sirop.

On substituera, aux six livres de sucre ou cassonade, huit à neuf livres de sirop ; mais le sirop portant avec lui de l'eau dont est privé le sucre, on substituera aux six pintes d'eau-de-vie ordinaire, quatre pintes d'eau-de-vie forte ou esprit ; et voilà encore une des appropriations du sirop, telle qu'on ne le distingue point du sucre.

Prunes à l'eau-de-vie.

La prune à l'eau-de-vie sort du cercle de l'économie de la ménagère ; c'est un confit d'office, et presque du luxe ; il y a d'ailleurs quelque art à les bien préparer, toutefois indiquons-en le procédé.

On prend la plus belle reine-claude, celle des quinze ou seize à la livre, avant son point de maturité ; on la pique et on la met dans une bassine avec de l'eau froide ; on la blanchit, c'est-à-dire qu'on fait chauffer l'eau ; puis on enlève avec l'écumoire la prune à mesure qu'elle s'élève à la surface, pour la plonger dans l'eau froide ; on retire celles qui se fendent ou se déchirent.

Alors on fait clarifier deux livres de sucre dissous dans trois livres d'eau ; le sirop refroidi, on y plonge la prune ainsi blanchie, et on la laisse à un feu doux se pénétrer de sucre ; on la retire pour concentrer un peu le sirop, et on y plonge de nouveau la prune qu'on avait mise à refroidir ; elle lâche son eau et prend un peu plus de fermeté par le refroidissement ; enfin on la replonge pour la dernière fois dans le sirop plus concentré et cuit à consistance ; alors on enlève la bassine du feu, et on verse la prune et le sirop dans les bocaux où l'on a mis de l'eau-de-vie : les proportions sont parties égales de sirop et d'eau-de-vie ; on ne met que les prunes bien entières.

Abricots à l'eau-de-vie.

Les fruits étant choisis et nettoyés, on enlève la queue, puis on enfonce dans cet endroit la pointe d'un couteau jusque sur le noyau qu'on agite légèrement, afin de le détacher.

On met sur le feu une bassine contenant du sirop de sucre, fait avec une partie de sucre et une demi-partie d'eau ; lorsqu'il commence à bouillir, on y jette, avec précaution, les abricots, en ayant soin de les faire plonger dans le sirop avec l'écumoire ; lorsqu'ils commencent à fléchir sous le doigt, on les retire du feu, on les fait égoutter ; le mélange de l'eau-de-vie et du sirop à la dose indiquée étant fait, vous filtrez et versez la liqueur sur les abricots qui sont rangés sans être pressés dans des vases.

Pêches à l'eau-de-vie.

Après que les pêches ont été blanchies au sirop, ainsi que les abricots, on les retire de la bassine, on laisse le sirop sur le feu, on clarifie au blanc d'œuf, puis on le jette tout bouillant sur les pêches rangées à cet effet dans des terrines : elles doivent plonger entièrement dans le sucre. Après vingt-quatre heures de séjour on les retire ; on mêle trois parties du poids d'esprit à 22 degrés, à deux de sirop, on filtre et on verse sur les pêches rangées avec soin dans des vases.

On peut suivre pour les abricots et les pêches le procédé du blanchîment par deux coups de feu, mais cette manière, quoique préférable en ce qu'elle laisse aux fruits leur beauté, demande plus de soin ; si on la met en usage, il faut mélanger partie égale d'esprit et de sirop.

Poires de rousselet à l'eau-de-vie.

On choisit la poire dite rousselet, de Reims, on la pelle avec soin en conservant la queue dont on coupe l'extrémité ; lorsque cette opération est faite, on jette la poire dans de l'eau qui doit être alunée, afin de l'empêcher de noircir. Après une demi-heure de séjour, on les retire pour les précipiter à l'eau bouillante ; lorsqu'elles commencent à fléchir sous le doigt, on les retire et on les plonge dans de l'eau froide, dans laquelle on a ajouté le jus de quelques citrons. Si l'eau s'échauffe, on la remplace par de la nouvelle; lorsque le fruit est entièrement froid, on le fait égoutter, puis on range les poires une à une avec précaution dans des bocaux; et, pendant le temps qu'on dispose les fruits, on fait bouillir le sirop qu'on jette bouillant sur les peaux des poires, afin de retirer tout l'arôme du fruit qui est contenu dans ces peaux, on laisse infuser jusqu'au moment où le liquide est refroidi.

On ajoute deux parties d'eau-de-vie à 22 degrés, à deux de sirop, on passe à la chausse et on coule sur les fruits; on peut, si on le juge convenable, faire passer les poires au sirop, tel que cela se pratique pour les pêches et les abricots.

Noix vertes à l'eau-de-vie.

Lorsque la coquille de la noix n'est pas assez dure pour résister à la pression d'une épingle qui doit traverser son tissu avec facilité, cueillez et pelez délicatement cette noix jusqu'au moment où vous aurez découvert cette petite membrane blanche qui forme à cette époque la coquille, et jetez-la immédiatement dans l'eau alunée, dans laquelle elle doit baigner entièrement, et qu'on a soin de changer à mesure qu'elle se colore; après quelques instans, placez-les sur le feu dans une bassine d'eau alunée avec une ou deux poignées de cendres renfermées dans un linge; laissez le tout bouillir légèrement, assez pour prolonger l'infusion sans cuire le fruit; retirez-les du feu, jetez-les à l'eau froide, que vous renouvelez trois ou quatre fois de quart d'heure en quart d'heure, lavant chaque fois les noix avec précaution; laissez égoutter et passez au sirop, lorsque la noix touchée légèrement avec une épingle, touche, par son propre poids, au fond de la bassine, elle est assez cuite, on la retire et on laisse égoutter; le sirop rapproché est coupé avec deux parties d'eau-de-vie sur une de sirop; passez à la chausse et coulez sur les noix.

On peut mettre les noix pendant quinze jours à l'eau-de-vie seule après leur sortie du sirop, afin de les raffermir et de leur donner un peu plus de force.

Raisins à l'eau-de-vie.

Choisissez de beaux et bons raisins muscats, ni trop ni pas assez mûrs; détachez les grains les plus gros et les plus sains; piquez-les de deux ou trois trous et jetez chaque grain dans l'eau fraîche; retirez-les de l'eau après quelques instans, faites égoutter, essuyez vos grains, puis écrasez les graines que vous avez laissées de côté et mêlez-en le jus au sirop que vous clarifiez au blanc d'œuf; ajoutez deux parties d'eau-de-vie à une de sirop, filtrez et versez sur les raisins qui seront gardés dans un lieu frais et obscur (1).

Ratafias.

Ces liqueurs économiques sont composées spécialement de l'infusion des fruits dans l'eau-de-vie bien sucrée. On en prépare toutefois avec différentes fleurs et racines, et l'on remplace assez souvent l'eau-de-vie par l'esprit de vin, mais ce ne sont là que des accessoires.

Ratafia blanc ou base des ratafias.

Eau-de-vie.	1 pinte.
Eau.	1/2 setier.
Sucre.	3/4 de livre.

---

(1) Quand vous aurez des boîtes de fruits confits de Clermont, qu'ils deviendront secs, et ne seront par conséquent plus agréables, mettez-les simplement dans de l'eau-de-vie. Au bout de trois semaines, vous aurez les plus délicieuses préparations en ce genre. Il suffit d'ajouter un peu d'eau-de-vie de temps en temps.

Ensuite avec quelques gouttes d'une huile essentielle quelconque, comme bergamotte, menthe, cannelle, mises sur un morceau de sucre, la ménagère aromatisera ce ratafia blanc. Et pour donner un arrière-goût, elle ajoutera soit un filet d'eau de rose, d'eau de fleur d'orange, une pincée de sucre de vanille, puis filtrera.

Les fruits à écorce, comme citron, orange, sont mis en zestes. Les fruits à graines (cerises, groseilles) se mettent écrasés. Les fruits charnus, comme les coings, se mettent râpés. Les fleurs, les racines, les épices se concassent. Les recettes que nous allons donner vont servir d'exemple à ces préceptes, d'après lesquels la maîtresse de maison pourra faire des ratafias avec une multitude de substances. Quelques-unes offriront des exceptions légères ou plutôt des variétés.

Ratafia de girofle et vanille.

Vous prenez vingt clous de girofle et deux bâtons de vanille, que vous cassez par morceaux; vous les mettez dans le ratafia blanc ou sirop à l'eau-de-vie et les y laissez un mois; puis vous le filtrez.

Ce ratafia a le goût aussi agréable que ceux que l'on achette fort cher; il est moins malfaisant, parce qu'il est simple, et qu'il n'y entre point d'esprit-de-vin.

Ratafia d'orangeade.

Pour une pinte d'eau-de-vie, vous prenez deux oranges de Malte, que vous coupez par quartiers, et surtout en conservant le jus; vous faites infuser les oranges dans ce jus pendant une quinzaine de jours au moins; puis vous faites un sirop avec une demi-livre d'eau et une livre de sucre. Vous mêlez avec de l'eau-de-vie, et vous laissez infuser le tout pendant une huitaine de jours.

Ce ratafia est recherché des gourmets. On croirait,

en le buvant, avoir dans la bouche la meilleure orange; il se garde long-temps et gagne beaucoup à vieillir.

Ratafia de jonquille.

Pour une pinte d'eau-de-vie, vous prenez un quarteron de fleurs de jonquille doubles, comme étant les plus odorantes. Lorsqu'elles sont bien épluchées, vous les mettez dans le sirop, que préalablement vous avez fait avec une livre ou cinq quarterons de sucre; vous les laissez infuser pendant une quinzaine de jours, vous les filtrez à la chausse et mettez cette liqueur en bouteilles, que vous avez l'attention de boucher.

Ratafia d'œillets.

L'on prend un quarteron et demi d'œillets les plus odorans pour une pinte d'eau-de-vie; on les épluche, en faisant attention à ne pas froisser les pétales de la fleur, et vous terminez comme pour le précédent.

Ratafia de fleurs d'oranger.

Vous prenez une demi-livre de fleurs d'oranger, cueillies par un temps sec, point trop épanouies, vous les épluchez avec attention, afin de ne les point trop presser; vous mettez ces fleurs dans un vase, et versez dessus environ une pinte d'excellent esprit-de-vin; vous laissez infuser ces fleurs une demi-heure au plus; ensuite vous les versez dans un vase couvert d'un linge propre et pas trop serré, afin d'obtenir l'esprit sans expression. Tandis qu'il s'écoule, vous faites fondre, à froid, à peu près une livre et demie de sucre dans une pinte d'eau de rivière; puis vous mêlez ce sirop avec l'infusion spiritueuse. et, lorsque le tout est bien amalgamé, vous filtrez la liqueur.

Il est bon d'ajouter à l'eau quatre onces d'eau de

fleurs d'orange. Les fleurs macérées n'étant point à beaucoup près épuisées peuvent servir à parfumer d'autres ratafias.

Cette liqueur est très-savoureuse et n'a point l'amertume de la plupart des ratafias de fleurs d'oranger que l'on prépare ordinairement.

Ratafia de tilleul.

Cueillez un peu après le lever du soleil, des fleurs de tilleul bien épanouies, mettez-les sans les tasser dans une cruche de grès que vous remplirez d'esprit-de-vin. Exposez la cruche à la chaleur du soleil après l'avoir parfaitement bouchée, passez au bout d'une huitaine de jours en exprimant légèrement, et ajoutez à la colature partie égale d'eau dans laquelle vous aurez fait fondre de cinq à six onces de sucre par pinte de ratafia.

Cette liqueur très-peu connue est fort agréable.

Ratafia de fruits à noyaux.

Prenez une certaine quantité de pêches fines, d'abricots, de brugnons ou autres fruits de noyaux bien mûrs et extrayez-en le suc, mais sans le dépurer ; ajoutez par chaque pinte de ce suc une pinte d'esprit un peu faible, six onces de sucre en poudre, les noyaux des fruits et deux clous de girofle ; exposez-le tout pendant un mois au soleil dans une cruche bien bouchée et filtrez à cette époque. On peut faire un ratafia de tous les fruits à noyaux mêlés ensemble, ou de chacun en particulier, et y associer même le coing. Enfin on peut faire infuser dans l'esprit-de-vin le fruit écrasé, mais cette seconde méthode, quoique bonne, et surtout plus économique que la première, ne donne pas un ratafia aussi parfait.

Ratafia de cassis.

Faites macérer au soleil, pendant huit jours, quatre livres de cassis égrappé, bien mûr, et trois ou quatre poignées de feuilles de la plante dans cinq livres d'esprit-de-vin; jetez le contenu de la cruche dans un tamis de crin ou autre; laissez égoutter pendant toute la nuit. Mêlez à la colature vingt-huit à trente-deux onces de sucre fondu dans quatre livres d'eau, deux gros de cannelle, un gros de macis et autant de girofle, le tout en poudre, et filtrez au bout d'un mois de digestion au soleil.

Ratafia économique de coings.

Versez sur le marc du suc de coings exprimé, du de raisin blanc bouillant, et laissez infuser à une douce chaleur pendant cinq à six heures. Ajoutez alors deux livres d'eau-de-vie forte par livre de sirop avec un peu de girofle ou de cannelle en poudre, et passez après trois ou quatre jours de digestion au soleil.

On pourra obtenir ainsi un ratafia fort peu coûteux, quoique assez agréable si l'on ne prolonge pas l'infusion trop long-temps. Les propriétés stomachiques du ratafia de coings sont connues.

Ratafia de noyaux.

Mettez des noyaux entiers d'abricots ou de pêches, ou les uns et les autres mélangés, dans une cruche, jusqu'à près de moitié de sa hauteur, et remplissez-la d'esprit-de-vin. Faites digérer le tout pendant six semaines à une chaleur équivalente à celle du soleil; cassez alors environ un quart des noyaux que vous remettrez dans la cruche avec leurs coquilles. Faites macérer de nouveau pendant quinze jours à la même température; soutirez alors la liqueur, ajoutez-y partie égale d'eau dans laquelle vous aurez fait fondre environ six onces de sucre par livre. Laissez digérer de nouveau le mélange à froid pendant une quinzaine avant de filtrer.

On peut abréger de beaucoup la première préparation en cassant de suite les noyaux et passant la liqueur au bout de huit jours. Mais la coquille du noyau contient un arôme très-agréable dont l'esprit-de-vin ne peut se charger en si peu de temps. D'autres personnes laissent infuser leurs noyaux ainsi cassés pendant un mois ou deux ; mais alors l'amande de ces noyaux finit par donner à la liqueur un goût peu agréable.

Si on voulait associer à cette liqueur (qui n'en a pas besoin) un parfum étranger, on pourrait choisir de préférence le macis, l'ambre ou la vanille, mais en très-petite quantité. On peut aussi le rendre plus agréable en y ajoutant un peu de suc de pêche ou de raisin muscat.

Ratafia de truffes.

Choisissez des truffes de Périgord, noires, bien parfumées et de moyenne grosseur ; brossez-les dans l'eau froide pour en enlever toute la terre sans endommager la peau, et les séchez dans un linge. Mettez dans une cruche de grès une livre de ces truffes coupées en tranches, deux gros de cannelle, un gros de girofle, autant de macis, cinq livres d'eau-de-vie à 22° ; placez la cruche dans un lieu frais ; passez au bout de huit jours de macération ; ajoutez à la colature trois livres de sirop de sucre ; laissez reposer pendant quelques jours et filtrez.

Cette liqueur est digne d'occuper un rang distingué parmi les compositions de ce genre. Mais il est impossible d'en donner une recette bien exacte, parce que les truffes n'étant pas toujours parfumées au même point, il faut quelquefois augmenter la dose, comme aussi varier la proportion des aromates qu'on y ajoute. Il faut même avoir la précaution de s'assurer si l'eau-de-vie est assez parfumée, avant d'ajouter le sirop ; sinon la repasser sur de nouvelles truffes.

CHAPITRE XIV.

Liqueurs et sirops.

Les liqueurs de la ménagère diffèrent peu des rata-fias, car elles se font par infusion. Comme eux, elles ont une base ou type, liqueur blanche qu'il suffit d'aromatiser à volonté avec des esprits saturés de parfums ou avec des huiles essentielles, pour obtenir toutes les variétés désirables de liqueurs. Voici cette liqueur-type.

Liqueur simple ou base de liqueur.

Mêlez douze livres d'alcool dit trois-six (c'est toujours de celui-ci qu'il s'agira quand je dirai simplement alcool) avec dix livres ou pintes d'eau, et six livres de sirop de sucre bien clarifié et bien cuit, ou bien du sucre seulement froid.

Toutes les fois que vous emploierez des essences, n'oubliez pas de les mettre avant le sirop, ou du moins de les dissoudre à part avec un peu d'alcool. Maintenant procurez-vous de la manière suivante des parfums pour vos liqueurs.

Conservation du parfum des fleurs.

Prenez les pétales des fleurs effeuillées avec soin; placez couche par couche alternativement dans un bocal, un lit de fleurs et un lit de beau sucre en poudre, remplissez ainsi votre vase et le bouchez hermétiquement pour le placer au soleil ou dans une étuve,

durant une semaine, ou un mois dans une cave fraîche.
Après ce temps, exprimez le jus à la presse et à travers
une étoffe de laine; conservez-le dans des bouteilles
hermétiquement fermées.

Vermouth ou *extrait d'absinthe de Hongrie.*

Cette liqueur stomachique, dont on fait très-grand
cas dans tous les pays du Nord et en Allemagne, se con-
fectionne ainsi :

Commencez par choisir des raisins bien mûrs, et,
après en avoir extrait le moût, passez-le à travers un
filtre, et versez le ensuite dans un baril, que vous placerez dans une chambre chauffée modérément. Ainsi
clarifiée, cette liqueur est versée dans une cuve, dont
le fond, percé de plusieurs trous, est couvert d'absinthe. Elle est reçue dans un vase, et on la laisse fermenter pendant quelque temps, en ayant soin d'écumer
à mesure de la fermentation et d'augmenter graduellement la chaleur du poêle. On la passe ensuite à travers des sacs de toile en forme de filtres, disposés l'un à
côté de l'autre sur un châssis de bois. Quand la liqueur
coule claire, on la reçoit dans une cuve bien propre,
d'où elle est transvasée dans de petits barils contenant
une infusion d'absinthe et d'herbes aromatiques, auxquelles on ajoute de la noix muscade, de la cannelle,
de l'anis et autres ingrédiens semblables, en petite
quantité. La liqueur subit alors une seconde fermentation, après laquelle on la met en bouteilles. Cette excellente recette a été communiquée, en 1822, par
M. de Fahrenberg : c'était jusqu'alors un secret de
famille. Cette liqueur est excellente pour les estomacs
paresseux. A moitié des grands repas, des gastronomes
en prennent pour stimuler l'appétit. C'est, selon moi,
une gloutonnerie dégoûtante; mais comme il est d'usage
d'offrir de l'extrait d'absinthe, que du reste la diversité
des mets excite malgré soi à dépasser un peu les bornes

de la tempérance, la maîtresse de maison fera très-bien
d'en présenter.

Eau de coings.

On choisit des coings sains et bien mûrs, on les râpe,
et lorsqu'ils sont réduits en cet état, on en exprime le
jus en tordant le linge dans lequel on les a mis; on
ajoute à ce jus une égale quantité d'eau-de-vie, et l'on
met du sucre dans la proportion d'une livre sur six
pintes de liquide; on ajoute une quantité plus ou moins
grande de cannelle, selon que l'on désire rendre le goût
de cet aromate plus ou moins sensible. Comme il se
forme un dépôt au fond de cette liqueur, on doit la
soutirer au bout d'une quinzaine de jours ou même d'un
mois. On la met en bouteilles, et l'on en fait usage au
besoin : elle acquiert des qualités en vieillissant.

Baume de Moluques.

Mettez infuser pendant dix jours, dans une dame-
jeanne capable de contenir 20 kilogrammes d'eau, 5
kilogrammes d'eau-de-vie à 18 degrés, 2 kilogrammes
de sucre blanc, 2 kilogrammes d'eau de rivières, 4 gros
de girofle en poudre, 48 grains de macis aussi en poudre. Agitez deux ou trois fois par jour, donnez une couleur brune à l'aide du caramel; filtrez au bout de dix
jours, et mettez en bouteilles.

Soupirs de l'amour.

Mettez autant d'eau-de-vie, de sucre et d'eau que pour
la liqueur précédente; parfumez avec de l'essence de rose,
en quantité suffisante, déterminée par le goût; donnez
une couleur rose pâle avec la teinture de cochenille.
Vous pouvez filtrer aussitôt que le sucre est fondu, après
avoir agité six fois, et mettre en bouteilles.

Pour obtenir la teinture de cochenille, vous pilez dans un mortier cette substance, à laquelle vous ajoutez un sixième d'alun en poudre. Quand l'une et l'autre sont bien pulvérisées ensemble, vous y versez de l'eau bouillante; vous mélangez bien le tout avec le pilon, et jetez la couleur dans la liqueur prête à filtrer.

Curaçao, nommé vulgairement cuirasseau.

On ne la regarde aujourd'hui de bonne qualité qu'autant que quelques gouttes laissées au fond d'un verre, prennent une belle couleur rose lorsqu'on y verse quelques gouttes d'eau. Les hollandais furent les premiers qui apportèrent cette liqueur en France, avec cette marque distinctive. On essaya de les imiter; on y parvint bientôt, et aujourd'hui tous les liquoristes un peu expérimentés en fabriquent qui a les mêmes qualités. Voici le procédé le plus simple, qui se fait par infusion.

On met dans un grand bocal, à peu près rempli d'alcool à 34° Baumé (ou trois-six), les zestes de six belles oranges de Portugal, dont la peau est la plus lisse; on laisse infuser pendant quinze jours; après ce temps, on met dans une dame-jeanne comme la précédente, 5 kil. d'eau-de-vie à 18 degrés, 2 kilogrammes de sucre blanc, 2 kilogrammes d'eau de rivière. Lorsque le sucre est dissous, on y ajoute la quantité suffisante d'infusion de zestes d'oranges pour que ce goût domine, et l'on aromatise le tout avec 3 grammes de cannelle fine, et d'autant de macis, l'un et l'autre en poudre. Enfin on jette dans la liqueur 31 grammes (une once) de bois de Fernambouc en poudre. On laisse en infusion pendant dix jours, en agitant trois ou quatre fois par jour; au bout de ce temps, on goûte la liqueur. Si elle est trop forte et moëlleuse, on ajoute de l'eau; si elle est trop faible, on ajoute de l'esprit trois-six; si elle n'est pas assez moëlleuse, on ajoute du sirop. Alors on donne la couleur de caramel, qui doit être un peu foncée.

Crème de macarons.

Eau-de-vie, sucre et eau, comme à l'avant-dernière recette, auxquels on ajoute 245 grammes (demi-livre) d'amandes amères pelées et bien pilées, girofle, cannelle et macis en poudre, de chacun 3 grammes (48 grains). On ne doit pas remplacer les amandes amères par des noyaux d'abricots ou de pêches, parce qu'il sont trop âcres.

On colore en violet pourpre par une décoction de pains de tournesol, à laquelle on ajoute de la couleur de cochenille en quantité suffisante pour avoir une belle nuance.

Crème de la Forêt-Noire.

Prenez sucre blanc . . . . 8 onces.
Faites fondre dans un mélange composé
de kirsch de première qualité. . . . 4 ounces.
Eau filtrée . . . . 4 onces.

Lorsque la dissolution de sucre est opérée, filtrez dans un entonnoir fermé, afin que la liqueur ne puisse s'affaiblir par la volatilisation spontanée d'une partie des principes alcooliques, puis ajoutez :

Teinture d'ambre . . . . 1 goutte.
Mêlez exactement.

Crème de rose.

Prenez sucre blanc . . . . 14 onces.
Faites fondre dans un mélange composé
d'eau de rose double. . . . . . . 1 livre.
Esprit de vin à 36 degrés. . . . . 1 chopine.

Lorsque la dissolution de sucre est complète, colorez avec un peu de cochenille et d'alun (six grains), puis filtrez dans un entonnoir fermé.

Huile de fleur d'oranger.

Prenez fleurs d'orange mondées . . 2 onces.
Faites macérer pendant deux heures
dans eau-de-vie de bonne qualité. . . 1 chopine.
Passez à travers un tamis, puis ajoutez
au liquide obtenu, eau filtrée . . . 1 once.
Sucre blanc. . . . . 1 livre.
Lorsque le sucre est complétement dissous, filtrez
dans un entonnoir fermé.

Huile de vanille.

Prenez vanille de bonne qualité, coupée en très-
petits morceaux . . . . . . 1 gros.
Cochenille finement concassée. . . 18 grains.
Alun pulvérisé. . . . . . 6 grains.
Faites macérer le tout pendant quinze
à vingt jours dans esprit de vin à 33
degrés . . . . 1 pinte.
Filtrez ensuite dans un entonnoir fermé,
puis ajoutez :
Eau filtrée. . . . . . . 1 livre 1/2.
Sucre blanc. . . . . . . 3 livres.
Lorsque le sucre est complétement dissous, filtrez de
nouveau, avec les mêmes précautions que pour la pre-
mière.

Liqueur à la rose.

Cette liqueur, recherchée par les dames à raison de
son parfum, de sa couleur, de son goût de rose, doit
briller dans les flacons de la ménagère.
Roses fraîches mondées de leur calice. 1 livre.
Sucre en poudre, ... 2 id.
Mettez les fleurs et le sucre par couche dans un
bocal, que vous placerez dans un lieu frais. Quand le

sucre sera entièrement dissous, vous ajouterez deux litres de bonne eau-de vie, que vous aurez soin de colorer auparavant avec 24 grains de cochenille, et vingt-quatre grains d'alun : mêlez et filtrez.

Eau du chasseur.

Faites dissoudre cinq à six gouttes d'essence de girofle, de menthe ou de cannelle, dans cinq livres d'esprit de vin ; ajoutez-y cinq livres de bonne eau de menthe poivrée, dans laquelle vous aurez fait fondre trente onces de sucre blanc ; filtrez au bout de quelques jours.

Alkermès de Florence.

Cette recette, employée par les moines du couvent de *Sancta-Maria-Novella*, jouit d'une grande estime en Italie, où l'on met des feuilles d'or dans l'alkermès pour montrer combien il est précieux.

Prenez : cannelle de ceylan. . . . . 4 gros.
Clous de girofle. . . . . 54 grains.
Vanille givrée, coupée par
morceaux. . . . . . 1 g. 9 grains.
Concassez ces trois substances, mêlez et mettez-les dans un vase de grès ou de verre : jetez par-dessus
Alcool à 32 degrés. . . . . . . 2 l. 5 o. 4 g.
Faites digérer pendant trois jours, en agitant de temps à autre, puis filtrez et conservez à part.

D'un autre côté, prenez :
Eau distillée de roses. . . . . . 4 o. 4 gr.
Cochenille choisie et pulvérisée. . . 1 g. 36 gr.
Alun cristallisé. . . . . 10 grains.
Mêlez et faites macérer pendant trois jours en agitant quelquefois. Décantez, filtrez et conservez à part. Alors prenez
Sucre fin . . . . 3 l. 5 o. 4 g.
Faites-en, avec suffisante quantité d'eau, un sirop bien clarifié, et cuit à 32 degrés.

Lorsqu'il sera refroidi, mêlez-y la teinture spiritueuse de cannelle, girofle et vanille, puis la teinture aqueuse de cochenille. Enfin versez dans le mélange

Eau de fleurs d'oranger. . . . . . 2 o. 2 gros.

Laissez reposer pendant trois jours, en agitant de temps en temps, puis filtrez à travers une couche de sable bien propre et bien lavée. Mettez ensuite la liqueur dans des bouteilles que vous boucherez et cachetterez soigneusement.

Laissez-la vieillir un peu avant d'en faire usage. Cette liqueur fort estimée se vend très-cher.

Liqueur des vierges.

Prenez : racine d'angélique. . . . .

Semences d'angélique. . . . . . .

Semences de carvi, de chaque. . . . 1/2 gros.

Safran oriental. . . . . 12 grains.

Concassez les trois premières substances, incisez finement le safran, et faites macérer le tout pendant quinze à vingt jours, dans

Alcool à 30 degrés. . . . . 1 chopine.

Filtrez dans un entonnoir fermé, puis ajoutez

Sirop de capillaire. . . . . 1 livre 1/2.

Mêlez exactement.

Des sirops.

Dans une maison bien tenue, faire des sirops est aussi nécessaire, peut-être, et plus que des liqueurs.

Pendant l'été, ils offrent seuls d'agréables boissons rafraîchissantes. Dans les soirées d'hiver, ils sont indispensables. Dans le cours des rhumes, irritations internes, soit graves, soit légères, les sirops sont le remède principal. Notre maîtresse de maison s'en fournira donc. Elle n'imitera point à cet égard ces ménagères mal avisées, qui attendent l'ordonnance d'un médecin pour envoyer chercher rouleau par rouleau chez le pharmacien ou l'épicier, des sirops de gomme, de capillaire, de groseilles, etc. Or chaque rouleau se paie de 15 à 25 sous, et se boit souvent dans la journée. D'autres, aussi mal inspirées, font présenter dans une soirée des verres d'eau sucrée, qui viennent de recevoir le sucre. On tourne un peu, mais la soif, la danse, la conversation empêchent d'attendre que le sucre soit fondu, on boit l'eau non sucrée, et le sucre, resté au fond des verres, est du sucre perdu.

Un approvisionnement en sirop ne semble embarrassant et coûteux qu'aux personnes inexpérimentées. Comme nous avons vu qu'il est un ratafia simple, base des autres ratafias, une liqueur simple, base des autres liqueurs, il est aussi un *sirop simple*, base de tous les autres sirops. C'est le *sirop de sucre*, que l'on peut préparer avec le sucre brut, la cassonade. Ce sirop, toujours prêt, reçoit ensuite la saveur et le parfum qu'on juge convenable. Et les confiseurs, les pharmaciens, nous vendent ordinairement sous le nom de tels et tels sirops, du sirop de sucre qu'ils aromatisent et décorent ensuite d'un nom convenu. Le procédé indiqué page 179, pour recueillir le parfum des fleurs, afin d'aromatiser les liqueurs, convient aussi parfaitement pour les préparations qui nous occupent.

Sirop simple ou sirop de sucre. — Clarification.

Mettez sur un feu vif, dans une bassine, dix livres de sucre cassé en gros morceaux, avec cinq litres d'eau et trois blancs d'œufs. Délayez le sucre en remuant jusqu'à ce qu'il soit entièrement fondu.

Le blanc d'œuf se charge de toutes les impuretés contenues dans le sucre, et se rassemble avec elles dans les écumes qui montent à la surface du sirop. A mesure que l'écume commence à s'affaisser, on la dépose sur un linge posé au-dessus d'une terrine. Mais il vaut mieux avoir un petit instrument bien simple connu dans les pharmacies et chez les liquoristes, sous le nom de *blanchet*. C'est un morceau carré de toile ou de molleton de laine, que l'on fixe aux quatre coins armés d'un clou, d'un carré vide nommé *carrelet*.

Après la première écume, on verse du plus haut possible dans le sirop encore un peu d'eau et de blanc d'œuf que l'on y mêle bien, et l'on attend que la seconde écume soit formée pour l'enlever comme la première. On continue ainsi à ajouter du blanc d'œuf battu, et à écumer jusqu'à ce que le sirop soit parfaitement clair; alors on y jette un peu d'eau froide, qui fait quelquefois monter une légère écume très-blanche, que l'on enlève comme les autres, et l'on passe le sirop à la chausse.

Quand l'on emploie du sucre blanc en pain, il faut moins de blancs d'œufs, et il suffit d'une seule clarification sans avoir besoin de faire monter les écumes plusieurs fois. Mais si l'on opère sur de la cassonade commune, il faut non-seulement faire monter les écumes à plusieurs reprises, mais encore recourir au charbon. A cet effet, on fait fondre le sucre dans de l'eau, et lorsque le mélange commence à bouillir, on y verse petit-à-petit, pour cent livres de sucre, environ une livre et demie ou deux livres de charbon animal, et autant de charbon ordinaire pulvérisé et tamisé. On laisse alors monter le bouillon, on l'apaise avec environ une pinte d'eau dans laquelle on a battu deux blancs d'œufs; et l'on répète cette opération autant de fois qu'il est nécessaire, en ayant soin de laisser le feu et d'enlever les écumes à mesure qu'elles se forment. On termine par passer. De quelque manière qu'on opère, il faut ménager le feu, afin que l'ébullition ne soit pas trop violente.

Emploi des écumes.

Les écumes du sirop simple, comme de tout autre sirop, doivent être employées. Leur premier produit, c'est-à-dire ce qui coule en premier lieu du blanchet, s'ajoute au sirop même : le second produit fait un sirop plus faible; enfin le troisième et même quatrième produits obtenus, en jetant de l'eau sur l'écume, forment une boisson agréable qui doit être consommée le même jour.

Le liquide clarifié, parvenu à la consistance de sirop, est retiré du feu : on le laisse un peu refroidir, mais lorsqu'il conserve encore de la chaleur, on le met en bouteilles, mais on attend qu'il soit complètement refroidi pour le boucher. Ce sirop pur convient parfaitement pour faire à l'instant de l'eau sucrée. Avant d'indiquer les autres sirops, je dois dire qu'ils craignent tous la chaleur, l'humidité, le contact de l'air, et qu'ils se conservent difficilement quand les vases ne sont pas pleins.

Sirops de fleur d'oranger, de cannelle, d'angélique, de menthe, d'écorce de citron, etc.

Aromatisez du sirop de sucre avec les eaux distillées de ces objets, ainsi que de toutes les plantes aromatiques susceptibles de fournir des eaux distillées très-odorantes.

Sirops de groseilles, framboises, d'oranges, de citrons, de coings, etc.

Après avoir égrappé des groseilles bien mûres et cueillies par un beau temps, exprimez-en le suc sans eau ; laissez reposer ce suc en lieu frais, pendant vingt-quatre ou quarante-huit heures, selon le temps ; séparez-le de son dépôt ; filtrez pour l'avoir parfaitement clair ; mettez dans un matras vingt-neuf onces de sucre en poudre par chaque livre de suc, et faites fondre à une très-douce chaleur. On peut ajouter sur dix livres de groseilles deux ou trois livres de framboises et une livre de merises ou cerises noires.

Les sirops d'oranges, de citrons, de coings, etc., se préparent de même. Pour obtenir le suc de ce dernier fruit, faut, après l'avoir mondé de ses pépins sans le peler, le râper, le soumettre à la presse, après l'avoir exposé pendant vingt-quatre heures, à la cave; laisser encore reposer le suc un ou deux jours avant de le filtrer, et terminer le sirop comme celui de groseilles.

Avant de porter à la cave les sucs de citrons ou d'orange, il est bon d'y faire fondre quelques morceaux de sucre frottés sur la superficie de l'écorce, en observant de diminuer d'autant la dose de sucre destinée à faire le sirop. Tous les sucs de ces fruits peuvent être mélangés avec du sirop de sucre.

Sirop d'orgeat.

On prend une demi-livre d'amandes douces, et autant d'amandes amères; on les passe dans l'eau bouillante pour retirer avec facilité leur pellicule rongeâtre; on les met ensuite dans le mortier, en ajoutant 4 onces de sucre; on pile, à l'aide d'un peu d'eau, de manière à former une pâte qui n'offre aucun grumeau; on ajoute le reste de l'eau; on forme une émulsion que l'on passe avec expression dans un linge très-fort; cette émulsion reçoit le reste du sucre; on place sur le feu, et lorsque le sucre est fondu, on verse une cuillerée de fleur d'oranger. On peut remplacer les amandes par des avelines.

Sirop de fraise.

Prenez 10 livres de fraises épluchées, 12 à 14 livres d'eau; jetez cette eau à 40 degrés sur les fraises, et agitez un instant l'eau et les fraises pour les écraser; placez le tout dans un lieu frais, ou entourez la terrine avec de la glace; couvrez et laissez reposer vingt-quatre heures; jetez après cet espace de temps sur une étamine, et faites passer deux fois si cela est nécessaire, afin d'obtenir très-claire cette eau de fraises qui est très aromatisée.

Prenez autant de livres de beau sucre blanc que vous avez de livres de jus, et faites dissoudre ce sucre à froid immédiatement dans de l'eau de fraises. Lorsque le sucre est totalement dissous, on mélange le tout à l'aide d'une spatule en bois; puis on place ce sirop dans des bouteilles, on les bouche avec soin, on les ficelle, puis on les couche dans un chaudron, au fond duquel on met un lit de foin, on le remplit d'eau et on fait du feu dessous jusqu'au moment où toute la masse a éprouvé deux ou trois tours d'ébullition; on cesse le feu, et lorsque le tout est froid, on retire les bouteilles et on les conserve pour l'usage. On peut se servir du même moyen pour faire de la conserve de fraises, mais on n'ajoute pas d'eau aux fraises, qui sont placées tout entières dans des bouteilles à large ouverture, et traitées de la même façon. Ce sirop est fort agréable aux malades, et recherché pour les soirées d'hiver. Les conserves de fraises servent à faire des compotes, des crèmes ou des glaces.

Sirop d'œufs.

Cette précieuse composition de M. Payen sera fort utile dans l'habitude de la vie, pour avoir instantanément l'émulsion nommée *lait de poule*, émulsion dont chacun connaît l'avantage pour les petits enfans, les personnes enrhumées, où dont les fonctions digestives sont dérangées. Le sirop d'œufs peut être substitué au sirop d'orgeat lorsque la digestion en est pénible, et rendre la limonade, et diverses boissons acides, plus légères à l'estomac.

On prend dix œufs frais de grosseur moyenne, on les bat avec 50 grammes d'eau, jusqu'au point d'être assez fluides pour passer, avec une légère pression, au travers d'une toile peu serrée: on parviendra ainsi à séparer les germes. On achèvera de fouetter les œufs en mousse, puis on ajoutera, en saupoudrant, 800 grammes (une livre 3/4) de sucre pulvérisé: ces proportions donneront 1,350 grammes de sirop, saturé de sucre à la température de 15°, et l'on aromatisera avec 22 gouttes de fleur d'orange: l'addition de 15 grammes de sel marin blanc pourra concourir à rendre la conservation plus longue, sans rendre le goût désagréable.

Lorsque tout le mélange, agité pendant un quart d'heure, sera bien fluide, on séparera la mousse, puis on mettra le sirop liquide en flacons de quatre onces, que l'on gardera bien bouchés ; la quantité contenue dans chaque flacon pourra être prise en deux ou plusieurs fois, suivant le besoin.

Sirop de gomme.

Pour chaque livre de sirop de sucre, faites dissoudre une once de gomme dans la petite quantité d'eau nécessaire, pour obtenir une dissolution. Mélangez ensuite la gomme et le sirop, en faisant chauffer jusqu'à l'ébullition.

Sirop de mûres.

Ecrasez un panier de mûres pour obtenir environ trois demi-setiers de jus ; mettez-les dans une bassine sur le feu, avec un demi-litre d'eau, et les ferez bouillir jusqu'à ce qu'ils soient réduits à une chopine. Exprimez bien, puis faites chauffer dans la bassine bien lavée, du sirop de sucre, de manière à avoir deux livres de sucre par livre de fruit (ce qui est la règle pour les sirops); ajoutez le jus de mûres, en tournant bien pour rendre le mélange parfait.

Ce sirop, d'un goût agréable, est très-bon pour les maux de gorge.

Sirop de vinaigre framboisé à froid.

Epluchez trois livres de belles framboises bien mûres, mettez-les dans un bocal avec deux litres de vinaigre rouge : laissez infuser pendant huit jours, s'il fait très-chaud, et douze jours si la chaleur est modérée; remuez de temps en temps avec une cuiller de bois. Au bout de ce temps, faites égoutter sur un tamis, et mêlez votre vinaigre avec quatre livres de sirop simple. Ce sirop est excellent, il est des plus faciles à préparer, mais je pense qu'il ne se conserverait pas, et qu'il faut, comme je l'ai fait, le consommer dans la saison.

CHAPITRE XV.

Vinaigres de table. — Légumes et fruits confits au vinaigre. — Moutardes.

On aime généralement à faire usage pour la table, surtout dans les salades, d'un vinaigre qui puisse flatter le palais par une saveur agréable et aromatique. D'ailleurs un vinaigre ainsi préparé peut tenir lieu de l'assaisonnement que l'on ajoute aux salades, au moyen de plantes d'un goût prononcé, comme les ciboules, les pimprenelles, les capucines, l'estragon, etc., ce qui doit être préféré, car ces plantes se digèrent souvent avec difficulté par certains estomacs. Quand il s'agit d'aromatiser du vinaigre, on doit choisir celui qui est le plus fort, afin qu'il soit moins affaibli par les plantes auxquelles on veut l'allier. Le vinaigre blanc est en général préféré au vinaigre rouge.

Les plantes qui peuvent être employées pour aromatiser le vinaigre sont assez nombreuses. Chacun choisira celles qui seront les plus appropriées à son goût ou à ses habitudes. Ainsi on pourra employer l'estragon, la fleur de sureau, la pimprenelle, l'ail, les ognons, les ciboules, les fleurs de capucine, le cerfeuil, le céleri, le cresson d'eau, ou le cresson alénois.

Il est bon, avant d'employer ces plantes, de les cueillir pendant un temps sec, et de les exposer pendant un jour sur des claies pour leur enlever une partie de l'humidité dont elles sont imprégnées. L'on[6] peut n'en prendre à la fois qu'une ou deux, ou en combiner plusieurs ensemble. On jettera, dans une pinte de vinaigre, une poignée de ces plantes, plus ou moins, selon que l'on voudra communiquer au vinaigre un goût et une saveur plus ou moins forte, ou selon la nature des plantes qu'on emploiera. On laissera macérer celles-ci pendant un mois; puis on filtrera la liqueur dans une chausse, en exprimant bien les plantes imprégnées de vinaigre. On peut se contenter de la laisser reposer pendant quelques jours, et de la transvaser.

Voici quelques exemples de la manière de combiner ces vinaigres.

Vinaigre à l'estragon.

Vous prenez deux poignées d'estragon que vous épluchez, sans y laisser aucune branche, puis vous le mettez aussi frais que vous le pouvez dans du vinaigre blanc, avec une demi-poignée de sel gris; vous le laissez infuser pendant un mois.

Ce temps expiré, vous pouvez vous en servir dans la salade; mais il faut vous abstenir d'en mettre dans les sauces, il donnerait un goût désagréable, à moins que ce ne soit dans des sauces piquantes à l'estragon.

Vinaigre de baume, estragon et surard.

Il se fait de la même manière que le précédent, en ajoutant une demi-poignée de feuilles de baume, un tiers de litre de fleurs de sureau et de l'ail, en admettant que l'on n'ait point d'aversion pour cet assaisonnement.

Capucines ou câpres de ménage.

Vous prenez de la graine de capucine avant qu'elle soit mûre; il est essentiel qu'elle ait conservé sa verdeur;

vous la mettez dans le vinaigre avec du sel et de l'estrago n.

Cette graine supplée dans la cuisine aux câpres véritables pour les sauces piquantes; accompagnée d'estragon, elle se sert aussi en hors-d'œuvre d'hiver.

Si vous n'avez point de jardin, vous pouvez très-facilement faire croître la capucine dans une cour, ou dans des pots.

Vous ne fermerez pas à demeure le vase qui contient les *câpres de ménage*, tant que vous pourrez en ajouter de nouvelles, à mesure que vous les récoltez.

Petits ognons confits au vinaigre.

Vous prenez de très-petits ognons blancs que vous épluchez, en ayant le soin de couper ce que l'on appelle improprement la tête.

Lorsque vos ognons sont bien épluchés, vous les jetez dans le vinaigre jusqu'à ce que votre vase soit plein; vous les couvrez avec de l'estragon, de la passe-pierre et de la pimprenelle; vous les salez et fermez hermétiquement votre pot jusqu'au moment où vous voulez vous en servir.

C'est encore un hors-d'œuvre qui plaît à quelques personnes, et qui est très-digestif.

Piment ou poivre long au vinaigre.

Vous prenez du piment; le plus petit est le meilleur; vous en ôtez la queue, et le jetez dans le vinaigre avec une poignée un peu forte de sel gris, de l'estragon, de la passe-pierre, et deux ou trois gousses d'ail.

Cornichons.

Choisissez des cornichons petits et de moyenne grosseur, fermes, bien verts, caractères qui conviennent aux véritables cornichons, et non pas aux petits concombres vendus souvent sous ce nom. Mettez de bon vinaigre dans un pot de grès, et à mesure que vous essuyez fortement vos cornichons avec du linge neuf ou même avec une petite brosse (je préfère le linge), vous les jetez dans le vinaigre.

Cette préparation est indispensable, afin qu'ils s'imprègnent bien; sans cela, cette espèce de petite graine qui les enveloppe se resserre dans le vinaigre, et forme une sorte de pâte qui empêche les cornichons de s'infuser comme il faut; et lorsqu'on les mange, ils sont désagréables, cette graine *croquant* sous la dent.

Lorsque les cornichons sont dans le vinaigre, vous y ajoutez de la passe-pierre, de l'estragon, de la pimprenelle, des petits ognons, environ six gousses de piment ou poivre-long, pour un pot de six pintes de vinaigre, environ aussi une demi-poignée de graines de capucines, quelques feuilles de roses, et deux ou trois poignées de petits haricots verts.

Vous salez ensuite les cornichons, assez pour que tous les ingrédiens puissent participer à la salaison. Cette préparation terminée, vous fermez hermétiquement votre pot.

Si vous êtes pressé de manger des cornichons, vous le pourrez deux mois après.

C'est prendre une peine inutile que de retirer, au bout d'un mois d'infusion, les cornichons du vinaigre, et de le mettre bouillir. Loin de lui donner de la force, ainsi qu'on le prétend, on l'atténue au contraire. Cette méthode est celle de madame G.-Dufour.

Autre manière de préparer les cornichons.

On met sur le feu une bassine en cuivre non étamé et remplie aux deux tiers d'eau. Quand l'eau bout, on y plonge les cornichons dans une passoire en cuivre; après deux ou trois bouillons, on retire rapidement les cornichons et on les jette dans un grand baquet d'eau froide.

On continue l'opération sur la totalité, et on laisse égoutter sur un linge ou un tamis.

Quand les cornichons sont bien égouttés, on les range dans des pots de faïence ou de grès, dans lesquels on doit les conserver. On fait ensuite chauffer du vinaigre étendu d'eau dans la bassine, puis on verse ce vinaigre bouillant sur les cornichons dans les pots, on répète cette manœuvre le lendemain avec le vinaigre des pots, on l'écume sur le feu, et on y ajoute un peu d'eau. Le troisième jour, après avoir fait bouillir le même vinaigre, toujours en ajoutant un peu d'eau, on y plonge les cornichons avec une passoire, comme il est dit plus haut. On leur donne un bouillon; on les remet dans les pots, et on y verse le même vinaigre bouillant. Cette troisième opération cuit les cornichons; elle ne doit point être répétée pour les plus petits.

On confit aussi de cette manière les petits ognons et les jeunes épis de maïs.

Bigarreaux confits au vinaigre.

Vous prenez quatre livres de bigarreaux blancs, avant qu'ils soient tout-à-fait mûrs; vous en ôtez les queues, les mettez dans un grand vase et les couvrez d'eau bouillante; puis vous les égouttez sur-le-champ, et ne les mettez dans le vinaigre que lorsqu'ils sont bien secs; alors vous y ajoutez une bonne poignée d'estragon et de sel, et les laissez infuser l'espace de vingt-quatre heures; puis vous les goûtez et y ajoutez de l'assaisonnement, si vous les trouvez trop doux.

Ces bigarreaux se servent quelquefois en hors-d'œuvre, avec les cornichons.

MOUTARDES.

Moutarde ordinaire.

Cinq litres de graine de moutarde de première qualité, cinq litres de bon vinaigre blanc ordinaire. On fait infuser la graine dans le vinaigre pendant huit jours environ, en agitant le mélange deux fois par jour, et ajoutant du vinaigre de manière que les graines soient toujours humectées; ensuite on broie au moulin, et on délaie avec le vinaigre, en une bouillie claire. On met dans les pots.

Moutarde aromatique.

Pour douze livres de graine de moutarde, on prend une demi-botte de persil, une demi-botte de cerfeuil, une demi-botte de ciboules, trois têtes d'ail, une demi-botte de céleri, huit onces de sel marin en poudre, quatre onces d'huile d'olive fine, deux onces des quatre épices fines, que l'on trouve chez les épiciers bien assortis, quarante gouttes d'essence de thym, trente gouttes d'essence de cannelle, trois gouttes d'essence d'estragon.

On hache toutes les plantes et les racines, après les avoir bien épluchées; on les met ensuite macérer pendant quinze jours dans une suffisante quantité de vinaigre blanc de première qualité. Au bout de ce temps, on les broie au moulin, comme on est dans l'usage de le faire. On ajoute à la matière broyée les douze litres de moutarde broyée et très-fine. On réunit à ce mélange le sel, l'huile, les épices et les essences; on délaie dans le vinaigre, dans lequel les plantes et les racines ont été mises en macération : on mélange bien le tout. Au bout de deux jours, on remplit de cette composition des pots de faïence bien blanche, qu'on bouche et qu'on goudronne.

Je terminerai ce chapitre en recommandant à la maîtresse de maison de conserver dans le vinaigre les anchois qu'elle pourra avoir de reste, après les avoir servis en hors-d'œuvre.

CHAPITRE XVI.

De l'éclairage. — Provisions. — Nettoyages ordinaires. — Annuels. — Observations sur diverses lampes. — Comparaison des différens systèmes. — Briquets phosphoriques. — Gaz hydrogène.

Eclairage.

DE toutes les économies mal entendues dont la maîtresse de maison doit se défendre, une des plus pernicieuses est celle du manque d'éclairage. Faute d'y voir on perd du temps, on casse les objets, on se heurte souvent d'une manière dangereuse. Si dans la nuit on se trouve subitement réveillé par quelque accident, les secours sont lents, et souvent même inefficaces.

La ménagère doit donc établir un éclairage constant, suffisant, approprié aux différentes heures : elle doit avoir des provisions en ce genre, les distribuer avec régularité, et veiller surtout à ce que tous les ustensiles soient tenus dans la plus grande propreté.

Ayez pour éclairer la cuisine une lampe à mèche commune, mais un peu élevée ; ayez aussi des *bougeoirs-lampes*, qui n'ont pas comme la chandelle l'inconvénient de couler et de s'éteindre par le transport. Les bougeoirs, rangés le soir sur la table de cuisine auprès de la lampe, seront prêts à être allumés dès que les domestiques auront à aller ou à venir. Une chandelle dans un flambeau sera auprès d'eux, pour servir dans les cas où il sera nécessaire de voir bien clair sur quelque point de la cuisine, ou de quelque endroit de la maison. Que des mouchettes avec leur éteignoir soient toujours placées auprès, afin que l'on n'omette pas de moucher convenablement la chandelle, et qu'on ne l'éteigne jamais avec le souffle, ou en la retournant du côté de la flamme dans le flambeau. Tous ces ustensiles seront dès le matin nettoyés et rangés à leur place ordinaire, sur une planche ou la cheminée. Ayez de petites lanternes pour aller dans les lieux où le feu peut prendre aisément.

Si votre fortune est au-dessus de la médiocrité et que votre salle à manger serve de passage au salon et à votre chambre, qu'une lampe à plusieurs mèches, recouverte d'un globe en gaze, soit suspendue au milieu de la salle à manger. Elle suffira pour éclairer le dîner ordinaire; mais les jours où la table sera de plus grande dimension, on ajoute des flambeaux ou des candelabres garnis de bougies ou de chandelles-bougies à chaque bout de la table. Ces jours-là l'office doit être éclairée par un quinquet. Les jours où l'on reçoit, il faut, outre les lampes à colonnes qui garnissent la cheminée du salon, au moins deux bougies sur cette cheminée : il en faut pour les tables de jeu. Pour peu que vous le puissiez, l'escalier doit être éclairé. Voici donc une consommation considérable. Les personnes très-opulentes ont un lustre suspendu au milieu du salon, et une lampe antique suspendue de même dans la chambre à coucher de madame. Une gaze en forme de sac recouvre ordinairement ce lustre. Lorsqu'on éteint les lampes et quinquets, il est bon de couvrir l'ouverture du verre avec un étui de carton ou de métal propre à cet effet : cela empêche l'odeur de s'exhaler et la poussière de s'introduire.

L'ordre et la propreté, que je ne cesserai point de recommander à la maîtresse de maison, sont indispensables pour l'éclairage. Faites pour l'année vos provisions d'huile à quinquets, de bougies (si vous vous en servez), de chandelles-bougies et de chandelles communes. Que dans votre grenier ou dans tout endroit sec, obscur et bien fermé, soit un petit cabinet destiné à cet approvisionnement. Que dans le bas soient les grandes bouteilles d'huile, tenant chacune au moins dix livres ; celles dans lesquelles vous ferez transvaser ce qu'il faudra pour le mois, et enfin celles qui contiendront la provision de la semaine ; les diverses mesures sont nécessaires pour prévenir le gaspillage que les domestiques feraient. Un peu au-dessus doivent être des rayons sur lesquels vous placerez dans des boîtes de bois blanc, étiquetées, les diverses sortes de bougies, telles que les bougies dia-phanes (1), de blanc de baleine colorées et autres, les bougies ordinaires du Mans ou autres à quatre ou à cinq à la livre : on se sert généralement de celle-ci. La meil-leure bougie est celle qui est fabriquée seulement avec de la cire. Le mélange du suif est assez fréquent ; mais il est facile de l'apercevoir, non-seulement à l'odeur, mais au son plus ou moins sec que rend la bougie lors-qu'on la frappe légèrement du doigt. La nature du coton employé pour la mèche est aussi un point essentiel à observer. S'il est grossier et mal filé, il forme ce qu'on appelle des *champignons*, et a besoin d'être mouché presque aussi souvent que celui de la chandelle ; de plus, il se recourbe en brûlant, et fait couler la bougie, qui se consume alors beaucoup plus vite, en éclairant moins. Ayez aussi quelques livres de bougies éméchées, que l'on trouve à Paris chez les épiciers, auxquels elles sont vendues par les domestiques de grandes maisons, qui sont chargés de fournir l'éclairage des tables de jeux. Ces bougies qui n'ont servi que quelques heures se ven-dent moins cher que les autres ; mais il n'en faut avoir que peu, parce qu'elles ne sont pas ordinairement de bonne qualité. Ayez aussi une douzaine environ de bou-gies repliées, non de *rats-de-cave*, qui infectent en brû-lant, mais de bougies une fois plus grosses, et repliées carrément : elles vous serviront dans vos courses du soir.

_____

(1) Essayez la bougie stéarique, dont la mèche est nattée et ne *champignonne* jamais.

Ayez dans un carton plat une provision de verres et de mèches de lampe à quinquets, rien n'étant plus désagréable, et n'entrainant autant de perte de temps que la necessité d'aller chez le marchand remplacer le verre de lampe qui se casse subitement. Il est en outre fort difficile d'avoir la juste mesure : il faut apporter la lampe, et bien souvent on ne peut trouver ce qui convient. Quant aux mèches, si vous voulez faire une facile économie, vous ramasserez les morceaux de bas que l'on retranche ordinairement à ceux que l'on raccommode, vous les couperez de la longueur et de la largeur d'une mèche ordinaire : avant de rejoindre par une couture à surjet lâche, le petit morceau à peu près carré que cette imitation vous donnera, vous y placerez à longs points de reprise des fils en coton, un peu gros, afin de soutenir cette mèche de nouvelle façon, qui sert absolument comme celles qu'on achette.

J'ai déjà dit que le nettoyage des ustensiles d'éclairage est on ne peut plus important; la maîtresse de maison y veillera attentivement, car c'est en quelque sorte le bon ordre et la propreté qui font la lumière des lampes à colonnes, et quant aux flambeaux, leur saleté serait insoutenable, elle ferait soulever le cœur. Si vous ne vous chargez point vous-même de préparer les lampes, faites-les toujours nettoyer le matin, parce qu'il est impossible, à la lumière, de couper la mèche justement, et très-difficile de ne pas excéder la dose d'huile. Tous les ingrédiens propres à ce nettoyage doivent être rangés dans une boîte de bois, à part. Il y a : 1° une sorte de cheville en bois qui se vend avec la lampe, et qui sert à placer les mèches neuves, qui l'embrassent exactement (et, par parenthèse, c'est sur ce bois que vous ferez la couture des mèches économiques, citées plus haut); 2° de gros ciseaux pour tailler la mèche; 3° un petit couteau pour racler le tuyau de fer-blanc où s'engage la mèche; 4° un bâton de moyenne grandeur, entouré de linge bien blanc, de manière à former une sorte de poupée qui puisse entrer par l'extrémité la plus

resserrée du verre à lampe. Il faut aussi de vieux torchons, les uns déjà salis, les autres blancs, et enfin, un
chiffon de laine pour donner le dernier coup. Il doit
encore se trouver dans la boîte, du blanc d'Espagne pour
nettoyer le verre de temps en temps. Outre cela, il est
nécessaire d'avoir une sorte de cafetière à très-long bec,
laquelle sert à introduire l'huile par le goulot. Cette
cafetière, ou porte-huile, peut, selon la saison, contenir
la provision d'un ou de deux jours.

Pour bien nettoyer la lampe, on en séparera les parties, on frottera bien chacune d'elles avec les trois sortes
de chiffons : on enlèvera la couronne brûlée qui se
trouve à la mèche, et l'on rognera bien exactement ce
qui pourrait être inégal : on remettra les parties en
place : on versera lentement et avec précaution l'huile,
en baissant la mèche pendant ce temps, de peur qu'ayant
à le faire quand l'huile serait introduite, il ne s'en
échappât. Chaque jour, le verre à lampe sera frotté
avec des linges très-propres. Tous les huit jours, on
versera dans un pot destiné à cet usage, le résidu qui se
trouvera dans le fond de la colonne. Ce résidu servira à
l'alimentation des *bougeoirs-lampes*.

Manière de nettoyer les globes de quinquets.

Pour bien nettoyer les globes de quinquets, employez
une eau chaude de savon ou de potasse. Si cela ne suffit
pas, frottez l'intérieur du globe avec de la pierre-ponce
pulvérisée. Pour enlever les taches qui ont résisté,
frottez-le avec une pierre-ponce. Terminez par rincer à
l'eau pure.

D'empêcher les verres d'éclater.

Pour empêcher les verres à quinquets d'éclater, faites
donner à la base du tube, par un vitrier, un coup de
diamant. Cette solution de continuité soustrait le verre
aux effets de la chaleur subite de la flamme.

18

Si comme beaucoup de lampes de travail, comme les appareils Locatelli, vos lampes sont en cuivre poli, mettez une once de sel d'oseille par pinte d'eau douce, à peine tiède, lavez le cuivre avec cette eau, et passez-le ensuite au tripoli et blanc d'Espagne, pour bien nettoyer.

Indépendamment de ce nettoyage ordinaire, il est un nettoyage annuel bien important.

L'huile dépose dans les conduits une couche plus ou moins épaisse qui nuit à la pureté de la flamme. Pour retarder cet inconvénient, il est bon de n'employer jamais aux lampes soignées les fonds des cruches d'huile, mais on ne le prévient pas. Vous y remédierez en vidant, 1° toute l'huile contenue dans la lampe; 2° en introduisant de l'eau un peu chaude, et en l'agitant fortement dans le réservoir, dans les conduits, puis en la sortant par le bec. Il faut remettre de l'eau jusqu'à ce qu'elle soit pure. Il importe beaucoup de ne pas se servir de lessive, car elle détruirait les vernis.

Ces précautions vous dispenseront de vider complétement les lampes, et de cesser d'en faire usage pendant l'été.

Mais alors il faut nécessairement les allumer de temps à autre afin de renouveler l'air dans les conduits, et d'empêcher l'huile d'y former une sorte d'enduit résineux épais et tenace. Ce soin est surtout indispensable pour les lampes hydrostatiques dont les tuyaux sont longs et multipliés.

Le nettoyage des becs sinombres est difficile, à raison de leur construction à jour : il est presque impossible d'en extraire les émouchures; aussi de temps en temps il faut les enlever (ce qui est très-facile) et les faire tremper dans une eau chaude et savonneuse.

Il faut éviter soigneusement de tourner en les nettoyant, la colonne et le pied des lampes astrales, sinombres, etc. Ces lampes étant formées d'un grand nombre de pièces tenant à vis, elles se dévisseraient et la lampe perdrait tout agrément et toute solidité.

Quand une lampe de ce genre perd l'huile en dessous du pied, on doit bien la vider et couler au fond de la colonne assez de résine fondue pour qu'elle couvre complétement la surface par où l'huile s'échappait.

Les nouvelles lampes Locatelli (boulevard Mont-Martre, n° 14) sont réputées les plus économiques de toutes. Le temps n'a point encore permis de les apprécier complétement. Mais l'adoption de ce système d'éclairage par plusieurs grands établissemens, notamment par l'Opéra, doit encourager à l'essayer.

Je joins à ces indications un tableau dressé par M. Peclet, pour comparer la dépense des différens éclairages.

COMPARAISON

DES DIVERS ÉCLAIRAGES SOUS LE RAPPORT ÉCONOMIQUE.

NATURE de L'ÉCLAIRAGE.	Quantité de combustible nécessaire pour fournir une lumière égale à celle d'une lampe à mouvement, brûlant 42 gr. d'h.° par heure.	PRIX du KILOGRAMME.	DÉPENSE par HEURE.
	gr.	fr. c.	fr. c.
Chandelle de 6.	70 35	1 40	« 098
Chandelle de 8.	85 92	1 40	« 120
Chandelle économique de 6. . . .	98 93	2 40	« 237
Bougie de cire de 5.	64 04	7 60	« 486
Bougie de blanc de baleine de 5. .	61 94		« 478
Bougie d'acide stéarique de 5. . .	65 24	760.	« 478
Lampe à mouvement d'horlogerie.	42 »	6	« 371
Lampe à mèche plate, à réserv. sup. et à chem.	88 »		« 058
Lampe astrale, bec en fer blanc. . .	86 16		« 123
Lampe sinombre, réserv. annulaire, bec n° 1.	50 58		« 220
			« 070

Lampe sinombre, réserv. supérieur, bec n° 4.	« 0 90		43 90
Lampe à réserv. supérieur, bec en fer-blanc.	« 0 66		47 77
Lampe de Gérard, bec en fer-blanc.	« 1 76	1 40	54 52
Lampe hydrostatique de Thilorier, bec n° 1.	« 0 66		47 50
Lampe hydrostatique de Thilorier, bec n° 2.	« 0 64		45 76
Lampe hydrostatique de Thilorier, bec n° 3.	« 0 59		42 46
Lampe hydrostatique de Thilorier, bec n° 4.	« 0 53		35 65
Gaz de la houille.	« 0 39	5 c. les 156 litres.	107 litres.
Gaz de l'huile.	« 0 39	5 c. les 38 litres.	30 litres.

Ne souffrez point que les domestiques mettent les chandeliers à nettoyer sur les charbons ou sur la cendre chaude devant le feu : rien ne les gâte autant et ne produit une plus mauvaise odeur. Nous en parlerons à l'article des nettoyages. Vous aurez sans doute pour la cuisine des chandeliers à ressorts qui relèvent la chandelle jusqu'à la fin ; alors il est inutile de vous parler des *brûle-suif*, sorte de petite bobèche en fer-blanc, surmontée de trois pointes, sur lesquelles on place le bout de suif à brûler, de manière qu'il ne s'en perde point. Si vous avez des chandeliers sans ressorts, il ne faut point le négliger.

On ne met plus du tout au bas des chandelles ou bougies ces papiers découpés, d'un assez joli effet, mais qui devenaient bien incommodes lorsque la flamme les gagnait.

Il ne me reste qu'à vous recommander d'introduire chez vous l'usage des veilleuses et des briquets phosphoriques, afin d'avoir de la lumière à tout moment, et d'éviter, par cette simple précaution, les accidens les plus terribles. Les briquets phosphoriques peuvent, à la rigueur, tenir lieu des veilleuses, et je vous engage à en avoir un dans chaque chambre à coucher, la nuit, ainsi que des allumettes, auprès de la chandelle éteinte. Les briquets que je crois préférables à tous autres, sont enfermés dans un tuyau de plomb ; on se sert d'allumettes ordinaires, qu'on enfonce seulement dans le tuyau. Si elles tardent à prendre, ce qui est bien rare, on souffle le dessus. Ce briquet, qui sert un an, doit être tenu bien fermé ; il se vend quinze sous, rue Beaubourg, n° 34, chez le sieur Naigeon, son inventeur. Ce serait vouloir perdre son temps et sa peine que d'avoir maintenant un ancien briquet à amadou.

Depuis que M. Sauvage a inventé *le compteur pour le gaz*, qui permet de mesurer exactement la quantité que l'on en consomme, je vous engage, si vous avez une vaste maison, à faire usage de ce mode d'éclairage si brillant, si économique, et qui demande si peu de soin.

CHAPITRE XVII.

Chauffage. — Provisions de bois de charbon. — Economies mal entendues à éviter. — Manière de bien faire le feu. — Diverses modes de chauffages. — Moyens d'écarter la fumée. — Appareils économiques de M. MILLET contre la fumée. — Calorifères. — Cheminées-calorifères. — Ramonage à la perche, au fagot. — Poéle-fourneau. — Manière d'éteindre promptement les feux de cheminées.

Lorsqu'une maîtresse de maison néglige de veiller au chauffage et de le gouverner comme il faut, c'est une source de dépense et de désagrémens. Le premier soin à prendre est celui des provisions de combustible : c'est aux mois de juillet et d'août qu'il convient de faire ces provisions, pour que le bois ait le temps de sécher. Prenez les deux tiers du bois nécessaire pour l'année en bois neuf de chêne ou d'orme, un demi-tiers en bois de gravier ou flotté, et le reste en bois de hêtre ou de charme, qui brûle très-vite, et sera toujours placé devant le feu. Il est bon aussi d'avoir un peu de fagot pour allumer promptement. Vous calculerez la quantité de bois qu'exige le nombre de feux de votre maison, et vous en prendrez un peu plus qu'il n'en faut, parce que l'hiver peut être plus rude ou plus prolongé qu'à l'ordinaire, et qu'il est important de ne point se trouver à court, le bois et le transport augmentant de prix à l'époque des grands froids. Choisissez votre bois d'après la nature de votre chauffage ; il va sans dire que pour des poêles, des cheminées dites à la prussienne, il doit être petit. Néanmoins, en cette circonstance même, vous pouvez prendre de gros bois, qui fournit toujours beaucoup plus de chaleur ; mais vous aurez alors soin de le faire fendre après qu'il sera scié, et avant d'être rangé, car rien n'est plus incommode que d'avoir de trop gros bois : il faut finir par le faire fendre : c'est un embarras désagréable et, de plus, coûteux. Prévenez toute chose de ce genre ; car en ménage les petites contrariétés, les légères dépenses, se répétant sans cesse, terminent par être un tourment et par produire une grosse somme. Faites donc ranger votre bois séparément d'après ses diverses longueurs et grosseurs, afin que lorsqu'on voudra prendre une grosse bûche pour mettre au fond de la cheminée, on ne soit point obligé d'en déranger six, et même plus.

Autant que vous le pourrez, ne faites point ranger votre bois à la cave : cela le maintient humide, fatigue les domestiques, les force souvent à l'aller chercher avec de la lumière, quoique ce dernier inconvénient soit facile à éviter. Lorsqu'on habite Paris, des bouges, des cabinets noirs, d'autres dégagemens selon les localités ; en province, des hangars, sont ce qu'il y a de mieux pour ranger le bois. Mais, relativement à ce dernier cas, si vous élevez de la volaille dans la cour où s'élèvent vos hangars, ayez soin qu'ils soient fermés d'une porte à claire-voie grossière, parce que les volailles, surtout les dindons, ont beaucoup de goût pour y aller percher, et les bûches sont toutes salies de leur fiente. Au reste, de quelque manière que vous fassiez ranger votre bois, ayez, soit dans l'antichambre, soit dans les corridors, soit dans des cabinets voisins de chaque chambre à feu, des coffres que vous ferez remplir de bois, afin de pouvoir, au besoin, prendre votre bois vous-même, et de n'être pas obligé de sonner un domestique, et d'attendre à chaque bûche dont vous aurez besoin.

Le fagot que vous emploierez sera coupé et disposé en très-petit tas, afin qu'on n'en brûle pas plus qu'il n'est nécessaire, ce qui arrive lorsqu'il est trop alongé, surtout au feu de la cuisine. Pour allumer le feu des appartemens, il n'est rien de meilleur que des *fumerons*, que l'on vend à Paris à raison de 2 fr. 50 cent. le grand sac. Le fagot n'est, à proprement parler, bon que pour les feux clairs qu'exigent les fritures, les étuvées, etc. Je vous conseille d'avoir pour cet objet du sarment, des copeaux, que les vignerons et menuisiers donnent à très-vil prix.

Provision de charbon.

Le charbon est un article de provision indispensable, important. Veillez à son choix, car souvent il est mêlé de *fumerons*. Prenez de celui de l'Yonne, réputé le meilleur; qu'il soit bien gros, sec, résonnant; placez-le au grenier, dans de grandes caisses couvertes pour qu'il ne tombe rien dedans, et pour que les chats n'aillent point le salir, ce qui produit ensuite une odeur infecte en brûlant. Calculez ce qu'il faut de charbon par semaine à la cuisine, et donnez la portion hebdomadaire chaque lundi. Il est probable qu'une foule de circonstances (comme la nature de certains plats, quelques personnes à dîner, des bouillons, tisanes, bains de pieds, etc., à faire chauffer) vous mettront quelquefois dans la nécessité d'ajouter un supplément; mais ne l'accordez jamais sans connaître bien les motifs qui le déterminent. Calculez aussi le charbon nécessaire aux repassages, et distribuez-le de la même façon.

Dans le chauffage, comme en toutes choses, il faut se se défier des économies mal entendues. Rangez sous cette dénomination l'emploi des bûches avec de l'argile mélangée de charbon de terre, ainsi que les *briquettes* de même composition : les premières se placent au fond de la cheminée avec une ou deux petites bûches de bois devant, et les secondes en guise de tisons lorsque le feu est allumé. On passe beaucoup de temps à faire prendre le feu ; il s'éteint vite, et quelque soin qu'on en prenne, il ne donne point de chaleur. Le coke, charbon de terre qui a servi au gaz hydrogène, et qui, par conséquent, a perdu de son odeur et de sa chaleur, ne peut convenir qu'avec une cheminée garnie d'un gril spécial pour empêcher la fumée. L'usage de mélanger le coke avec le bois dans les cheminées ordinaires est une détestable invention. L'usage des *mottes* est encore une mauvaise économie, car ce combustible passe rapidement, et produit de l'odeur. Du reste, on ne peut se servir de mottes dans une maison tant soit peu distinguée. La meilleure, la seule économie possible en ce genre, est peut-être dans la manière de préparer le feu, et surtout dans la construction des cheminées.

Pour qu'une cheminée reflette bien la chaleur, il importe qu'elle soit étroite dans le fond, élargie sur le devant, légèrement étroite et basse. D'après cette disposition, on fait scier pour le fond le plus gros bois, et on y enterre bien une bûche, de manière à ce qu'il n'y ait de découvert que le côté du devant. Afin d'avancer le feu, de conserver la chaleur, et de rendre la combustion de cette grosse bûche plus lente, on donne de la consistance aux cendres, en les humectant d'eau journellement ; alors elles deviennent tellement compactes, qu'au bout de quelque temps elles pourraient au besoin remplacer la grosse bûche. Il y a une quinzaine d'années que l'on se servait d'une bûche creuse en fonte que l'on remplissait de charbons ardens et couvrait de cendres ; elle remplaçait la bûche du fond et donnait beaucoup de chaleur ; mais son usage apportait un peu d'embarras. Au reste, la bûche du fond ne doit point se déranger ; on entretient le feu en renouvelant la bûche de devant. La première peut durer deux jours : lorsqu'elle forme deux gros tisons, on les croise en les recouvrant à demi de cendres.

Quoi qu'il en soit, quand la bûche du fond est bien enterrée, on place devant elle une autre bûche plus longue et moins grosse pour supporter les tisons, ou une troisième bûche plus petite encore. Une barre de fer, placée transversalement, maintient le tout et soutient les tisons. Le feu se place toujours par-dessus. Lors même que l'on n'adopterait pas la bonne habitude de lier les cendres, on doit en avoir abondamment, parce qu'elles conservent le feu et augmentent la chaleur; bien entendu qu'elles seront contenues par le cendrier ou garde-cendres, car rien n'est plus malpropre que de les laisser s'échapper du foyer.

Porte-pincettes, ou croissant mobile.

Il semble inutile d'abord de parler des pelles et pincettes; cependant il faut dire que leur élégance doit être assortie à celle de l'appartement. Elles sont d'acier plus ou moins poli, et portent sur la poignée un ornement doré ou bronzé qui représente une lyre, une couronne, une fleur, boule, etc. Quand par parenthèse cet ornement se dévisse (ce qui arrive assez souvent), il faut entourer la vis d'une très-petite bandelette de toile fine, bien imbibée d'une dissolution de colle-forte, et visser l'ornement dessus, en appuyant fortement. J'ai raccommodé ainsi le mieux du monde des objets que pour ce motif on avait laissés là.

Dans une chambre à coucher, de jolis croissans à grosse boule dorés ou bronzés suffisent, mais dans un salon élégant, il faut un *porte-feux, porte-pincettes ou croissant mobile.* C'est un instrument formé d'un double croissant porté sur une tige de fer, dont le pied supporte la partie inférieure de la pelle et pincette, on le pose au-dehors de la cheminée. Il a de la ressemblance avec le *porte-parapluie.*

Tout le monde sait qu'outre les cheminées ordinaires, on a les poêles et les cheminées portatives. Les premiers offrent beaucoup de variétés. Viennent d'abord les grands poêles, ordinairement carrés, à dessus de marbre et à bouches de chaleur, que l'on peut placer

dans la muraille, de manière à ce qu'ils chauffent entièrement à huit heures du matin, et ayant soin d'éviter
les courans d'air; ils produisent une température douce
jusqu'à trois heures de l'après-midi environ; on les
chauffe une seconde fois pour conserver cette température pendant le reste du jour. Les poêles de seconde
qualité sont les poêles cylindriques à colonnes, sans
bouches de chaleur. La troisième espèce sont les poêles
à four, assez économiques, mais qui produisent de l'o-
deur lorsqu'on y fait cuire des viandes ou des légumes,
et qui, ne conservant point la chaleur, veulent être en-
tretenus presque continuellement, d'où il suit que leur
chaleur est ardente, malsaine, met la tête en feu et
laisse les pieds glacés (ce qui est si contraire aux plus
importantes lois de l'hygiène). Je ne parle point des
poêles de fonte, qui ont ces inconvéniens au plus haut
degré.

Depuis peu de temps on fait usage, chez les com-
merçans, des poêles *à pompe*. Ces poêles n'ont ni tuyau
ni colonnes; la fumée s'échappe par des conduits sou-
terrains, et pour les allumer il faut faire du feu dans
une chambre correspondante. La pose en est coûteuse
(un poêle assez grand coûte 500 francs tout posé), et
l'emploi assujettissant; mais comme il n'y a jamais un
atóme de fumée, c'est d'un avantage inappréciable pour
les marchands.

Afin de ne rien omettre, je ferai mention des poêles
à braise, sorte de réchaud de faïence en forme d'urne,
roulant à volonté, et fait pour recevoir de la braise de
boulanger enflammée. C'est non seulement un chauffage
malsain, mais fort dangereux.

Autant que vous le pourrez, préférez les cheminées
à la prussienne; elles réunissent les avantages particuliers des cheminées ordinaires et des poêles : en les ouvrant, on a le chauffage des premières, on voit le feu,
on peut y faire chauffer diverses cafetières (ce qui les
rend propres à être mises dans une chambre de malade); en les fermant, on a le chauffage des seconds.

Les prix en sont très-variés : il y en a depuis 30 jusqu'à 200 fr.

Calorifère.

Le nouveau *calorifère*, propre à brûler de la houille,
produit le chauffage le plus économique et le plus fort.
Il ne répand aucune odeur, mais il pourrait avoir le
désagrément de laisser échapper quelques portions de
braise. Ce défaut, auquel il est si facile de remédier
en donnant à la circonférence de l'ouverture un rebord
saillant d'un à deux pouces, ne doit pas empêcher l'essai d'un instrument précieux, que l'expérience, dégagée
de toute prévention, m'engage à recommander. On
trouve le calorifère chez tous les marchands de poêles,
cheminées prussiennes, etc.

J'emprunte à M. Aristide Vincent, l'un des rédac-
teurs du *Journal des Connaissances usuelles*, les réflexions suivantes, et l'indication d'une cheminée qui
paraît avoir les avantages du calorifère.

Observations sur le chauffage des appartemens à che-minées-calorifères.

D'après la statistique de Paris, la consommation
en combustibles a été pendant les années 1822, 1823
et 1824, moyennant de

Bois dur,	905 140 st.	à 15 f. le st.	16,000,500 f.
Bois blanc,	161 560 id.		
Fagots,	3 865 450	à 20 f. le c.	773,090
Ch. de b.	1 033 559 hect.	à 4 f. 50 c.	4,651,055
Ch. de t.	731 602 id.	à 4 f.	2,926,408

Total.   24,351,013 f.

Comme une partie de ces combustibles est employée
par l'industrie, je ne compterai pour le chauffage des
appartemens que le bois dur et le bois blanc, en tout
1,066,700 stères, valent 16 millions.

Examinons maintenant le pouvoir calorifique des divers appareils employés pour le chauffage des appartemens.

1°. Les cheminées ordinaires à foyer carré, mal faites, ne donnant que depuis la quatre centième partie de la chaleur produite par la combustion jusqu'à la deux centième partie.

2°. Les cheminées à la Rumford, à pans coupés, donnent de 5 à 7 pour 100 de la chaleur dégagée.

3°. Les cheminées à la Lhomond donnent 12 à . . . . 13 1/2 p. 100.

4°. Celles de Désarnod. . . . 16   idem.

5°. Le poêle de Curaudau. . . 25   idem.

6°. Le poêle de Désarnod. . . 33   idem.

7°. Le calorifère bien proportionné. 50   idem.

Le tout, en supposant le même poids de combustible brûlé dans chacun de ces appareils dans les mêmes circonstances.

Je ne crois pas qu'on se trompe beaucoup en disant que les cheminées ordinaires entrent pour moitié dans la consommation du combustible coûtant 16 millions; elles consomment donc 8,000,000 fr. de bois sur lesquels on ne profite guère que de 5 pour 100 au plus, ou 400,000 fr., donc 7,600,000 fr. s'échappent sous la forme de fumée.

Les autres appareils, dont le profit moyen est de 22 pour 100, donneront 1,760,000 f. utilisés et 6,240,000 convertis en fumée. Donc on ne profite réellement que de 143,999 stères, coûtant 2,160,000 f., et les 922,701 autres stères de bois coûtant 13,840,000 fr. ne produisent que de la fumée. Nous nous trouvons encore heureux lorsque cette fumée développée à si grands frais ne vient point nous incommoder.

Le chauffage des appartemens ne doit pas consister seulement dans la construction d'un foyer où le combustible brûle sans incommoder les habitans de fumée; il faut encore que la quantité de chaleur fournie par la combustion à l'appartement ne coûte pas trop cher, et il est bon d'en apprécier la quantité.

Or, la chaleur en se dégageant du combustible rayonne tout à l'entour, chauffe les corps rencontrés par les rayons calorifiques, l'air vient s'échauffer contre ces corps, car rappelons-nous bien que l'air ne peut s'échauffer que par son contact avec un corps chaud. La fumée forme une colonne ascendante, la vitesse d'ascension est assez ordinairement de 4 à 5 mètres par seconde. Le courant qui en résulte entraîne la plus grande partie de la chaleur qui aurait rayonné sans ce courant, de telle sorte que la chaleur rayonnante devient très-peu de chose. Pour s'en convaincre, je prie le lecteur de mettre un petit morceau de suif ou de cire au bout d'une épingle et de l'approcher de la flamme d'une bougie allumée; sur le côté de la flamme, il pourra l'approcher jusqu'à 3 lignes de la flamme, sans que le suif fonde, tandis qu'à 3 pouces au-dessus de la flamme le suif fondra. La chaleur est donc presque tout entière entraînée dans le tuyau de la cheminée par le courant de fumée.

Effectivement, une cheminée ordinaire ne donne par le rayonnement que 3 pour 100 de chaleur dégagée. Si l'intérieur du foyer est garni de matières polies, leurs surfaces réfléchiront plus de chaleur, ce sera la cheminée à la Lhomond; mais elle ne donnera jamais qu'environ 12 pour 100 de la chaleur dégagée; le reste montera dans le tuyau. Il faut donc chercher un autre moyen de chauffage plus avantageux.

Les métaux sont très-bons conducteurs du calorique; ils s'en emparent et s'en désaisissent promptement, et sont des espèces de crible pour la chaleur. Les pierres, les briques, les terres sont de mauvais conducteurs.

L'illustre Franklin profita de cette propriété des métaux pour faire des foyers à parois métalliques isolées, qui donnent 16 pour 100 de la chaleur dégagée au foyer. Ces foyers portent le nom de cheminées à la Désarnod. Le poéle métallique de Désarnod donne 33 pour 100.

Tous ces appareils ne sont pas aussi bons qu'on peut les faire, cela tient à ce que les métaux ne peuvent y être dépouillés de leur chaleur que par de l'air immobile, tandis qu'il faudrait qu'un courant d'air froid frottât sans cesse dessus ; il enlèverait d'autant plus de chaleur qu'il serait plus froid et qu'il serait renouvelé plus souvent. En effet, le calorifère qui est construit sur ces principes donne 50 pour 100 de chaleur dégagée, lorsqu'il est bien fait, et pourrait même donner plus dans certains cas favorables.

M. Clément, professeur de chimie industrielle, a eu l'heureuse idée d'appliquer la même disposition aux cheminées, et il a parfaitement réussi. J'ai fait exécuter 8 cheminées de cette espèce avec le plus grand succès, puisqu'elles donnent jusqu'à 30 pour 100 de la chaleur dégagée et pourraient même donner plus si l'on voulait dépenser davantage pour leur établissement. Je les nomme *cheminées calorifères*, à cause de leur similitude d'effet avec ce dernier appareil de chauffage. En voici la description.

Je commence par poser un âtre en fonte ou en forte tôle, à 3 pouces au-dessus du sol, j'établis un foyer métallique, de manière à ce qu'il reste un espace de 3 pouces entre ce nouveau foyer et l'ancien ; je surmonte ce foyer métallique d'un tuyau en fonte où en tôle, de 6 à 7 pouces de diamètre, montant jusqu'au-dessus du plafond de l'appartement ; je réserve tout autour de ce tuyau un espace vide de 1 ou 2 pouces. A la hauteur du plafond, je ferme soigneusement cet espace vide, et j'ouvre au-dessous de la corniche une bouche de chaleur de 6 pouces de diamètre. Au moyen d'une ventouse pratiquée sous le parquet ou le carreau, d'environ 6 pouces carrés, j'introduis de l'air du dehors sous l'âtre contre lequel il s'échauffe, il commence à s'élever en s'échauffant tout autour du foyer métallique qui est très-chaud, monte dans l'espace vide réservé autour du tuyau contre lequel il s'échauffe encore, et sort par la bouche que je lui ai ouverte.

On concevra aisément, en se rappelant les principes généraux que j'ai énoncés, que toutes les surfaces métalliques seront très-chaudes, que la différence de hauteur qui existe entre l'entrée de l'air et la sortie détermine une vitesse ascensionnelle assez grande ; l'air dépouillera donc les surfaces métalliques de leur chaleur, à mesure qu'elles en recevront de nouvelles, s'échauffera facilement, et sortira avec vitesse de la bouche à chaleur. J'aurai donc rattrapé une partie de la chaleur qui auparavant était perdue dans le tuyau de cheminée.

De plus, j'ai le grand avantage d'amener dans l'appartement une grande quantité d'air chaud, qui vient renouveler celui qui était vicié par le séjour des habitans. Nous avons vu que chaque kilogramme de bois exigeait pour sa combustion 10 mètres cubes d'air ; cet air est pris dans l'appartement, de sorte qu'il est de toute nécessité qu'il en entre pareille quantité par le dessous des portes et les imperfections des joints de croisées, ou bien le vide commencerait à se faire, la cheminée non seulement ne tirerait plus, mais l'air enfumé du tuyau rentrerait dans la chambre.

Avec la nouvelle cheminée, nous n'avons rien à craindre de tout cela, puisqu'une grande masse d'air chaud nous arrive continuellement pour alimenter la combustion. Si les portes et les fenêtres ne ferment pas bien, il n'entrera pas d'air froid, mais il sortira de l'air chaud ; si elles ferment bien, nous chaufferons parfaitement l'appartement avec beaucoup moins de bois.

Si l'on avait une pièce voisine à chauffer, on ouvrirait la bouche de chaleur pour cette pièce, et l'on chaufferait les deux à la fois. »

De la fumée. La bonne tenue des appartemens, le soin d'avoir des bourrelets aux extrémités inférieures et supérieures des chassis de croisées, des lisières, ou bourrelets à l'extérieur des portes. De grossiers paillassons devant la porte d'entrée principale, des nattes

de jonc devant chaque porte de chambre; quelquefois
une porte tombante bien rembourrée, des tapis plus
ou moins beaux, tout cela contribue beaucoup à préserver du froid, de l'humidité, et entretient le bien-
être à peu de frais. La maîtresse de maison ne négligera
point ces accessoires; mais elle prendra garde surtout,
et avant tout, à se garantir de la fumée, car c'est un
supplice, un dégât que nul motif ne peut faire endurer.
Quand on a le malheur d'avoir des cheminées qui fu-
ment, il faut ne se donner ni trêve ni relâche que le
mal ne soit réparé.

Mais appeler des fumistes est chose fort onéreuse;
ils font souvent des essais inutiles avant de connaître la
cause de la fumée, faute de pouvoir observer comme le
doivent faire les maîtres de la maison. On verra par les
détails suivans combien il est facile de déterminer soi-
même, et d'une manière efficace, le remède qu'il convient d'appliquer.

Franklin compte neuf causes de fumée :

1°. *Quand l'air extérieur manque pour faire tirer la
cheminée*, c'est-à-dire lorsque la chambre ne fournit
pas l'air nécessaire, parce qu'elle est exactement calfeu-
trée ; il faut alors pratiquer dans un carreau de la
partie supérieure des fenêtres une ventouse formée par
une lame de fer-blanc inclinée, ce que l'on nomme *vasistas;* ce nom est allemand, et vraisemblablement l'invention a la même origine. On place cette ventouse le
plus haut possible, parce qu'elle fait circuler l'air extérieur au plafond, et par conséquent ne diminue pas la
chaleur de la chambre. Depuis quelques années on met
à la petite ouverture du carreau une lame de fer-blanc
mobile, qui, tournant sur elle-même au moindre vent,
produit tout l'air extérieur nécessaire. Néanmoins, ces
deux moyens doivent être employés le plus rarement
possible, parce qu'ils sont toujours désagréables à l'œil.

2°. *Quand la cheminée n'a pas assez d'air, lors
même qu'il y aurait quelques ouvertures à la chambre,
soit comme portes, fenêtres mal jointes, soit une ven-*

touse ou vasistas, faites mettre au-devant en maçonnerie une plaque coloriée d'après la décoration de l'appartement, et par dessus une autre plaque moins large, à laquelle vous pratiquerez de place en place, des trous ronds qui conduiront l'air dans le tuyau..

3°. *Quand il y a un courant d'air contraire à celui de la cheminée.* Il arrive souvent qu'une porte située du côté de la cheminée produit un courant d'air qui chasse la fumée dans la chambre chaque fois que cette porte s'ouvre. Pour obvier à cet inconvénient, il faut faire usage d'un paravent, ou, mieux encore, faire changer les gonds de la porte, de manière à ce qu'elle ouvre tout différemment.

4°. *Quand le tuyau est trop court*, il faut faire placer, sur le faîte de la cheminée, un tuyau en tôle, plus ou moins long, adapté à celui de la cheminée, et surmonté d'un chapeau également en tôle. Tous les poêliers vous le prépareront.

5°. *Quand la cheminée est dominée par un édifice ou éminence quelconque*, employer le remède précédent.

6°. *Pour la cause contraire*, faire seulement placer un chapeau recourbé sur le haut de la cheminée.

7°. *Quand l'embouchure de la cheminée est trop grande dans la chambre*, resserrez-la graduellement avec des planches bien jointes, jusqu'à ce qu'il ne fume plus, et faites ensuite mettre à la place des planches des briques posées sur le côté, et revêtues de plâtre. Quelquefois il suffit d'exhausser le foyer.

8°. *Quand le tuyau de deux cheminées se courbe.* Dans les maisons mal construites, il arrive que pour faire servir un tuyau à deux cheminées, on le courbe, et que, par conséquent, l'une des deux manque d'air, ou bien a un tuyau trop court : il faut le faire allonger et procurer l'air nécessaire. Cette cause est d'autant plus désagréable que, lorsqu'on fait du feu dans une chambre, il fume dans l'autre, où cependant il n'y a pas de feu.

9°. *Quand une cheminée où l'on n'allume pas de feu se remplit de fumée.* Si vous éprouvez ce désagrément, observez si cela tient à la cheminée d'une chambre correspondante, et alors prenez les précautions nécessaires dans cette chambre. Il arrive quelquefois que le mal vient d'un appartement voisin. Souvent, aussi, une cheminée fume dans une armoire ou un cabinet : fermez-le bien exactement, recouvrez-le d'un enduit, d'un fort papier ; remédiez à la fumée par le moyen ordinaire, faites bien et souvent ramoner ; enfin ne négligez rien pour vous défaire de ce fléau domestique.

Appareil Millet.

On peut encore avoir recours aux appareils économiques à placer dans l'intérieur des cheminées, seul procédé contre la fumée, pour laquelle M. Millet a obtenu un brevet d'invention, passage Saulnier, n° 4 bis, faubourg Montmartre, à Paris.

Ces appareils sont portatifs, préservent de la fumée, offrent une grande économie de combustible, en le mettant presqu'en dehors de la cheminée, ou même tout-à-fait en dehors ; il en résulte une chaleur toute rayonnante, entièrement au profit de l'appartement. Ils sont en fonte, en tôle, en cuivre et en argent plaqué et aussi en marbre factice ; n'apportent aucun obstacle au ramonage, et présentent un moyen aussi sûr que prompt d'étouffer les feux de cheminées ; ils sont susceptibles de recevoir tout les ornemens et le luxe que l'on peut désirer. Ils se placent en moins d'une heure.

On trouve un grand assortiment de ces appareils à 50 fr. et au-dessus de ce prix. Ils ont été remarqués avec satisfaction à l'exposition de 1827.

La fumée des poêles est plus désagréable encore que celle des cheminées : pour la prévenir habituellement, ayez du bois court et un peu gros ; faites rapidement le feu ; ayez à demeure, sur le devant du poêle, un petit support en fer pour empêcher les bûches d'étouffer le feu ; mettez-les toujours sur un lit de braise, et ayez soin d'entretenir le feu en conséquence. Ne soufflez pas. Faites bien attention à ne jamais fermer la clé, c'est-à-dire la tourner horizontalement; que tout le bois soit consumé. N'entassez point le bois de manière à ce qu'il s'approche du haut du poêle, parce que la flamme frapperait la tôle et produirait une insupportable odeur de forge. Que les tuyaux de poêle soient parfaitement joints, principalement s'ils offrent des coudes, parce qu'il s'en échapperait une liqueur qui tacherait fortement les objets sur lesquels elle coulerait. Pour l'éviter, veillez à ce qu'en assemblant les tuyaux on fasse pénétrer chacun d'eux de quelques pouces dans celui qui est au-dessous. N'attendez pas que le poêle fume pour nettoyer les tuyaux et les ramoner avec un balai. Un poêle de faïence doit être fréquemment lavé avec une éponge humectée d'eau chaude.

Outre la méthode ordinaire de ramonage, on peut se servir du *ramonage à la perche et au fagot*. Le dernier convient aux cheminées à tuyau court, et par conséquent à celles des étages supérieurs. Voici la manière de procéder : un homme monté sur le toit prend une longue corde, et en fait tomber un long bout par la cheminée, sur le foyer. Placée à ce point, une autre personne attache ce bout de corde après un fagot d'épines, en le laissant tomber un peu. L'homme du toit tire alors; celui du foyer ensuite, et tous deux imitent les mouvemens des scieurs de long. Quant au ramonage à la perche, il a lieu de deux façons, tantôt on attache à une longue perche une raclette semblable a celle des ramoneurs, et un homme monté sur le toit introduit cette perche par la cheminée : il faut que celle-ci soit parfaitement droite, et l'obligation de monter sur le toit est un assujétissement; l'autre méthode en débarrasse. La perche est composée de plusieurs parties mobiles tenant entre elles par une cheville, à-peu-près comme la tête d'un compas ; la raclette se place à volonté à l'une ou à l'autre de ces parties. On voit de là combien il est facile d'introduire, du foyer, cette perche, qui se plie facilement, et de ramoner toutes les parties de la cheminée en faisant couler à volonté la raclette. Ces moyens sont indiqués dans le *Petit Fumiste* de M. Teyssèdre; ils sont surtout utiles à la campagne, lorsqu'on ne peut point avoir de ramoneur. Excepté dans la cuisine, où l'on est souvent forcé d'avoir les pieds froids, qu'il ne se trouve point de chauffe-pieds ou chaufferettes chez vous, cela étant extrêmement malsain, ayez un chauffe-pied de *fourrure* ou *chancelière* (cela coûte de 6 à 10 fr.), ou une *jorrine*, un moine de santé, sortes de chaufferettes qui donnent de la chaleur au moyen d'une lampe adaptée dans l'intérieur (1). On les trouve à Paris, chez un grand nombre de marchands, et surtout rue Sainte-Appoline. Les marchands de meubles, en province, en ont aussi.

Nous avons dit qu'il ne faut y faire du feu dans la cheminée que pour les plats qui demandent un feu clair, comme les étuvées, les fritures, etc. : encore peut-on faire les dernières sur le fourneau. Ne négligez pas ce conseil, car c'est à la cuisine que se consomme, à raison du gaspillage, le plus de bois. Mais pour que vos domestiques soient tenus chaudement, faites-y placer en hiver un *poêle-fourneau*, entouré de coussins allongés et grossiers, à peu près comme on en voit dans l'hospice de la Charité, à Paris. Veillez à la manière dont ce poêle est entretenu. N'oubliez jamais que le devoir d'une maîtresse de maison est de dépenser modérément, convenablement, afin de rendre tout le monde heureux chez elle.

Ne souffrez jamais que l'on éteigne le charbon en le couvrant de cendres, mais exigez qu'on le mette dans un étouffoir, dont, au reste, vos fourneaux doivent être munis. Faites-vous rendre un compte exact du combustible. Il est très-bon d'habituer chacun de vos

---

(1) Les chausse-pieds dans lesquels on introduit de l'eau bouillante sont préférables. Ils forment chancelière ou tabouret.

domestiques à avoir un petit livret, où il marquera ce qui sera relatif à ses attributions.

Pour n'avoir jamais à redouter les suites d'un feu de cheminée, ayez toujours auprès de chacune du soufre en poudre, pour jeter dans le foyer au moment où le feu se déclare. On prend alors la précaution de placer un drap devant la cheminée. On trouve dans la *Bibliothèque Physico-Economique*, qu'il est très-avantageux d'ajouter au soufre du salpêtre en poudre, et du charbon de bois blanc pulvérisé. Il en faut une once sur huit onces de soufre. Ce mélange brûle plus promptement (1).

CHAPITRE XVIII.

Procédés de nettoyage. — Destruction des animaux nuisibles.—Moyens d'enlever les taches. — Réparations des objets.

Ce n'est point encore assez de faire chaque jour comme on dit *le ménage*, c'est-à-dire de balayer partout, de frotter, d'épousseter les meubles et les différens objets du mobilier, il faut encore que chaque semaine, chaque mois, chaque année, aient lieu des nettoyages particuliers. Mais avant d'indiquer dans quel ordre on doit les faire, je vais donner les divers procédés nécessaires à cet égard.

Moyen de garantir de la rouille le fer et l'acier.

Faites chauffer le métal à préserver jusqu'à ce qu'il brûle la main ; frottez-le alors avec de la cire vierge très-blanche. Chauffez-le une seconde fois de manière à faire disparaître cette cire, et frottez-le ensuite vivement avec un morceau de drap ou de cuir pour lui rendre son brillant. En remplissant tous les pores du

---

(1) Un *couvre-feu*, sorte de grand couvercle très-bombé, en tôle, est fort utile. Il éteint subitement le feu eu se plaçant sur le foyer au moyen d'une poignée.

métal, cette opération le rend inattaquable à la rouille, même quand il serait exposé à l'humidité.

Vernis pour préserver le fer et l'acier de la rouille.

On prend du vernis appelé vernis gras à l'huile, dont la base est la gomme copale; on choisit le plus blanc qu'on puisse trouver. On y mêle de l'essence de térébenthine bien rectifiée, depuis la moitié jusqu'aux quatre cinquièmes, suivant que l'on veut conserver plus ou moins aux pièces leur brillant métallique. Ce mélange se conserve sans altération, étant bien fermé.

Pour employer ce vernis, on prend un petit morceau d'éponge fine, lavée dans l'eau; on la lave ensuite dans l'essence de térébenthine pour en faire sortir l'eau. On met un peu de vernis dans un vase; on y trempe l'éponge jusqu'à ce qu'elle soit entièrement imbibée; on la presse ensuite entre les doigts, afin qu'il ne reste qu'une très-petite quantité de vernis. Dans cet état, on la passe légèrement sur la pièce, ayant soin de ne pas repasser lorsque l'essence est une fois évaporée, ce qui rendrait le vernis raboteux et d'une teinte inégale. On laisse sécher dans un lieu à l'abri de la poussière.

L'expérience a prouvé que des pièces ainsi vernissées, quoique frottées avec les mains et servant à des usages journaliers, conservent leur brillant métallique sans être atteintes de la plus légère tache de rouille.

Ce vernis s'applique également sur le cuivre, en suivant les mêmes préparations que pour le fer et l'acier. Il faut seulement avoir soin de ne pas l'employer au moment où le cuivre vient d'être poli. On le nettoie, on le laisse pendant un jour exposé à l'air; il prend une teinte qui approche de celle de l'or. On peut alors le vernir par le procédé ci-dessus indiqué. Il est à l'abri de tous les effets d'oxidation et conserve son poli avec sa couleur.

Papier à dérouiller.

On trouve difficilement ce papier dans les petites

villes, et par ce seul motif, je donne le moyen de le
préparer, car il vaudrait mieux l'acheter.

Imprégnez d'une forte dissolution de colle forte une
des surfaces d'une feuille de papier écrit ou non écrit, il
n'importe. Ayez d'autre part du verre, ou de la pierre-
ponce, ou du grès pilé. Après avoir tamisé, sur la
feuille encollée, une de ces poudres, recouvrez d'une
autre feuille de papier, sur laquelle vous passerez un
rouleau en appuyant avec force, afin que toutes les parties pulvérulentes adhèrent au papier. Vous donnerez
différens degrés de finesse aux poudres, selon que vous
voudrez donner au métal un poli plus au moins beau.

Méthode de M. Rey, pour nettoyer les cuivres dorés.

Préparez une eau de savon blanc ou noir, faites-la
bouillir et trempez-y les objets que vous voulez nettoyer ; frottez-les avec une brosse douce, une brosse à
dents, par exemple. Retirez les objets de l'eau savonneuse, après les avoir bien brossés ; plongez-les ensuite
dans de l'eau de rivière ou de fontaine en ébullition, et
brossez-les de nouveau, pour achever d'enlever la
crasse ou l'eau de savon dont ils pourraient être imprégnés. Mettez-les à l'air sans les essuyer. Lorsque les
pièces seront bien sèches, vous prendrez une peau de
gant, ou à son défaut un linge fin, et vous frotterez
bien les parties brunies qui reprennent ainsi tout leur
éclat. Il ne faut pas frotter les parties mates.

Nettoyage des cuivres.

Prenez eau. . . . . . . 4 onces.
        Acide sulfurique. . . 1
        Alun. . . . . . . 2 gros.

Pour entretenir seulement les objets propres, diminuez
la dose d'acide; augmentez-la, même double, s'ils sont
très-salis, et même, en ce cas, joignez à cette eau de la
brique pilée tamisée. D'ailleurs, versez de cette eau sur

20

un linge et frottez avec ce linge humide le cuivre qui devient bientôt très-brillant.

Nettoyage des cuivres vernis.

Ce vernis qui donne l'apparence de la dorure, s'altère par le frottement; il suffit, pour le nettoyer, de frotter délicatement les objets avec de l'eau tiède légèrement vinaigrée.

Nettoyage des bronzes dorés.

Si les bronzes des flambeaux, lampes, porte-allumettes et autres objets sont salis par l'huile, la graisse, la bougie ou autres corps gras, il faut les démonter s'il est possible, enlever soigneusement toutes les pièces qui ne sont que passées au vert, puis faire bouillir pendant un quart-d'heure, dans une lessive de cendre de bois. Si les ustensiles étaient fort salis, on pourrait ajouter une faible quantité de potasse; puis on les retire, on les essuie délicatement avec un linge fin ou bien une brosse douce, et on les passe dans la liqueur suivante :

Eau. . . . . 8 onces.
Acide nitrique. . . . . . 2 .
Sulfate d'alumine. . . . . 2 gros.

On retire chaque pièce avec précaution, puis on essuie légèrement avec un chiffon doux : on expose ensuite à l'action d'une chaleur légère.

Nettoyage des dorures de pendules.

Lorsque quelques taches paraissent sur ces ornemens (ce que les doreurs appellent *pousse du mercure*), chauffez la pièce légèrement, puis touchez-la, à l'aide d'un pinceau, avec de l'acide nitrique étendu d'eau par égale partie. Frottez doucement avec un linge fin; chauffez de nouveau, et remontez la pièce quand elle est sèche ; elle jouit alors de son éclat primitif. Plus elle est dorée légèrement, plus il faut agir avec précaution.

Procédé pour nettoyer les cadres dorés.

Les cadres dorés qui reçoivent toute la poussière des appartemens, sont fort sujéts à la retenir sur leurs moulures, ce qui altère leur brillant. Les doreurs sur bois emploient, pour nettoyer ces cadres, une eau de savon très-légère ; mais si l'opération n'est pas faite avec le plus grand soin et par des mains exercées, le cadre a bientôt perdu toute sa fraîcheur. Nous croyons donc utile de faire connaître le procédé suivant, mis en usage par un industriel distingué, qui nous l'a communiqué avec d'autant plus de plaisir qu'il est plus simple et plus certain dans son effet. Prenez : Blanc d'œuf 3 onc., eau de javelle une onc.; battez le tout ensemble et nettoyez les cadres avec une brosse douce trempée dans ce mélange. La dorure reprend immédiatement sa vivacité. Cette opération peut se répéter plusieurs fois avec succès sur la même dorure, chose difficile à obtenir par l'ancien procédé. Lorsque le cadre a été remis à neuf, il faut lui donner une nouvelle couche de vernis dont se servent les doreurs sur bois.

Nettoyage de l'argenterie et de la dorure.

Eau.	4 onces.
Carbonate de soude. . .	2 gros.
Alcool.	2 onces.
Blanc d'Espagne très-fin. .	1/2.

On met ce mélange sur l'objet avec un linge imbibé ; on laisse sécher, puis on nettoie avec un autre chiffon si les parties sont unies, ou une brosse, si elles sont carrelées et creuses. La crême de tartre en poudre fine nettoie parfaitement les galons d'argent. On s'en sert à l'aide d'une brosse douce qu'on passe légèrement sur les broderies. La crême de tartre, jetée en poudre très-fine à travers un petit sachet, et frottée ensuite très-délicatement, nettoie aussi fort bien les broderies en or.

Nettoyage de l'argenterie.

La ménagère soigneuse qui sert les œufs avec des cuillers de corne ou de buis, afin d'éviter la couleur noirâtre qu'ils donnent à l'argenterie, appréciera la méthode que je vais lui offrir.

Cette teinte est due à la présence du gaz de soufre exhalé des œufs, et se combinant avec l'argent (combinaison appelée par les chimistes *Sulfure d'argent.*) Partout où se trouve le soufre, l'argent en reçoit l'action; aussi la proximité des lieux d'aisance, des eaux sulfureuses, l'influence du fard blanc délétère, le peu de sulfure qui se trouve uni à une des parties de l'air, tout cela ternit, noircit l'argent. Nous savons bien que des pièces de ce métal, conservées dans un lieu habité, finissent par devenir toutes noires.

Pour rendre à l'argenterie son éclat, employez la suie mélangée de vinaigre, ou bien le sel d'oseille, la crème de tartre, l'alun pulvérisé, mêlés avec un peu d'eau.

La plus mince couche de gomme ou de résine préserve la surface de l'argent de cet inconvénient.

Entretien de l'argenterie.

Dissolvez de l'alun dans une forte lessive; écumez-le avec soin; ajoutez-y ensuite du savon, et lavez avec ce mélange les vases d'argent, en les frottant avec un linge. Ils acquerront ainsi beaucoup d'éclat.

Encaustique pour l'entretien des meubles.

Faites dissoudre à chaud six onces de cire jaune; ôtez la dissolution du feu, et ajoutez-y, en remuant bien, six onces d'essence de térébenthine. Si vous désirez un encaustique jaune, faites infuser préalablement, pendant

48 heures, du bois jaune dans l'essence, ou bien une pincée d'orcanette, si vous voulez un encaustique rouge. Pour les marbres, employez de la cire vierge. Fermez bien le vase pour empêcher l'évaporation. On étendra sur les meubles; on frottera bien ensuite avec une brosse dure, puis avec un chiffon de laine.

Encaustique à la potasse.

Faites dissoudre deux gros de bonne potasse dans de l'eau, qui après la dissolution doit avoir 4° à l'aréomètre de Beaumé. Prenez-en dix onces, dans lesquelles vous ferez fondre 5 onces de cire vierge, comme il vient d'être dit.

Etendez l'encaustique dans un peu d'eau, passez-le avec un pinceau sur le parquet. Laissez sécher, passez une brosse douce, et polissez avec du drap.

Cirage des parquets. — Eucaustique de Bachelier.

2 gros de sel de tartre,
10 onces d'eau de rivière,
5 gros et 1/2 de cire bien sèche, coupée en petits morceaux.

On met sur un feu doux. Le mélange ressemble bientôt à une eau savonneuse très-chargée. En refroidissant, il prend, à sa surface, la forme d'une crême épaisse. Le reste de la liqueur est plus fluide.

Mastic pour raccommoder les parquets.

Si un éclat s'enlève dans votre parquet et que quelques endroits soient brûlés, ou que les *artisons* en détériorent quelques parties, voici, soigneuse maîtresse de maison, le moyen de réparer ces accidens.

Colle de Flandre en dissolution de consistance légère,

Blanc d'Espagne, ou de Bougival, deux parties égu.

leur terreuse en poudre, selon le bois, *idem*; sciure du bois à raccommoder, quatre parties.

Faites à chaud un mélange exact, pour obtenir une pâte d'une consistance un peu forte ; placez-la dans les parties détériorées et laissez sécher.

Mastic pour raccommoder l'acajou.

Dissolution de colle de Flandre de moyenne consistance ; sanguine en poudre, quantité suffisante pour former le mastic. Si l'acajou est vieux, il faut brunir un peu cette composition, à l'aide du bleu en poudre et du noir de fumée. S'il s'agit d'un bois de noyer ou tout autre, on emploiera une couleur terreuse assortie. Ce mastic très-résistant convient pour les fissures, les trous de meubles. Il faut le dégrossir à la lime.

Moyen d'enlever les taches d'encre sur les parquets.

Si on veut enlever l'encre d'un parquet, on humecte la tache d'encre avec de l'eau chaude ; on frotte de nouveau avec un linge et de l'eau, puis on touche la tache avec l'acide que l'on étend au pinceau, et on frotte bien avec un torchon, afin que l'acide pénètre toute la partie tachée. Lorsqu'on voit que la liqueur a produit son effet, on lave plusieurs fois avec de l'eau.

Nettoyage des sculptures d'albâtre.

Pour l'opérer, on fait disparaître, avec l'essence de térébenthine, les taches de graisse, s'il s'en trouve ; ensuite on plonge la pièce dans l'eau, où elle doit rester assez long-temps pour être débarrassée de ses impuretés. Après l'avoir retirée, on frotte avec un pinceau bien sec, on la laisse sécher et on y passe du plâtre pulvérisé. De cette manière, la pièce sera parfaitement nettoyée et semblera sortir des mains du sculpteur.

Blanchiment des ouvrages en ivoire.

Lorsque la teinte jaune de l'ivoire est légère, qu'elle se montre en veines délicates et nuancées, loin d'être un défaut, c'est l'agrément qui distingue *l'ivoire rose*. Mais lorsque cette teinte est foncée, uniforme, il faut en débarrasser les objets par le procédé suivant :

Brossez-les avec de la pierre-ponce pilée très-fin et délayée dans l'eau ; placez-les immédiatement sous le verre, et répétez cette opération une seconde fois, s'il est nécessaire, en les exposant au soleil.

Les petits objets peuvent se blanchir en les exposant à la vapeur du soufre ; les gros courraient risque de se fendre.

Nettoyage des vases resserrés et profonds. (1)

N'avez-vous pas été quelquefois contrariée par la difficulté de nettoyer le fond des vases à déposer les fleurs, des théières, des pots à café, au lait, des cabarets en porcelaine, des flacons en cristal, enfin de tous les vases dans lesquels on ne peut faire entrer la main ? Cela vous est arrivé comme à moi, sans doute. Or donc, pour enlever d'une manière aussi prompte qu'efficace ce désagréable dépôt, il suffit de jeter dans le vase quelques gouttes d'acide hydrochlorique (esprit de sel marin) étendu d'eau. Le dépôt disparaît de suite, et le vase recouvre tout son éclat.

Moyen de nettoyer les carafes, flacons, etc.

On forme, avec du papier gris brouillard, des boules plus ou moins grosses, on les fait entrer dans le vase

_____

(1) Pour pouvoir vous servir d'un vase de porcelaine fêlé sans qu'il laisse échapper les liquides, frottez en dedans et en dehors tout le long de la fêlure avec une amande dont la substance grasse bouchera la fente.

qu'on veut nettoyer ; on y jette une eau de savon qu'on fait légèrement chauffer ; on agite fortement le vase, on le vide, et on finit par bien le rincer.

Nettoyages.

Chaque semaine. Frotter les parquets avec plus de soin. — Y mettre de la cire ou de l'encaustique si l'on a reçu beaucoup de monde, car autrement on peut attendre la quinzaine. — *Chaque mois.* Faire les pièces où l'on n'entre que rarement. — Secouer les rideaux, en les dégageant de leurs embrasses. — Promener la *tête de loup*, (araignoir arrondi en crin) sur les papiers et plafonds. Battre avec un fouet de laniéres de peau les tapis, les sparteries.

Chaque mois. Aux nettoyages de la semaine ajouter ceux-ci. Passer les meubles à l'encaustique. — Brosser les bordures veloutées des papiers. — Nettoyer les cristaux, flacons, etc. Partout où il y a des ciselures et des moulures, brosser, afin de bien pénétrer dans les interstices, et d'empêcher le blanc-d'Espagne ou la pâte de papier d'y séjourner.

On donne aussi le poli aux marbres au moyen d'un peu d'huile d'olive étendue avec une brosse destinée à cet usage, et en essuyant ensuite fortement avec des chiffons. L'emploi de l'encaustique est préférable. Les corbeilles, paniers délicats, en osier, sont savonnés dans plusieurs eaux auxquelles on ajoute un peu d'eau de javelle ou de chlorure de chaux. On dérange la vaisselle pour bien nettoyer l'intérieur du buffet, et ôter les miettes de pain que l'on ne doit point laisser perdre. Si l'on a de la volaille, des lapins, on les leur donnera dans du son.

Chaque printemps. Enlever les sparteries extérieures et les grands tapis, les battre. Brosser ces derniers et les bien envelopper de toile après les avoir roulés. — Dérouiller les feux ou les garde-cendres. — Gardefeux, etc., en nettoyer les parties d'acier et de cuivre,

— Envelopper ces objets de papier, après avoir garni les dorures délicates, de coton non filé. Les ranger dans un endroit bien sec. Envelopper ainsi les croissans pour les garantir de la pluie. Placer les devants de cheminée et les bien assujétir. Brosser de haut en bas les papiers veloutés. Nettoyer les vitres, verres bombés, vases de porcelaine, ainsi que les glaces. Pour rendre celles-ci bien brillantes, faites un léger lait de blanc-d'Espagne, passez-les dans un linge fin, ajoutez-y un peu de vinaigre, et frottez la glace avec une toile fine humectée de ce lait. Cela m'a réussi bien mieux que le nettoyage à l'esprit de vin. L'eau vinaigrée nettoie parfaitement les verres des tableaux.

Chaque hiver. — Il faut renouveler ces derniers nettoyages surtout si l'appartement reçoit beaucoup de poussière; sortir les feux, tapis, etc.; ranger les devants de cheminées. A l'époque où l'on cesse de faire du feu (dans les environs de Pâques), et à celle où on commence à en allumer (ordinairement à la mi-octobre, environ), il faut faire blanchir les housses de fauteuils, les rideaux de fenêtre et de lit. Si ces rideaux n'étaient pas d'étoffe qui se blanchit, il faudrait du moins les ôter des tringles pour les bien secouer à deux, en plein air, et les frotter avec une étoffe de laine en plusieurs doubles, afin d'en ôter la poussière et d'en conserver le brillant. On avise aussi au moyen d'enlever les taches s'il s'en trouve. On peut se dispenser de détendre les draperies; mais il importe aussi de les secouer avec la tête de loup. Il est indispensable de choisir un beau jour pour cette opération.

Comme il est bien plus fréquent de rencontrer des appartemens tendus de percale, jouy ou mousseline, je vais entretenir spécialement la maîtresse de maison de ce qu'elle doit faire pour ces deux blanchissages d'automne et de printemps. Si les draperies sont d'étoffe de couleur, elle n'aura qu'à remettre les rideaux dans leurs tringles, au retour du blanchissage; sinon, il lui faudra découdre tous les plis des draperies, parce que cette

partie se blanchirait mal, formerait de faux plis désa‑
gréables, et ne draperait pas comme il faut. Appeler
toujours un tapissier, est à la fois assujétissant et coû‑
teux; elle s'exercera donc à replacer ses draperies sans
son secours. Pour cela, si elle manque de goût, ou plu‑
tôt d'habitude, avant de livrer les morceaux au blan‑
chissage, elle en comptera les plis et mesurera les lar‑
geurs que présentent les diverses pièces, quand elles
sont en place. Elle conservera ces notes pour les con‑
sulter après le blanchissage, remettra exactement les
choses en état, les fixera avec des épingles dites *à tapis‑
sier*, épingles courtes et très-grosses, qui sont à moitié
clous, mais qui, pointues, ne peuvent déchirer. La mé‑
nagère n'aura pas pris ce soin trois fois, qu'elle n'aura
plus besoin de préparer des notes.

Tandis que l'on blanchit, il est désagréable d'être
dans une chambre entièrement dégarnie, et l'habitude
d'avoir des rideaux nuit alors au sommeil. Ayez des ri‑
deaux provisoires, en calicot extrêmement commun, et
de peu de durée, qui ne serviront qu'à cet objet. Avant
de remettre les rideaux et draperies, nettoyez à fond
tout l'appartement : il faut ordinairement un jour en‑
tier. S'il vous faut réparer quelque chose au papier de
l'appartement, l'occasion est favorable; il sera bien
aussi de choisir cette époque pour faire rebattre celui
des matelas de chaque lit qui n'aura point été battu
l'année précédente. Les couvertures de laine et de coton
doivent être secouées à plusieurs personnes, au grand
air, et lavées s'il s'y rencontre des taches. Ne souffrez
jamais que l'on se serve, pour repasser, des couvertures
de lits. Une fois par an, réparez ou faites réparer les
taches et écaillures des meubles.

J'ai donné force détails pour faire régner une pro‑
preté pleine d'économie et d'agrément chez la maîtresse
de maison; il s'agit maintenant de compléter à cet égard
mes instructions, en lui indiquant le moyen de conser‑
ver et réparer plusieurs objets exposés à la casse ou à
la détérioration. Mais avant tout, et pour n'avoir point

à donner des leçons inutiles, je l'engage fortement à s'abstenir d'avoir des animaux, car il est impossible de rien conserver de propre avec eux, à moins que de les tenir dans une contrainte qui les rend malheureux et leur ôte toute leur gentillesse, ou de les veiller sans relâche, et encore n'y parvient-on pas. C'est se donner gratuitement un ennuyeux assujétissement, se préparer des impatiences, fournir aux domestiques un prétexte de malpropreté, s'astreindre à une dépense journalière qui à la fin de l'année ne laisse pas d'avoir son importance, et enfin, habituer les enfans à la tyrannie ou à l'envie. A moins donc que son mari ne le désire (ce qui n'est guère probable), la maîtresse de maison n'aura ni oiseaux, ni chien, ni chat surtout, à moins qu'elle n'habite la campagne.

Le premier soin qu'il convient de prendre pour empêcher la détérioration des effets, et plus encore celle de votre santé, c'est d'éloigner l'humidité de votre habitation (1). Vous y parviendrez, 1° en choisissant un logement exposé au sud; 2° en faisant, si besoin est, appliquer sur les murailles du poussier de charbon; 3° en garnissant bien votre palier et votre antichambre, ou entrée intérieure du logis, de sparteries. La première sera un grand tapis de paille tressée, qu'il faudra faire sécher lorsqu'il sera trop humide, et laver lorsqu'il sera trop boueux : aussi convient-il d'en avoir un ou deux de rechange; l'autre sera en jonc : moins exposé que le précédent, il demande moins de soins; toutefois il est bon de lui donner un soutien.

Tenez-vous aussi en garde contre la chaleur, et le

_____

(1) Pour l'assainissement des salles basses et humides, ayez recours à l'hydrofuge composé d'huile de lin lithargée. Plus d'indications seraient superflues. Le travail est tel qu'il faut avoir recours à un habile ouvrier.

soleil trop ardent, car les draperies, le papier de tenture perdent leurs couleurs, les meubles s'écaillent et l'appartement entier se ternit. Je ne saurais trop vous recommander d'avoir des jalousies, qu'il est facile de réparer soi-même, en remettant exactement des morceaux de ruban de fil écru aux morceaux usés du léger suspensoire des planchettes. Il vaut cependant infiniment mieux qu'elles soient montées sur de gros fils de fer. Dans les chambres des enfans et des bonnes, remplacez-les par des rideaux en percaline verte, sans plis, placés à l'extérieur, et terminés par un rouleau de bois noir, comme les cartes géographiques. On les fixe à l'autre extrémité, au moyen d'une tringle dont les bouts entrent dans des pitons. Cette extrémité du rideau est tenue fixement sur la longueur de la tringle. Ces jalousies économiques, dont j'ai fait avantageusement usage, produisent une fraîcheur et un demi-jour analogue à celui des véritables jalousies. Pour les ôter, on les enlève des pitons, et on les roule dans un coin de l'appartement; mais il serait facile de se dispenser de cet assujettissement, en les relevant par des doubles cordes passées dans une double rangée de trous latéraux.

Il faut de temps en temps graisser la poulie des jalousies perfectionnées (à fil de fer) et savonner à sec la corde qui s'enroule en haut.

Destruction des animaux nuisibles.

Les housses mises en été contribuent au développement des mittes. Un soin important à prendre c'est de préserver les meubles en laine des vers. En battant et frottant très-souvent les fauteuils, canapés, causeuses, en les changeant de place, en plaçant sous leurs coussins de la menthe et autres herbes aromatiques, enfin, en veillant à leur fabrication, on n'a rien à redouter de ces insectes destructeurs. Quant au dernier point, il faut veiller à ce que le tapissier enduise légèrement, avec une brosse, la contre-toile et les sangles d'encaustique préparé avec de la cire jaune et de la térébenthine, dans lequel on fait aussi dissoudre un peu de camphre.

Les souris sont des ennemis non moins nuisibles; mais une souricière, quelques feuilles de menthe placées sur les objets de leur friandise, des petits morceaux d'éponge usée, humectés d'eau gommée et roulés dans du sucre en poudre mêlé d'un centième d'arsenic suffisent pour vous en délivrer en peu de jours sans le d'un chat.

On recommande à cet égard le procédé suivant :

Moyen de détruire les souris.

Mettez sur une ardoise ou sur une tuile, dans les endroits où vous jugez qu'il y a des souris, deux cuillerées de farine de seigle grillée, que vous aurez soin d'étendre uniformément pour mieux vous apercevoir si ces animaux y ont touché. Renouvelez pendant deux ou trois jours cette pâture, qu'elles ne manqueront pas de venir manger, à moins d'être dérangées; arrosez ensuite votre farine avec quelques gouttes d'huile d'anis, et continuez à leur servir cet appât encore deux ou trois jours; le quatrième jour vous ne leur en donnerez que la moitié; et enfin le cinquième jour vous leur donnerez la composition que voici :

Pour quatre onces de la même farine, parfumée avec six gouttes d'huile d'anis, vous mettez une demi-once de carbonate de baryte, bien pulvérisée en mortier, et passé au tamis fin de mousseline. Vous mêlerez le tout et le déposerez comme les jours précédens, sur vos ardoises, que vous abandonnerez aux souris pendant vingt-quatre heures. Peu d'heures après qu'elles auront mangé de cette composition, vous en verrez courir quelques-unes çà et là, comme ivres ou attaquées de convulsions, et toutes enfin se retirer dans leur trou et y mourir. Comme les rats ont beaucoup de sagacité, il convient de leur laisser l'appât deux jours de suite quand ils en ont déjà mangé un peu.

Il n'est pas moins nécessaire de tenir fermées les portes des chambres où l'on aura placé cet appât, et pendant tout le temps qu'il y reste, soit pour que les rats et les souris ne soient pas dérangés, pour empêcher les autres animaux de s'empoisonner, quoique cette composition ne soit pas plus dangereuse que toutes celles qu'on emploie ordinairement pour tuer les souris, il y aurait toujours à en craindre de fâcheux effets.

Procédés contre les mouches. — Les fourmis, etc.

Ces insectes sont presque un fléau pour la maîtresse de maison. Ils gâtent, souillent sans relâche les plus brillantes parties du mobilier, et je connais bien des dames qui sans oser l'avouer, se mettent en colère contre les mouches. Pour éviter et cette colère et leurs dégâts, mettez un peu d'huile de laurier, de place en place, à l'aide d'un léger pinceau, sur l'épaisseur des cadres dorés. L'odeur de cette huile aromatique, quoique assez forte, n'est pas incommode, et l'on s'y accoutume aisément.

Il n'est pas rare de voir des cordons de fourmis aboutir d'un jardin dans le buffet ou l'office, et pénétrer dans le sucrier, les pots de confitures, ce qui est importun et dégoûtant. Mettez du tabac à fumer en petits morceaux, et vous en serez promptement débarrassé. On dit que ce procédé est encore fort bon pour écarter les puces, les mouches et les punaises; il faut ainsi nous en délivrer.

Préparation bour détruire les punaises.

Eau distillée.	2 livres.
Essence de térébenthine. .	*idem.*
Esprit de vin.	*idem.*
Sublimé corrosif.	1 once et 1/2.

Collage des papiers pour détruire les punaises.

Le procédé précédent est l'un des plus certains pour se délivrer des punaises, mais il est coûteux, et c'est d'ailleurs un poison dangereux qui réclame l'attention la plus sévère de la maîtresse de maison. Celui-ci est moins grave, moins dispendieux, et doit toujours se pratiquer de préférence lorsqu'il s'agit de poser un papier dans une chambre infectée de punaises. L'autre méthode convient lorsqu'on veut ménager la tenture.

Pour une chambre de dix pieds de hauteur sur quinze de largeur et de longueur, une livre de colle de Flandre, que l'on humecte légèrement. Une heure après, on la met devant le feu avec trois chopines d'eau ; on y joint huit onces de térébenthine, et on la laisse cuire pendant une demi-heure, en la remuant continuellement. Lorsque la térébenthine est entièrement dissoute, on enduit les murs de deux ou trois couches de cette colle à chaud.

On prend ensuite, pour coller le papier, de la colle de farine, dans laquelle on fait encore dissoudre au feu de la térébenthine, dans la proportion de cinq ou six onces par livre de colle, ayant toujours le soin de bien la remuer, sans quoi la térébenthine tacherait le papier si elle n'était pas bien dissoute dans la colle.

Aux moyens de préservation et de conservation, ajoutons ceux de réparation. D'abord les *taches*, soit simples, soit composées, que je vous engage à enlever de suite au savonnage, ce qui réussit presque toujours quand la tache est récente, ou du moins l'affaiblit tellement, qu'elle cède ensuite avec la plus grande facilité.

Procédés pour enlever les taches.

Les taches sont une des contrariétés domestiques les plus fréquentes. Que de craintes éprouve un pauvre enfant, dont la robe neuve est tachée ! Que de contraintes souffre une jeune conviée, dont le schâl est souillé de graisse par la maladresse d'un domestique étranger. Impossible de se plaindre, de paraître même y songer ! Et sans cesse dans sa pensée revient, avec tous les commentaires de l'impatience, *c'est un schal perdu !*

Nous allons délivrer la maîtresse de maison de cet ennui.

Les taches sont grasses et huileuses, ou résineuses, ou elles sont produites par les acides, par les alcalis ou l'urine, par l'encre, la poix, le goudron, le cambouis, etc.

1°. Les taches graisseuses s'enlèvent soit par le savon ou l'eau chargé d'alcali, quand il s'agit d'étoffes qui peuvent se laver; on peut encore employer le fiel de bœuf, purifié ou non purifié : l'essence de térébenthine et l'éther peuvent également dissoudre les taches des estampes et des livres. L'éther et l'essence de citron conviennent très-bien pour les étoffes délicates.

On doit préférer l'emploi des terres absorbantes ou alumineuses, comme la terre à foulon, l'argile, la craie, la chaux éteinte, etc., quand l'on altère la couleur de l'étoffe.

2°. Les résines et la cire s'enlèvent facilement au moyen de l'alcool plus ou moins rectifié.

3°. Les taches d'acide rongent le plus souvent les couleurs; on est alors obligé de peigner l'étoffe avec les chardons, et d'arracher les poils de l'étoffe décolorée. Les savons et les alcalis ramènent rarement les couleurs à leur état primitif.

4°. Les taches par l'urine et les alcalis s'enlèvent à l'aide des acides végétaux, le vinaigre, le suc de citron, le tartre, le sel d'oseille.

5°. Fraîches, les taches d'encre ordinaire sur le linge s'enlèvent facilement au moyen de sel d'oseille; anciennes, elles exigent que ce sel soit dissous à chaud dans une cuiller d'étain pleine d'eau. Cette dissolution enlève aussi très-bien les taches de rouille sur le linge de fil et de coton. L'encre d'imprimeur , le cambouis, doivent d'abord être traités par le savon ordinaire ou ammoniacal, puis être lavés dans la dissolution de sel d'oseille ammoniacal.

6°. La poix, le goudron. les peintures à l'huile, se détachent au moyen d'huile volatile de térébenthine, L'alcool s'emploie aussi pour les premières.

7°. Les taches de fruits s'enlèvent avec la plus grande facilité avec du chlorure de soude, surtout après un savonnage. L'acide sulfureux produit le même effet, mais auparavant il faut essayer si ces agens ne peuvent nuire à la couleur de l'étoffe.

Essence à détacher parfumée.

3 litres esprit 3/6;
1 livre savon blanc;
1 livre fiel de bœuf;
1 once essence de citron;
2 onces essence de menthe.

Savon à détacher.

Faites dissoudre du savon blanc, sec, très-divisé, dans de bon alcool; broyez le mélange dans un mortier avec six jaunes d'œufs; ajoutez-y peu à peu l'essence de térébenthine, et lorsque la pâte sera bien pétrie, incorporez y de la terre à foulon très-divisée, pour donner la consistance convenable.

Pour faire usage de cette composition, humectez, avec de l'eau chaude, s'il est possible, l'étoffe tachée, et frottez dessus avec la savonnette. Puis avec la main, une éponge, ou bien une brosse fine, frottez, étendez entièrement ce savon. Il convient pour toutes les taches, excepté l'encre et la rouille.

Eau à détacher, ou nouvelle eau vestimentale, pour les taches graisseuses.

Essence de térébenthine pure. . . . 8 onces;
Alcool à 40°. . . . . ?

Ether sulfurique. . . . .   x once.

Mélangez et agitez bien à bouchon fermé. Si vous voulez masquer l'odeur de la térébenthine, ajoutez de l'essence de citron.

Pour vous servir de cette eau, placez l'étoffe à détacher sur plusieurs doubles de linge; imbibez-en la partie tachée de graisse, puis frottez légèrement avec un autre linge fin, jusqu'à ce que l'étoffe soit séchée et la tache enlevée. Si celle-ci était ancienne, vous devriez en chauffer un peu la place.

Eau pour dégraisser les étoffes de laine commune.

Mettez dans une terrine vernissée une bouteille d'eau tiède, un peu de savon blanc, une once de soude d'alicante pulvérisée. Le tout bien fondu, ajoutez-y deux cuillerées de fiel de bœuf, et un peu d'essence de lavande. Remuez bien, passez à travers un linge, et conservez en bouteille bien bouchée.

Pour en faire usage, mettez avec précaution quelques gouttes sur la tache; frottez avec une petite brosse; lavez ensuite à l'eau tiède l'endroit où était la tache, ou celui sur lequel la liqueur s'était étendue.

Objets décollés. Ne souffrez jamais des boîtes, cartons et autres articles de ce genre décollés; faites-les promptement recoudre proprement avec de gros fil, et recouvrir de papier collé. La colle suivante vous sera à cet égard d'une grande utilité.

Colle pour réparer les cartonnages.

Délayez de la farine de riz avec de l'eau froide, puis faites-la ensuite chauffer et bouillir jusqu'à ce qu'elle forme une pâte claire et blanche. A la Chine et au Japon on ne se sert pas d'autre colle. La maîtresse de maison l'emploiera pour réparer, pour préparer même de petites boîtes en cartonnage, des registres. Elle pourra lui donner la consistance du plâtre et en faire de petits bustes , des vases, des bas-reliefs, si elle a du goût pour le dessin. C'est un amusement dont elle devra tirer parti pour occuper ses enfans.

Objets cassés. C'est une des tribulations ordinaires en ménage, à laquelle on ne peut remédier en partie que par l'industrie et la patience, mais que le bon ordre et le goût de l'arrangement préviennent aux trois quarts. Ne faites point payer à vos domestiques ce qu'ils cassent, car rien ne les rend plus impertinens : si vous le pouvez, ne vous fâchez point, afin que votre douceur les rende plus soigneux; remplacez promptement l'objet cassé, et faites-leur voir que vous vous imposez des privations. Pour peu qu'ils aient d'attachement pour vous, cette conduite les fera veiller avec un soin minutieux et sévère à ne plus renouveler le dégât. Ne vous servez jamais d'objets cassés, car c'est le signe du désordre, et cela suffirait pour rendre vos domestiques négligens. Ne faites *brider*, c'est-à-dire raccommoder avec un fil de fer, que la vaisselle de terre, encore lorsqu'il s'agit de grands vases, comme terrines, qui coûtent assez à remplacer; autrement rejetez ce raccommodage, qui ne se joint jamais parfaitement, paraît toujours, et produit des protubérances qui déchirent les mains. Quand le vase cassé est en faïence fine, que le morceau détaché peut se rejoindre aisément, et que ce vase ne doit pas contenir des choses trop chaudes, on peut employer la colle forte pure. J'ai fait tenir solidement pendant quatre ans une tasse de porcelaine cassée; mais ce procédé ne réussit pas toujours, et le suivant est immanquable.

Ciment pour réunir les fragmens de la porcelaine, du verre, cristal.

A une once de mastic dissous dans une quantité suffisante d'esprit de vin très-rectifié, la maîtresse de maison pourra ajouter une once de colle de poisson, d'abord tout-à-fait amollie dans de l'eau, puis dissoute dans du rhum ou de l'eau-de-vie, jusqu'à ce qu'elle forme une forte gelée, à laquelle elle ajoutera un quart d'once de gomme ammoniaque bien pulvérisée. Elle exposera ces deux substances dans un vase de terre à une chaleur douce, et quand elles seront bien mélangées, elle les versera dans une fiole parfaitement bouchée.

Quand quelque objet sera cassé, elle mettra dissoudre un petit morceau de ciment dans une cuiller à café d'argent, au-dessus de la flamme d'une chandelle, et fera chauffer les morceaux cassés; elle les enduira ensuite du ciment, et après avoir collé avec soin les surfaces cassées, elle les laissera en contact très-serré, pendant douze heures au moins, jusqu'à ce que le ciment soit bien pris. La place cassée sera, après ce temps, complètement solide, et l'on ne pourra l'apercevoir (1).

Manière de préserver les ustensiles de cuivre du vert-de-gris.

Les ustensiles de cuivre dont on ne se sert que passagèrement, tels que les bassines, les poêles à confitures, les chaudrons à cuire les herbes, etc., se couvrent de vert-de-gris, que l'on n'ôte qu'à force d'écurage, ce qui use beaucoup plus que l'emploi des vaisseaux, fait perdre beaucoup plus de temps et donne beaucoup de peine. Voici le moyen d'obvier à ces inconvéniens.

Les ustensiles encore chauds, lavez-les avec une grosse éponge, et quand ils ne sont plus que tièdes, étendez sur toute la surface un encollage de fécule de pomme de terre délayée dans de l'eau : elle a dû être cuite un moment pour devenir à l'état de colle. Appliquée sur le

---

(1) On colle parfaitement, dit-on, les morceaux de pierre dure, porcelaine, verre, avec la substance grasse, blanchâtre et gélatineuse qui se trouve dans la vésicule située à l'extrémité du corps des gros escargots.

cuivre, elle s'y sèche, et prévient parfaitement le vert-de-gris.

CHAPITRE XVIII.

Du linge. — Provisions de linge. — Manière de le ranger, de l'entretenir, de le marquer, de le distribuer. — Blanchissage. — Echangeage. — Lessives. — Savonnages. — Repassages. — Soin des bas.

La fortune apporte sans doute une différence dans le choix et le nombre du linge, mais aucune dans son bon ordre et son entretien. Ainsi, les personnes riches ont des draps de toile de Cretonne dans les belles qualités, à 5 et 6 francs l'aune, ce qui leur fait revenir une paire de draps de 75 à 90 francs; elles ont des services de cérémonie damassés de Flandre, de Hollande et de Saxe, qui varient suivant la quantité de serviettes qui les composent et la grandeur des nappes, surtout suivant la finesse du tissu et la délicatesse du travail. Les moindres, composés de vingt-quatre serviettes, d'une nappe et son napperon, qui s'ôte pour le service du dessert, coûtent 200 à 250 francs. Outre ce prix élevé, ce linge a un autre inconvénient : chaque fois qu'on le fait blanchir il faut l'envoyer à la calandre, ce qui est assujettissant et onéreux. En Hollande ou en Flandre, où se fabrique ce linge, il n'y a pas de maison où il n'y ait un cylindre qui repasse non-seulement ce linge de table, mais aussi le linge de lit et de corps, ainsi les gens moins fortunés ont des draps de toile de Courtrai, de Guibert, d'Alençon, de Bretagne, d'Auvergne, qui sont moins chers de moitié que celle de Cretonne, et remplissent le même objet. Ils se servent de linge de table de France, de serviettes unies à liteaux bleus; les plus belles coûtent 45 francs la douzaine, et la nappe pareille, de douze couverts, de 25 à 45 francs. Les serviettes damassées en coton, et généralement le linge de

coton, qui est à très-bas prix, s'emploient dans beaucoup de ménages. Mais, quel que soit le choix que l'on
fasse en linge, on doit toujours veiller avec le plus grand
soin à sa conservation.

Voici les conseils que je crois devoir donner à la
maîtresse de maison : qu'elle n'ait ni trop, ni pas assez
de linge. Trop, il jaunit sans servir, encombre inutilement des armoires, et c'est de l'argent inerte qui pourrait avoir un produit plus avantageux. Pas assez est
peut-être pis encore : on n'a pas le temps de l'arranger,
de le raccommoder convenablement; la nécessité des
autres dépenses fait ajourner celle-ci; le linge s'altère
de plus en plus, s'use bientôt tout-à-fait : il faut des
frais extraordinaires pour le renouveler. Si on ne le
peut, l'esprit de désordre s'introduit dans la maison.
A Paris, six paires de draps et douze taies d'oreiller
par chaque lit de domestique, sont suffisantes, parce
qu'on manque de grenier pour tenir le linge sale à l'air.
Dans la province, on peut avoir un tiers ou le double
de plus : douze douzaines de serviettes ordinaires et leurs
nappes pour le courant; quatre ou six douzaines de plus
belle qualité, et leurs nappes pour les jours où l'on reçoit; six douzaines de serviettes de toilette (les unies
sont préférables pour cet usage, non-seulement parce
qu'elles sont plus douces, mai aussi parce qu'étant
mises à part, à mesure qu'elles s'usent, elles servent en
cas de maladie, trois douzaines de serviettes solides et
communes pour les repas des domestiques, et six nappes; deux douzaines de tabliers à plis et à poches de
toile blanche pour la cuisinière; quatre douzaines de
tabliers à *cordon* de toile écrue, pour préserver le tablier blanc, qui doit toujours être propre, soit lorsque
cette cuisinière sort pour faire ses provisions, soit lorsqu'elle est appelée pour recevoir quelques ordres, soit
enfin, lorsqu'après son ouvrage elle fait quelque travail
d'aiguille; six douzaines de torchons de toile écrue qui, à
mesure qu'ils vieillissent, doivent servir à essuyer la
vaisselle, l'argenterie et les meubles; douze tabliers de

femme de chambre, et douze pour le domestique (si la fortune permet d'en avoir). Voilà ce qui suffit très-amplement à une maison bien montée.

Je conseille à la maîtresse de maison d'avoir une partie de son linge de corps, de lit et de table en coton. Indépendamment du bon marché, il est bien pendant l'hiver d'avoir des draps et des chemises de calicot (ou plutôt de madapolam, sorte de calicot renforcé), ce linge étant plus doux et plus chaud. Quant au linge de table, cette raison ne peut exister; mais si l'on veut varier et avoir des nappes et serviettes damassées, il est facile de s'en procurer à bon compte, la douzaine de serviettes, la nappe et le napperon, se donnant pour 30 à 40 francs. Ce linge est d'un très-beau blanc et de belle apparence, mais peu distingué, à raison du bas prix; on ne peut s'en servir qu'en famille. Beaucoup de personnes le dédaignent parce qu'il est plucheux, et lui préfèrent des serviettes de madapolam, coupées à la pièce. Ces serviettes, à bon marché aussi, sont très-avantageuses et de beaucoup de durée. On peut en faire de très-bonnes serviettes de toilette. Pour tout le reste du linge, les tabliers de femme de chambre exceptés, il faut toujours avoir de la toile, le coton n'étant pas assez fort pour résister à l'usage du service et de la cuisine.

Numérotez tout votre linge par douzaine, au-dessous des lettres initiales de votre nom, également en coton rouge. Au-dessous des numéros, depuis 1 jusqu'à 12, qu'il se trouve, pour la première douzaine, 1re, pour la seconde, 2me, ainsi de suite. Attachez chaque douzaine ensemble avec un ruban de fil de couleur, qui portera sur une étiquette le numéro de la douzaine. Mettez tous les replis des draps, des serviettes, les uns sur les autres sans interruption, et du côté de l'ouverture de l'armoire, afin que l'on puisse enlever chaque pièce sans désordre et difficulté. Placez les douzaines de serviettes dans l'ordre de leurs numéros, puis étendez sur tout le linge, dans chaque rayon, une nappe ou autre linge usé qui empêche l'air et la poussière de pénétrer (1). Rangez tout votre linge dans cet ordre, que le blanchissage ne doit jamais interrompre. Eloignez-le de toute humidité, et pour cela, autant que possible, ne le placez point au rez-de-chaussée. Mettez le linge de table dans un endroit, celui de lit dans un autre, et enfin le linge de corps dans un autre; le linge de service sera aussi rangé à part. Les armoires doivent être placées auprès de votre chambre, et préférablement dans la chambre du repassage, dont je parlerai bientôt : on peut cependant se prêter aux localités; mais une chose indispensable, c'est de placer le linge à votre usage, ainsi que vos vêtemens, le linge et les habits de votre mari, de vos enfans, à portée de la chambre de chacun. Cette seule précaution épargne beaucoup de perte de temps, de confusion et d'ennui.

Le point de tapisserie est la meilleure manière de marquer le linge, mais c'est un travail d'une extrême lenteur. Pour les personnes qui désirent opérer promptement, et cependant marquer solidement le linge, j'insère les deux procédés suivans :

Caméléon minéral pour marquer le linge.

On prépare le caméléon minéral en chauffant jusqu'au rouge dans un creuset une partie de protoxide de manganèse de commerce, et deux parties de nitrate de potasse, ou même de potasse ordinaire. Le résidu vert qu'on obtient se décomposerait à l'air, mais il se conserve indéfiniment si on a soin de l'enfermer dans un flacon sec que l'on bouche bien. Pour en faire usage, il doit être pulvérisé, puis mêlé avec un volume égal au sien, de terre de pipe. C'est cette bouillie qu'on applique sur le linge, soit au moyen d'une griffe ou d'un cachet gravé en cuivre, ou mieux encore, au moyen d'un pinceau et

---

(1) Un rideau placé sur tringle devant la porte de l'armoire, vaudrait encore mieux.

d'une planche en cuivre gravée à jour. On peut s'en servir en écrivant sur le linge à la plume, pourvu qu'on ait soin de rendre la pâte un peu liquide, et de s'en servir promptement, une fois qu'elle est sur la plume.

La pâte verte ainsi appliquée change vite de couleur, et passe au brun en lavant; au bout d'un quart d'heure on détache une portion de matière qui n'est qu'adhérente, on enlève la potasse, et le tissu reste coloré au brun dans toutes les parties imprimées. Il ne faut pas préparer la pâte long-temps à l'avance, à raison du bas prix de la substance. Ce procédé est préférable à l'emploi du nitrate d'argent, dont le prix est fort élevé. L'impression qui en résulte résiste parfaitement au savon, aux acides faibles, aux plus fortes lessives.

Encre à marquer le linge.

Sulfate de manganèse.	. . . . .	1 gros.
Eau distillée	. . . . . .	1 id.
Sucre en poudre.	. . . . . .	2 id.
Noir de fumée.	. . . .	1/2 id.

Faites une pâte semi-liquide. On se sert de cette pâte comme d'une encre d'imprimerie, au moyen d'une estampille, on laisse sécher, on trempe la marque dans une solution de potasse caustique, on fait sécher de nouveau, puis on lave à grande eau.

L'entretien du linge consiste à le raccommoder et à le remplacer. Pour le premier point, il faut, après l'échangeage du linge, le faire regarder à contre-jour, repriser tout ce qu'il y aura de mauvais. Le même soin devra être pris en mettant le linge *en presse*; et de cette manière il ne s'échappera pas un seul trou. Au bout d'un certain temps, à peu près quand le milieu des draps commencera à s'user, vous les *retournerez*, c'est-à-dire vous découdrez la couture, dont les deux morceaux réunis formeront alors les parties latérales du drap, et vous coudrez les anciennes parties latérales, qui se trouveront faire le centre. Les tabliers de cuisine à plis seront retournés de même, mais après qu'on en aura mis le bas en haut. On change également le haut en bas des tabliers ou torchons à cordons, le bas étant toujours à peu près neuf quand l'autre extrémité est usée. Quand les draps deviennent mauvais, il faut faire des serviettes ou des chemises d'enfant avec les quatre coins, qui sont toujours bons, et garder le centre pour faire des essuie-pieds, essuie-rasoirs, linge de réserve en cas de maladie.

Tout le linge en général, et principalement les serviettes, doit être long-temps reprisé avec soin ; mais il arrive un certain point où il n'est plus susceptible d'être raccommodé, alors le temps énorme qu'on emploie à sa réparation est un temps perdu. Quand le linge est ce que l'on appelle *élimé*, choisissez ce qu'il peut y avoir de bon dans les coins pour l'usage de vos enfans, pour mettre des pièces à celui qu'on peut raccommoder encore, et que le reste soit en réserve pour les cas de maladies. Il est inutile, je pense, d'insister sur ce point : chacun voit combien il est ennuyeusement onéreux d'employer beaucoup de temps, de payer de nombreuses journées d'ouvrières pour raccommoder du linge qui revient du premier blanchissage tout aussi mauvais qu'avant d'y aller. Voilà, s'il en fût jamais, une économie mal entendue.

A mesure que vous mettrez du linge à la réforme, et même dès qu'il faudra le repriser, y poser des pièces, vous en tiendrez note, et vous songerez à le remplacer : tous les trois ans il vous faudra acheter deux paires de draps de maître, une de domestique, une douzaine de serviettes, et seulement six torchons, quoique le linge de service s'use beaucoup plus que l'autre, parce que dans les objets mis à la réforme, surtout dans les draps et nappes de domestiques, dans les tabliers à plis, vous ne manquerez pas d'en trouver. Il faudra que votre cuisinière raccommode les anciens torchons, et contribue à ourler les nouveaux. Un état détaillé du linge, qui en marque le nombre, les diverses qualités, la date, le degré de bonté et l'usage, doit se trouver dans chaque armoire, et se vérifier tous les trois mois. Grâce à cette habitude, vous saurez à point nommé la quantité de linge qui s'approche plus ou moins de la réforme.

Chaque semaine, soit le samedi soir ou le dimanche matin, et toujours aux mêmes heures, car il importe d'apporter beaucoup de régularité dans toutes vos opérations, vous donnerez à la femme de chambre, si vous en avez, ou à la bonne, si vous n'avez qu'une seule domestique, les serviettes, la nappe, les torchons et tabliers de la semaine; pour que votre vaisselle soit tenue proprement, ainsi que les autres objets de la cuisine, il faut au moins trois bons torchons par semaine et quelques-uns en chiffons. Vous donnerez aussi les torchons usés ou chiffons pour la lampe, les essuie-mains, le linge de corps des enfans, les serviettes de toilette; mais il en faut ordinairement au moins deux pour huit jours. Chaque mois vous distribuerez les draps. A chaque fois que vous ferez cette distribution, vous remettrez bien le linge qui recouvre chaque rayon, et vous prendrez garde à ne pas déranger l'arrangement ordinaire.

Le blanchissage est un article qui demande toute l'attention de la maîtresse de maison. On le distingue en *savonnages* et en *lessives :* les premiers comprennent tous les objets fins, tels que bonnets, fichus, mouchoirs de batiste, robes de mousseline, percale ou de couleur; les jupes mêmes et les bas doivent être compris dans les savonnages, parce que la ménagère aura soin d'en changer très-souvent, et de les salir fort peu; mais, après trois à quatre savonnages, ces divers objets doivent être mis à la lessive.

Tous les lundis, faites *échanger* votre linge sale (1), c'est-à-dire passer à l'eau froide en été et tiède en hiver; qu'il soit trempé environ une demi-heure, battu,

_____

(1) Lorsqu'on fait blanchir souvent, qu'on est logé à l'étroit, ou que la domestique a beaucoup d'ouvrage, on se dispense *d'échanger*.

frotté, puis étendu sur des cordeaux qui doivent se trouver à demeure dans le grenier (il va sans dire qu'en cas de fortes gelées on se dispense de cette opération). A mesure que le linge sèche, on l'enlève du cordeau, et on le met dans des armoires communes, en tas, selon son espèce, de manière, qu'à l'instant de la lessive on est dispensé de le tirer. Je ne saurais trop recommander cette pratique, qui arrête l'action de la crasse, l'empêche de pénétrer le tissu du linge, de le jaunir, et par conséquent de l'user. Les lessives alors n'ont pas besoin d'être fortes; le savonnage demande peu de frottement, et on n'a point à faire précéder la lessive d'un savonnage général, comme cela se pratique avec raison dans les endroits où l'on n'a pas l'habitude d'échanger le linge. Qui ne voit du premier coup-d'œil tout l'avantage de cette méthode!

La maîtresse de maison veillera à ce que son linge soit trié, compté, pour être mis à la lessive; elle mettra un peu de racine d'iris dans le cuvier, çà et là quelques morceaux, pour donner une légère odeur de violette au linge; elle pourra même couvrir la cendre d'herbes odoriférantes.

Lorsque le linge est entassé dans le cuvier, l'on coule à froid, sans y mettre de cendre, pendant huit ou dix heures; ensuite l'on jette l'eau qui a servi à ce premier *coulage.*

Le soir, on couvre le cuvier de cendre, que l'on imbibe légèrement, afin que le linge ne s'échauffe point et ne prenne aucune mauvaise odeur.

Le lendemain, de grand matin, l'on couvre la cendre d'herbes aromatiques, et l'on commence à échauffer la lessive par gradation, l'espace de dix ou douze heures; ensuite on bouche le cuvier et on le couvre, afin que la chaleur reste concentrée.

Blanchissage anglais.

La lessive que je viens d'indiquer suffisait à toutes les conditions d'un bon blanchissage, mais je ne dois pas moins faire connaître un procédé qui, d'après la longue expérience de son auteur, économise à la fois sur le temps, sur le savon, et sur le nombre de personnes employées, qu'il a réduits au quart.

Il fait assortir selon leur finesse les objets à lessiver, et les mets dans différens baquets avec de l'eau chauffée 100 ou 130° de Fahrenheit, dans laquelle il a fait fondre le tiers du savon employé pour une lessive ordinaire. Il ajoute un peu de potasse, et laisse tremper 48 heures; après cela, il fait tirer, rincer à l'eau froide, et tordre légèrement. Il encuve ensuite le linge dans un grand chaudron, en mettant le gros au fond, puis jette dessus, de manière à le faire baigner, de l'eau chaude comme la première fois, mais avec le double de savon. Alors il fait bouillir pendant une demi-heure. Ce temps écoulé, on retire la première couche de linge, c'est-à-dire le fin.

L'auteur de ce procédé assure qu'il suffit ensuite de rincer le linge sans le frotter.

Ne vous servez point de *bleu en liqueur* pour azurer le linge : ayez de l'indigo en pierre, ou plutôt préparez-en d'après les excellentes recettes pour lesquelles leurs auteurs ont obtenu des brevets d'invention, recettes que j'ai insérées dans le *Manuel d'Economie domestique*. (L'indigo en morceaux tache souvent.) Pour sécher et plier le linge, il existe deux manières : je vais les indiquer succinctement.

La première consiste à rendre le linge ferme et tendu comme si on l'avait légèrement empesé. Pour y parvenir, dès que les draps, nappes et serviettes ont été tordus, et que toute l'eau a en été extraite, on les plie en long comme ils doivent toujours être, et on les met sécher sur le cordeau; lorsqu'ils sont à moitié secs, on les tire bien; tout-à-fait secs, on les étend sur une table, on en égalise les morceaux repliés, on passe et repasse les mains étendues dessus, et l'on termine par les plier transversalement comme de coutume. Cet usage a, selon moi, un grave inconvénient, c'est de rendre le linge désagréablement dur, si peu qu'il soit neuf et gros, puis, en outre, de demander beaucoup de soin et de temps. Je lui préfère cette seconde méthode. Mettre sécher le linge de table et de lit comme à l'ordinaire, le lever aux trois quarts sec, le plier en long, le trier en superposant l'une sur l'autre les choses semblables; les étendre ensuite pliées dans leur longueur sur une table de repassage, et achever de les plier en leur donnant un coup de fer. C'est ainsi qu'en usent les blanchisseuses des environs de Paris, et ce léger repassage donne vingt fois moins de peine que toutes les opérations précédentes. Pour les serviettes très-communes, les draps de domestiques, les torchons, on se contente de les bien détirer et de les plier quand ils sont entièrement secs. Le reste du linge doit être mis *en presse*, c'est-à-dire plié carrément, étant encore humide, et mis en tas ou paquets de chaque espèce, bien enveloppés d'un torchon mouillé, si on veut le repasser de suite, et d'un torchon sec, s'il faut attendre quelques jours. Le retard est à éviter autant que possible, parce qu'alors il faut de nouveau humecter le linge, qui n'est jamais si bien préparé au repassage par cette seconde opération que par la première. On y emploie, du reste, beaucoup de temps.

Tout en levant de dessus les cordeaux le linge échangé et séché, vos domestiques trieront celui du savonnage, afin de n'avoir pas à y revenir. Faites en sorte de régulariser les savonnages et de les fixer à chaque mois, en prenant de préférence les jours où vous dînerez en ville, afin que vos domestiques aient plus de temps. Il est important d'avoir en provision des briques de savon qui, coupées par morceaux chacun d'une livre, se sèchent et en deviennent beaucoup plus profitables. Le savon frais se détrempe trop facilement, et la consommation qu'il faut en faire est du double au moins. J'engage donc fortement la maîtresse de maison à faire la provision d'un an, et de la renouveler tous les six mois, afin d'avoir toujours six mois d'avance. Le savon de Marseille est le meilleur de tous. Il est marbré d'un gris bleu, et coûte de 20 à 25 sous la livre. Ayez aussi votre provision d'indigo en boules préparées, d'amidon, le tout rangé avec soin dans des caisses, dans une grande armoire attenante à la chambre de réserve pour le repassage (dont je vais vous entretenir). A défaut de cette armoire, que ces provisions de blanchissage soient rangées dans un cabinet de planches, au grenier ou une mansarde bien sèche et bien close, qui vous servira aussi à contenir les autres provisions d'épicerie, comme riz, vermicelle, sel, poivre, assaisonnemens divers, semoule, farines potagères de M. Duvergier, haricots, lentilles, etc.

Tout le monde connaît la manière de savonner, et, du reste, j'en ai donné quelques leçons dans le *Manuel d'Économie domestique*. Je me bornerai donc à dire aujourd'hui que lorsqu'on a coupé de petits morceaux de savon dans la seconde eau de savonnage, il faut, avant d'y plonger le linge déjà préalablement décrassé, y mettre de l'indigo, le faire bouillir, y plonger le linge, le laisser bouillir; quand la première ébullition a fondu entièrement le savon coupé, un quart d'heure environ écoulé, ôter la terrine du fourneau, faire refroidir, laisser le linge dans cette eau douze à quinze heures, le bien frotter ensuite, le rincer à l'eau froide et l'étendre. Madame Pariset (1) dit qu'elle a eu une femme de chambre, excellente blanchisseuse, qui remplaçait cette seconde eau par de l'eau froide de rivière à laquelle on ajoutait, par *seau*, *un verre d'eau de javelle*; qu'elle laissait tremper le linge dans cette eau un quart d'heure, en le remuant deux ou trois fois; elle le retirait ensuite, le tordait, puis le plongeait dans une autre eau de rivière froide dans laquelle elle l'agitait un peu; elle terminait par le retordre et le passer à l'eau d'indigo. Cette méthode économise le savon et le feu, mais elle est dangereuse, parce que l'eau de

(1) *Lettres sur l'Économie domestique.*

javelle mal mesurée, les verres qu'on doit en mettre mal comptés, ou quelques minutes de plus d'immersion, peuvent brûler le linge et causer une perte considérable. Mme Pariset en fait l'observation.

Il sera bon d'avoir une chambre particulière pour faire sécher vos savonnages, en cas que vous n'ayez pas de grenier. A six pieds environ du sol, afin qu'on y puisse circuler librement, des cordeaux de crin doivent être tendus en divers sens dans cette chambre. Ce genre de cordes est préférable, en ce que le linge n'y est jamais taché ni sali; du reste, chaque fois que l'on étendra du linge, on les essuiera par prudence. L'été, vous laisserez les fenêtres ouvertes pour faire sécher; mais l'hiver, au temps du grand froid, vous y ferez du feu, parce que d'abord le linge qui sèche promptement est plus blanc, et qu'ensuite il faut éviter avec soin qu'il ne gelle. Il devient alors d'une roideur extrême, et dès qu'on le touche on risque de le déchirer fortement. Dans le milieu de cette chambre une table de repassage carrée, un peu grande, doit être établie à demeure, parce que tout l'attirail des repassages gêne extrêmement dans tout autre endroit de la maison. Ayez soin qu'il se trouve auprès de cette table une autre table petite et commune sur laquelle seront les grils à repassage, le nouet de cire que l'on doit promener sur les fers chauds pour les mieux faire couler, un petit arrosoir de jardin, dont la pomme aura les trous très-fins, afin d'humecter convenablement le linge quand il sera trop sec, des fers à gauffrer de diverses grosseurs: une *boule* en fer, ayant un long support et un pied. Cet instrument de nouvel usage est indispensable pour le repassage des bonnets actuels : plusieurs *poignées* à fer à repasser, afin que la repasseuse les change de temps à autre pour ne point s'échauffer trop les mains.

Pour une seule personne, il faut trois fers à repasser si c'est du gros linge, et deux seulement si c'est du fin. Pour que ces fers chauffent plus vite et dépensent moitié moins de charbon, la maîtresse de maison ne saurait

mieux faire que d'acheter le fourneau à repasser de
M. Harel. Ce fourneau en tôle, est couvert d'une lame
de tôle qui laisse passage aux fers, dont le nombre
varie suivant la grandeur du fourneau. Ces fers, qui
se glissent comme par coulisse dans les ouvertures pra-
tiquées pour les recevoir, sont très-épais et conservent
long-temps leur chaleur. Un fourneau ainsi recouvert,
consomme moitié moins de charbon qu'un autre, et ne
donne point d'odeur. Le feu s'y entretient au moyen
d'une petite porte qui est au bas, par laquelle pénètre
l'air, et qui se ferme quand on veut suspendre le repassage. Le charbon s'éteint, et se conserve ainsi sans le
moindre embarras. On fait chauffer les fers à gaufrer
par cette ouverture. On peut adapter à ce fourneau un
brûloir à café.

Cette chambre de repassage peut et doit aussi servir
aux blanchissages à neuf des tulles, dentelles, bas de
soie, etc.; pour cela vous y aurez à demeure un châssis
tendu de drap vert, comme en ont les dégraisseurs, ce
qui n'est pas bien onéreux, et une quantité d'épingles
fines pour tendre l'étoffe sur le châssis, comme je l'ai
expliqué dans les *Manuels des Jeunes Demoiselles* et
d'*Economie domestique*. On y passe ensuite l'empois en
promenant sur l'étoffe une éponge très-fine trempée
dans une dissolution de gomme, ou dans un mélange
d'eau de riz et d'amidon. Il est bon aussi d'avoir des
formes de bas en bois blanc, telles qu'on les voit chez
les fabricans de bas, afin de conserver une belle forme
aux bas fins, aux bas à jour, auxquels il convient de donner quelquefois un léger apprêt; pour cela il suffit de
les repasser un peu humides sur le moule.

Revenons au repassage ordinaire. Je conseille à la
maîtresse de maison, qui doit économiser le temps des
personnes qu'elle emploie, de faire passer à l'empois,
la veille du repassage, les objets à repasser : l'empois
sèche alors convenablement, et l'on a vingt fois moins
de peine que lorsqu'il est trop mouillé; s'il est trop
sec, quelques momens avant le repassage, on l'hu-

mecte un peu, ou bien on l'enveloppe d'un linge mouillé. Le linge repassé sera mis sur une table bien propre, recouverte d'un linge, puis trié et placé dans des corbeilles pour être ensuite transporté dans les armoires.

Qu'il se trouve sur la table de la repasseuse un petit nouet de linge fin, légèrement humide, qu'elle appliquera sur le linge lorsqu'il s'y fera des faux plis.

Planche à repassage.

Quand les localités vous permettraient d'avoir une chambre de repassage (ce qui n'arrive pas toujours) vous ne pourriez pas constamment laisser la table garnie comme pour repasser. La couverture, le linge qui la recouvrent se saliraient (s'useraient d'ailleurs); et quand viendrait le repassage, il faudrait garnir la table de nouveau. D'ailleurs elle sera nécessaire pour couper et raccommoder les vêtemens.

Cependant lorsqu'on a quelques petites pièces, des rubans, des coutures à repasser, il est désagréable de garnir une table, et l'on repasse fort mal si on ne le fait pas. Pour obvier à cet inconvénient, ayez une planche assez longue pour repasser une robe au besoin, et de largeur égale à celle d'une petite table. Revêtez-la à demeure d'un mauvais couvre-pied, ou d'un morceau de couverture, cousu par-dessous. Ayez ensuite un morceau de toile, de grandeur convenable, pour recouvrir le dessus : qu'il soit attaché en dessous avec des cordons, afin de n'avoir pas à le découdre à chaque blanchissage. Il faut avoir plusieurs de ces *toiles à planche.*

N'oubliez pas d'avoir aussi un grand morceau de serge verte pour repasser l'empois qui sans cela s'attache au linge.

Une maîtresse de maison bien entendue met beaucoup de soin aux bas : elle les fait marquer et numéroter par douzaine comme le linge, et de plus, met à chaque paire une petite marque distinctive, comme un ou deux points de marque, une croix, une petite étoile, etc., pour qu'ils ne soient jamais mêlés. Dès qu'elle y aperçoit une maille lâchée, elle la reprend; elle les fait garnir au talon et au bout du pied : tout le long de la couture de la jambe, elle pose une ganse plate, à plat, afin de prévenir la rupture des mailles, produite ordinairement par l'effort que l'on fait en entrant les bas. Lorsqu'ils sont usés à la semelle, elle y adapte des semelles en toile de coton plucheuse pour l'hiver, et en toile ordinaire pour l'été. Quand les talons et les bouts de pieds sont mauvais, elle y ramaille des morceaux; enfin, elle les recoupe et renouvelle lorsque le pied est complétement usé. (Voyez, pour tous les détails de ces opérations, les *Manuels des Demoiselles et d'Économie domestique.*) Elle ne les attache jamais l'un à l'autre en les cousant après le blanchissage; elle y fait mettre, près de la couture, un cordon en ruban de fil. A demi secs, elle les retourne, les met en presse, en y passant la main dedans et dessus, puis les repasse : sans doute c'est un peu de soin, mais les bas paraissent plus fins, plus blancs et plus beaux. Enfin, elle veille à ce qu'ils soient peu salis, reprisés avant l'échangeage, échangés et reprisés ensuite s'il y a lieu.

CHAPITRE XX.

Des vêtemens; ordre, choix, nombre des vêtemens. — Mesures à prendre pour modes, emplettes en gros, conservation des bijoux, fourrures, etc. — Réparations. — Épreuves des étoffes.

« Il en est des habits comme de tout le reste, dit madame Pariset dans ses *Lettres sur l'Économie domes-*

tique, c'est l'arrangement et la propreté qui conservent tout, et l'on a remarqué que les femmes les moins riches et qui dépensent le moins pour leur toilette, sont souvent les mieux mises. » La nécessité de conserver ce qu'elles ne peuvent renouveler que rarement, l'habitude de l'ordre qu'inspire et facilite en général une fortune médiocre; voilà les raisons de cet avantage, qui surprend au premier abord.

La maîtresse de maison doit être toujours d'une propreté minutieuse sur elle-même. Le matin, lorsqu'elle vaque aux occupations du ménage, sur lesquelles elle doit toujours avoir l'œil, elle sera mise simplement, mais toujours proprement. Sa redingote d'indienne ou de mérinos sera bien attachée; un corset-ceinture, que l'on met seule, empêchera qu'elle n'ait un air de désordre; ses papillottes seront cachées, autant que possible, par un bandeau ou par un tour, car il n'est rien, selon moi, de si ridicule et de si laid que ces papiers tortillés autour de la tête. Je me suis un peu étendue sur ce costume, parce que c'est, à proprement parler, celui de la ménagère; pour le reste de la toilette, je renvoie au *Manuel des Dames.*

La maîtresse de maison maintiendra ses effets, ceux de son mari et de ses enfans dans le plus grand ordre. Les mouchoirs, les camisoles et le linge de corps seront marqués et numérotés comme le reste du linge. Les robes de soie, à garnitures, et généralement de toute sorte, seront, s'il est possible, suspendues à des porte-manteaux dans un grand placard. Il serait bon d'avoir à cet effet un petit cabinet exactement fermé, sur la porte duquel s'étendrait en dedans un rideau d'étoffe commune. Ce cabinet, garni de plusieurs rangées de porte manteaux un peu écartés et de rayons, recevrait les robes, les chapeaux, les fichus, bonnets habillés, et serait d'une commodité inappréciable. On le nettoierait à fond deux fois par an, après avoir ôté tous les objets. Il serait important qu'il fût auprès de la chambre de madame. Dans un autre placard beaucoup moins soigné, ou dans

le cabinet de toilette, doivent aussi être des porte-
manteaux pour suspendre les effets de la nuit et du
matin, car il faut sur toutes choses éviter l'encombre-
ment dans les appartemens. Il est bon d'avoir quelques
malles bien doublées et fermant bien, pour serrer les
objets d'hiver pendant l'été, et quelques objets d'été
pendant l'hiver.

De quelque nature que soient les habits, ils doivent
être secoués et pliés chaque fois qu'on les quitte. Ce soin
est surtout indispensable en se couchant. Vous en ferez
prendre l'habitude à vos enfans aussitôt qu'ils en seront
capables.

Autant une femme doit être abondamment fournie
en linge, autant elle doit avoir peu de robes, de chapeaux et autres objets de luxe, parce que les modes
changeant continuellement, elles ne tarderaient pas à
être mise d'une manière ridicule. En vain serait-elle
adroite et changerait-elle leurs formes, ces formes va-
riant exprès d'un extrême à l'autre, laissent souvent
peu de ressource, et du reste, lorsqu'on réussirait à
les renouveler, l'étoffe n'est plus selon l'usage reçu.
Huit à dix robes, plus ou moins, selon les sorties que
l'on est obligé de faire, me paraissent devoir suffire
abondamment à une femme agréablement mise.

Malgré cette restriction, comme les modes change-
ront avant que les robes ne soient usées, comme aussi
elles ne s'useront qu'en partie et qu'il faut savoir tirer
parti de tout, la maîtresse de maison rajeunira les cor-
sages, les garnitures, taillera dans les jupes des robes
à ses enfans; elle se servira des restes de percale, mousseline, indiennes qui pourront se déteindre à la lessive,
pour faire des fichus, bonnets, camisoles, etc. J'ai
donné, à cet égard, d'amples instructions dans le
Manuel d'Économie domestique. Pour mettre ainsi tout
à profit, et non pour céder à l'envie d'avoir toutes les
choses nouvelles, vous vous procurerez tous les patrons
possibles, vous les taillerez en écrivant dessus quelques
détails sur l'objet qu'ils représentent, vous en étique-

23

terez les parties, parce qu'après un certain temps on ne s'y reconnaît plus; enfin, tous ces modèles seront soigneusement rangés dans un carton, portant leur étiquette et placé avec les restes d'étoffe et de linge, dont une ménagère a toujours les paquets.

Un mot sur ces objets-là. Il est bien difficile de les tenir en ordre, et pourtant comme il faut les visiter souvent, la perte de temps, et les impatiences s'en suivent. D'ailleurs tous ces restes mêlés finissent par devenir un cahos. Pour éviter tout cela triez-les, et de chaque espèce faites un paquet lié d'un cordon, étiqueté en gros caractères.

Attendez pour adopter quelque mode, qu'elle se soit établie, et lorsqu'elle est d'une nature ridicule, attendez que l'usage général en ait presque fait une loi, car il arrive que ces modes grotesques ne durent qu'un mois, et qu'ensuite il est impossible de se servir des choses qui ont coûté fort cher. Au reste, gardez-vous de la manie de défaire et de refaire sans cesse vos bonnets, vos fichus : comme la mode et la fantaisie varient continuellement, le temps s'use, l'étoffe disparaît dans ces mutations puériles, qui entraînent beaucoup de peine, de dépenses, font négliger le soin du ménage, et en déplaisant avec raison au mari, amène souvent l'humeur et la discorde. De plus, les petites filles prennent ce goût, et femmes, restent toujours de grands enfans jouant à la poupée.

La maîtresse de maison prendra le plus grand soin des vêtemens de son mari ; elle lui donnera elle-même du linge blanc deux fois la semaine ; elle le priera de s'habituer à changer de chemise le soir ; elle l'engagera à porter des faux-cols quand le col de sa chemise ne sera plus d'une extrême blancheur. Elle veillera à ce que ses habits soient tous les jours bien brossés, et battus toutes les semaines. Tous les matins, elle veillera à ce que les domestiques, à leur lever et avant de faire les chambres, nettoient et cirent très-proprement tous les souliers portés la veille. Les souliers d'été doivent être seulement brossés.

Et les souliers de bal, qu'en dirons-nous? rien, sans doute. Pas du tout. J'ai a cet égard un moyen économique, un moyen *éprouvé*.

Manière de teindre en violet et en vert les souliers de prunelle et de satin blanc (1).

Les souliers de ce genre sont ordinairement mis de côté après avoir servi au plus deux fois : la maîtresse de maison me saura gré de lui donner le moyen de les utiliser.

Pour les teindre en *vert*, vous mêlez un peu d'eau de bleu foncée avec quelques gouttes de teinture de *terra mérita*. Vous variez la teinte en mettant plus ou moins de l'une ou de l'autre couleur.

Pour teindre les souliers en *violet*, vous faites bouillir un demi-quart de bois de Brésil en copeaux, dans un demi-litre d'eau pendant une demi-heure, puis vous ajoutez un gros d'alun pulvérisé à cette décoction, dix minutes avant de la retirer du feu.

Pour appliquer ces couleurs, vous placez le soulier sur une forme qui maintient bien l'étoffe, puis, à l'aide d'un pinceau, vous passez une ou deux couches. La seconde se donne toujours quand la première est bien sèche. Il faut souvent en mettre une troisième, surtout pour le vert.

Quand le satin est bien sec, on le frotte avec un linge propre pour le rendre brillant. Afin d'y mieux parvenir, on donne l'apprêt suivant, mais cette opération demande un peu d'habitude.

Prenez quatre grains de gomme arabique, autant de sucre candi, et un de savon. Faites dissoudre dans une once et demie d'eau, puis, à l'aide d'un pinceau, vous

---

(1) Quand vous aurez des souliers de maroquin de couleur flétris, enlevez le vernis avec la pierre-ponce, puis passez-y deux couches d'une dissolution de sulfate de zinc. Terminez par une couche d'encre et faites cirer. Les souliers seront d'un très-beau noir.

passez légèrement de cette dissolution sur l'étoffe et lustrez.

Remontage des brodequins.

On peut encore faire recouvrir les souliers en gros de Naples, et en satin de couleur, par de jeunes ouvriers qui travaillent à bon marché. Les brodequins se *remontent*, c'est-à-dire, que votre cordonnier remettra après l'étoffe ou dessus du brodequin, le soulier qui est annexé, et s'est usé seul tandis que le dessus est resté neuf. Ce *remontage* coûte six francs, et fait durer des brodequins de neuf ou douze, comme s'ils étaient neufs.

La ménagère aura une heure fixe pour faire sa toilette, et ce sera immédiatement après le déjeûner, afin que ce temps de repos favorise la digestion. Pendant que la bonne déjeûnera elle-même ou levera le couvert, madame se nettoiera les dents, se peignera avec grand soin, puis se fera habiller; je le répète, toujours à la même heure, autant que possible, car on ne saurait trop tenir à la régularité des occupations.

Quant aux emplettes des vêtemens, le temps en est à peu près fixé à chaque saison, afin d'avoir des choses plus nouvelles; mais il faut avant tout consulter les circonstances qui peuvent se rencontrer, comme les frais d'une maladie, un retard de paiement, une perte quelconque. C'est alors sur l'habillement, et surtout sur sa toilette, que la maîtresse de maison doit faire porter la réduction nécessaire : son premier devoir comme son premier plaisir étant le bien-être continuel de son intérieur. Alors son mari ne s'apercevra point de cette fâcheuse circonstance, ou s'il s'en aperçoit, ce sera pour chérir encore plus sa compagne.

Il ne faut pas sans doute chercher de préférence les élégans magasins, où l'on vous fait payer le faste des décorations; mais il ne faut pas non plus aller dans les boutiques médiocres et mal assorties : il importe surtout de se garder des bons marchés, et des choses passées de mode, puisque la mise d'une femme ne vaut que par la grace et la fraîcheur.

Je vous conseille fortement d'acheter les rubans de fil et de coton, les ganses, soies, fil, coton à coudre, coton à broder, les épingles, aiguilles, boutons, agrafes, gants, rubans en gros. Pour tout ce qui regarde les ouvrages de femme, on trouve toujours à l'employer, et pour les gants et rubans, on fait plaisir aux personnes de sa famille ou de sa connaissance, en les leur remettant. Pour les ganses et rubans de fil, on prend une pièce qui tire vingt-huit à trente aunes, et qui coûte plus d'un tiers de moins qu'on ne paierait en détail. Il en est de même pour une poignée de fil dont on paierait séparément chaque écheveau deux sous et demi : la poignée en contient douze, et on la paie de dix à onze sous. Je ne donne que ces deux exemples, mais c'est toujours dans la même proportion, selon les qualités. La soie doit s'acheter au poids, ainsi que le coton; de cette manière, ils reviennent à moitié prix au moins. Dans la rue du Four-Saint-Germain, au *Mouton*, n° 10, on paie au poids, cinq à six sous, un écheveau de beau coton, qui en vaut quatre ou cinq de ceux que l'on vend quatre sous en détail. Les trois douzaines de boutons de nacre, qui tiennent sur une petite plaque en carton et se vendent un franc six sous, se paient en détail douze à quinze sous la douzaine. Les agrafes de laiton argenté ou bronzé valent, en détail, deux liards par porte ou par agrafe, et au poids (huit sous l'once), on en a près de deux cents. C'est à peu près la même chose pour les rubans; les gants offrent moins de bénéfice dans le prix, mais beaucoup pour la durée.

Pour renouveler votre linge en coton, achetez aussi en gros des calicots et madapolam : on en vend une pièce seule, et les pièces tirent de vingt, vingt-cinq à trente et trente-six aunes; on a ordinairement six à huit sous de bénéfice par aune en s'adressant aux fabriques. Autant que vous le pourrez, achetez de cette façon, c'est la seule manière d'avoir de bons marchés avantageux.

Ne faites *jamais* de mémoire, principalement chez votre *marchande de modes.* J'ai souligné ces mots, parce qu'il est de la dernière importance de se prémunir à cet égard contre la fantaisie et l'occasion.

Soins des fourrures.

Le soin des schals, étoffes de laine, des fourrures, est un article que ne doit point négliger la maîtresse de maison. La chose est d'ailleurs facile. Il suffit de soustraire ces objets à la ponte des mittes, ponte qui a lieu du 15 mai au 15 septembre. A cet effet, il faut envelopper soigneusement les fourrures, etc., dans du linge blanc de lessive, mettre dans le paquet du vitiver, et coudre comme pour emballer. Après la ponte, il faut secouer et battre les objets.

Moyen de nettoyer les rubans, fichus et robes de soie.

Vous commencez par découdre les robes et les nœuds de ruban, puis vous mélangez et battez ensemble les substances suivantes :

Un quart de litre d'eau-de-vie ;
Une once de miel ;
Une once de savon vert.

(S'il s'agit d'étoffe de soie blanche, vous employez beau miel blanc, savon blanc, alcool, ou trois-six incolore). Cette quantité suffit pour une robe de grandeur ordinaire.

Etendez sur une tablette de bois blanc bien propre chaque morceau, après l'avoir trempé dans le mélange, puis avec une éponge ou une brosse douce, frottez sur les deux surfaces de l'étoffe à nettoyer. Ayez une autre éponge que vous imbiberez d'eau pure, et agissez de même sans jamais frotter avec la main. Terminez par agiter dans un baquet d'eau, en prenant l'étoffe à deux

mains par les deux extrémités de la partie supérieure.
Pour la faire sécher, étendez-la sur une table à repassage garnie d'une toile qui ne s'épluche pas, et sans la déranger, repassez l'étoffe à moitié sèche.

Nouveau moyen d'enlever les taches graisseuses sur les étoffes de soie.

Commencez par enlever délicatement la graisse avec un grattoir ou un couteau. Etendez l'étoffe tachée sur la planche à repassage, mettez dessus une pincée de talc en poudre, puis placez sur cette poudre un papier de soie. Passez un fer chaud sur le papier. La graisse se fond, le talc s'en imbibe : on le secoue bien vite; on frotte avec de la mie de pain la partie qu'il couvrait, et cette partie est ordinairement nettoyée. Si elle ne l'était pas, on recommencerait une seconde fois.

Manière de relever le poil couché ou comprimé du velours.

On tient le velours bien tendu, et de manière que la surface veloutée soit en dessous, et ne touche aucun corps; on applique à l'envers un linge légèrement humide, puis on passe dessus ce linge un fer chaux, qui vaporise l'eau, et la fait passer à travers le poil qu'elle force à se relever. On doit laisser sécher au grand air, et ne pas toucher. Quand le velours est peu comprimé, on peut l'exposer à l'envers à l'action de la vapeur d'eau chaude. S'il était graisseux ou ciré, on imbiberait à l'envers, soit avec de l'essence vestimentale, soit avec de l'alcool fort et pure la partie tachée, puis on repasse avec un fer placé par-dessus un linge humecté de ces eaux.

Soins des bijoux.

Il faut savonner l'or, les pierres précieuses, les passer dans un linge fin, et les mettre ensuite sécher dans de la sciure de bois; on termine par les essuyer légèrement

avec de la peau douce de gants. On enveloppe les bijoux d'acier dans du papier Joseph.

Moyen de nettoyer les bijoux d'or.

Il suffit de les faire bouillir dans de l'eau où l'on aura
mis du sel ammoniacal. Mais ce procédé serait dangereux pour les bijoux ornés d'or de couleurs diverses.
Les nuances seraient toutes détruites.

Moyen de reconnaître la solidité des couleurs des étoffes.

L'achat d'une étoffe excite presque toujours l'hésita-
tion des ménagères. Est-elle, n'est-elle pas *bon teint?*
Le procédé suivant résoudra cette question.

Les épreuves pour reconnaître la solidité des couleurs
des étoffes sont naturelles et artificielles. Les épreuves
consistent à exposer l'étoffe à l'air, au soleil ou à la
pluie. Si la couleur n'est pas changée après avoir été
soumise douze ou quinze fois à ces influences, on peut
être sûr qu'elle est solide. Cette épreuve, néanmoins, ne
peut pas servir pour toutes les couleurs, parce qu'il y
en a qui la supportent très-bien, mais qui ne peuvent
résister à l'action de certains acides; d'autres, au contraire, qui supportent très-bien cette action, ne peuvent
résister à l'action naturelle.

Les couleurs peuvent donc être rangées en trois
classes, pour chacune desquelles on doit mettre en
usage une espèce différente d'épreuve artificielle. On
doit traiter la première classe par l'alun, la seconde
par le savon, la troisième par le tartre.

Pour l'épreuve par l'alun, dissolvez une demi-once
de ce sel dans une pinte d'eau contenue dans un pot
de terre, et mettez-y un huitième d'once de l'étoffe que
vous voulez essayer; et après avoir fait bouillir le tout
pendant cinq ou six minutes, on le lave avec de l'eau
propre. C'est ainsi qu'on essaie le cramoisi, l'écarlate,

la couleur chair, le violet, le ponceau et la fleur de
pêcher, différentes teintes de bleu, et autres couleurs
de ce genre.

Quant à l'épreuve par le savon, on fait bouillir un
quart d'once de savon dans une pinte d'eau, et un huitième d'once de l'étoffe à essayer, et on fait bouillir le
tout pendant cinq minutes. On essaie de cette manière
toutes sortes de jaune, de vert, de garance, de rouge,
et d'autres couleurs semblables.

Pour l'épreuve du tartre, il faut broyer très-fin cette
substance pour la dissoudre plus aisément : on en fait
bouillir une once dans une pinte d'eau, et l'on fait
bouillir aussi un quart d'once du fil ou de l'étoffe dans
la dissolution pendant cinq minutes. Cette épreuve est
employée pour toutes les couleurs qui tirent sur le
brun.

Moyen de reconnaître le coton dans les étoffes de laine.

Cette continuité est encore bien souvent et bien vainement désirée par la maîtresse de maison. Cependant
il est bien facile de l'acquérir. Il faut cependant éplucher
l'étoffe, et brûler lentement à la flamme d'une chandelle les fils épluchés. S'ils brûlent rapidement, et sans
avoir d'odeur, ils sont en coton. S'ils brûlent au contraire
avec lenteur, et sentent la laine brûlée, il n'y a plus lieu
d'en douter.

CHAPITRE XXI.

De la régularité qu'il importe d'établir pour les heures du lever, du coucher, des repas, des occupations, des distractions. — Quelques conseils sur les domestiques.

Je n'ai cessé jusqu'ici de prêcher l'ordre, et la régularité en est l'ame. Fixez le temps du sommeil pour chaque personne de votre maison, les femmes doivent dormir un peu plus que les hommes, et les enfans plus que celles-ci. Que chez vous, en été, on se couche à dix heures et qu'on se lève à six, et pendant l'hiver, à onze heures et à sept. Les domestiques doivent se coucher un peu après vous et se lever avant. Pour éviter toute discussion et tout prétexte à cet égard, mettez un réveil-matin dans leurs chambres. Ces horloges en bois, qui viennent d'Allemagne, sont très-bonnes et à bas prix. On les vend à Paris, rue des Coquilles, à raison de huit et dix francs. Les enfans au-dessous de dix ans se lèveront une heure au moins plus tard, et se coucheront une heure au moins plus tôt.

Dès que vous serez levée, vous ferez préparer le cabinet (1) l'atelier, le laboratoire de votre mari, en un mot, la pièce où il doit s'occuper; si un emploi quelconque l'appelle à bonne heure dehors, vous veillerez à ce qu'il prenne quelque chose de chaud. Donnez ensuite un coup-d'œil à toute la maison; voyez si la cuisine est propre; examinez les restes et le parti qu'on en peut tirer, ordonnez les repas du jour; veillez à faire

---

(1) Sous les bureaux ou tables à écrire, doit se trouver une corbeille profonde, pour recevoir les papiers inutiles.

nettoyer et préparer les chambres; tandis qu'on fera la vôtre, occupez-vous à mettre en ordre les comptes de la veille. Après le déjeûner, ordinairement fixé à dix heures, et que vous avancerez d'une heure, selon moi, vous ferez votre toilette, qui à raison des soins minutieux de propreté, doit vous employer une heure environ. Si vous avez de jeunes enfans, à l'heure déterminée pour les lever, passez avec la bonne dans leur chambre, veillez à ce qu'on les habille, qu'on les peigne proprement, ou bien occupez-vous de ces soins, si doux pour une mère. Faites-les ensuite prier Dieu, et conduisez-les souhaiter le bonjour à leur père. Sachez toujours ce qu'ils font, même lorsqu'ils s'amusent.

Tout étant en ordre sur vous, autour de vous, appelez votre cuisinière pour régler ses comptes de la veille; ne laissez jamais la moindre dépense arriérée, même celle des ports de lettres chez le portier; fixez le temps que vous emploierez à l'éducation de vos enfans, et cela d'après leur âge, leur sexe, votre état. Si vous êtes seule, tout en vous occupant d'ouvrages à l'aiguille, nécessaires au bien-être de la maison, cultivez votre mémoire, exercez votre imagination sur quelque sujet littéraire, votre jugement sur quelque trait d'histoire; tâchez de pouvoir vous dire chaque jour : « Je n'ai pas perdu un moment pour les autres et pour moi-même. »

Que l'heure du dîner soit invariablement fixée pour mille raisons d'économie et d'agrément. Avertissez-en bien les gens que vous invitez; et quoique vous deviez être d'une exquise politesse, ne les attendez jamais plus d'un quart d'heure. Quand on saura une bonne fois que c'est votre règle constante, vous n'aurez plus à attendre du tout. Passez à vous distraire le temps qui suit immédiatement le repas, et fixez l'emploi habituel de vos soirées selon qu'il conviendra à votre mari. Tâchez d'y mettre un peu de variété; qu'il y ait chaque semaine une soirée pour aller au-dehors, une pour se réunir entre amis, ou recevoir, si c'est votre usage; une

autre pour la lecture; une pour les correspondances de
politesse et d'amitié, etc.; toutes choses que vos goûts
et votre position doivent nécessairement varier, aussi
ne m'étendrai-je pas plus sur ce chapitre.

Ce que j'ai dit pour la régularité des comptes de la
semaine, du mois, de l'année, ainsi que pour les nettoyages, me dispense d'entrer dans de plus grands détails à cet égard. Je vous dirai seulement que toutes les
opérations du ménage, même les *extraordinaires*,
comme la préparation des conserves, des confitures,
des sirops, l'acquisition et l'arrangement des provisions,
l'achat du bois, etc., doivent avoir lieu à des époques
fixes et déterminées.

Fixez également les époques où vous paierez vos domestiques, soit chaque année, soit tous les six ou trois
mois, comme il leur conviendra. Je vous conseille de
choisir ce dernier parti, et de les engager à placer une
partie de leurs gages à la Caisse d'Epargne, ou de
mettre à profit, d'une manière honnête et légale, le
produit de leurs économies. Ne manquez jamais à leur
donner leur argent au jour convenu, car, faute de cela,
ils seront négligens et d'une insolence outrageante. Si,
pour leur faire plaisir, vous leur gardez de l'argent en
dépôt, qu'ils soient bien persuadés qu'ils l'auront au
moindre signe, et que vous le faites uniquement pour
leur avantage. Parlez-leur avec bonté, mais ne les en-
tretenez point pour vous-même; gardez-vous de ces
momens d'épanchemens où, malgré soi, on parle de ce
qui intéresse; c'est le commencement de l'empire d'un
domestique, ou tout au moins d'une familiarité qui finira
par devenir insupportable, et à laquelle plus tard vous
ne pourrez plus vous opposer. La grande règle à cet
égard, c'est de parler avec bienveillance aux domestiques pour leur service; de les écouter avec la plus
grande complaisance, de les encourager lorsqu'il s'agit
de leur donner des conseils dans leur intérêt, mais de
n'en point faire ses auditeurs, ni ses confidens. Veillez
à ce qu'ils s'acquittent de leurs devoirs religieux; fixez

chaque jour le temps qu'ils peuvent donner au maintien
de leurs propres affaires ; qu'ils aient le dimanche quelques heures de promenade ou de récréation. A l'occasion du premier de l'an et de votre fête, ainsi que celle
de votre mari, qu'ils aient une gratification ; donnez-
leur aussi quelques-uns des restes de vos vêtemens, mais
qu'ils ne s'en fassent jamais un droit. Faire fréquemment
et sans motif des cadeaux à ses domestiques, est leur
inspirer cent fois plus d'exigence que de gratitude. Ne
souffrez point qu'ils s'arrogent le droit de punir vos enfans;
qu'ils soient pleinement convaincus qu'ils seront congé-
diés dès qu'ils les frapperont.

Quelque habileté qu'ait une domestique, si vous
suspectez sa fidélité, il faut la congédier sans balancer,
parce que c'est un vrai supplice de vivre avec quelqu'un
dont il faut se défier. Vainement vous ôteriez vos clés,
vous prendriez toutes les précautions imaginables, elle
trouverait à chaque instant le moyen de mettre votre
vigilance en défaut ; et, du reste, ces soins continuels
sont bien la chose la plus ennuyeuse et la plus pénible.
Le manque de mœurs ne doit trouver non plus aucune
indulgence près de vous. Pour la malpropreté, l'humeur,
la négligence, vous pouvez faire plusieurs représenta-
tions, et fixer le temps que vous accordez pour que l'on
se corrige de ces défauts; mais au bout du temps prescrit, s'il n'y a point d'amendement, avertissez que vous
ne pouvez plus les souffrir. Quant à l'impertinence,
quelle que soit la douceur que l'on trouve à pardonner,
surtout ses inférieurs, vous êtes forcée de ne la point
tolérer, car on vous ferait ensuite la loi. Les domestiques sont comme les enfans, ce n'est qu'en montrant de
la fermeté que l'on acquiert le droit d'avoir de la douceur. Pour tous les autres travers, l'oubli, l'étourderie,
montrez-vous patiente, indulgente; au surplus, qu'en
toute occasion on voie qu'il vous en coûte de gronder;
acquittez-vous en le plus brièvement possible; si vous
avez de l'humeur, gardez-vous de la passer sur vos domestiques, vous paierez cet instant de pitoyable satis-

24

faction par leur manque d'égards, d'attachement, d'obéissance même, car il est avéré que plus on crie, plus on exige, et moins on est obéi. Soyez bien persuadée que vous n'aurez pleine satisfaction de vos domestiques que lorsqu'ils auront de l'affection pour vous.

N'écoutez jamais les rapports qu'ils pourront vous faire les uns contre les autres : ce serait les constituer délateurs, et vous mettre dans la position d'un juge à l'audience. Soyez tellement sévère pour les querelles, que le bruit ne vous en parvienne jamais. Ne vous opposez point à ce qu'ils aient des connaissances, mais de personnes honnêtes; et s'ils fréquentent des gens paresseux, insolens, ivrognes, aimant le faste ou le vin, exigez qu'ils rompent avec ces dangereux amis. Ne souffrez pas que vos domestiques demeurent dans une inaction absolue, même hors de leur service; engagez-les à lire de bons livres (1), à raccommoder leurs effets, à soigner leurs affaires; opposez-vous ainsi aux commérages, et surtout gardez-vous d'imiter la plupart des maîtres, qui, pour se débarrasser du bruit des enfans, les envoient le soir à la cuisine, c'est-à-dire à l'école des caquets, de la sottise, et c'est encore le moindre mal.

Il y a réaction en toute choses; si vous connaissez le prix du temps, que vous chérissiez la propreté, que, juste et bonne, vous ne vous emportiez jamais sans cause, et ne la fassiez en quelque sorte que malgré vous; si vous prenez garde à tout, et tirez parti de toutes choses, que vous gouverniez sagement votre maison, soyez sûre que vos domestiques seront laborieux, propres, dociles; économes, reconnaissans; ils vieilliront chez vous, feront partie de la famille et

----

(1) Je désirerais que vous eussiez chez vous, en quelque sorte, la *Bibliothèque des Domestiques*, composée des ouvrages couronnés par la *Société pour l'Instruction élémentaire*, et autres semblables.

contribueront plus qu'on ne pense au bien-être de votre intérieur.

Il n'est pas besoin que j'appuie sur le désagrément de changer souvent de domestiques, car il faut ajourner forcément l'ordre, l'aisance du service, qui tiennent à l'habitude, ainsi que la confiance et l'affection. Que vos domestiques n'ignorent pas votre répugnance sur ce point: ils estimeront votre caractère; mais qu'ils sachent aussi que cette répugnance ne vous fera jamais tolérer un vice : ils redouteront votre fermeté.

CHAPITRE XXII.

Hygiène domestique. — Bains. — Ustensiles de santé. — Siéges inodores. — Petite pharmacie. — Quelques remèdes simples contre les accidens. — Recettes diverses. — Préparations hygiéniques. — Instructions sur les chlorures.

Les soins à prendre pour conserver la santé de sa famille, ou pour la rappeler dès le premier signe d'indisposition, sont d'importans et bien chers devoirs pour une maîtresse de maison. Sans doute la salubrité du logement, la bonté de la nourriture, une exacte propreté, sont les fondemens de l'hygiène domestique; mais il est encore d'autres précautions qu'il convient de prendre afin de n'appeler que le moins possible et le moins long-temps un médecin.

A moins que vous n'habitiez Paris, et que votre fortune ne soit fort restreinte, ayez une baignoire chez vous; qu'elle soit placée dans un cabinet simple et propre, bien aéré surtout. Au moyen des fourneaux, des cheminées économiques, des caléfacteurs à bains, il vous sera facile de faire chauffer l'eau à peu de frais. Les chemises d'hommes, vieillies, vous serviront à faire des peignoirs, dont la décence, la commodité, le bien-être réclament également l'usage. Vous ferez adopter chez vous l'usage de prendre des bains au plus tous les huit jours, pendant les grandes chaleurs, et au moins tous les mois pendant l'hiver : il sera bon d'avoir une petite baignoire d'enfant.

Indépendamment de ces deux baignoires, il vous faut avoir un fauteuil à demi-bains, et un seau à bains de pied ; je vous conseille de prendre l'un et l'autre en fer-blanc fort épais, montés sur un châssis de bois pour éviter les chocs. Les seaux en terre, en faïence, coûtent fort chers, et se cassent facilement ; je voudrais aussi qu'un manteau de drap commun, mis à la réforme, un grand tablier de même étoffe, servissent, l'un à couvrir le dos de la personne qui prend le demi-bain, l'autre les genoux de celle qui prend le bain de pieds. Si le cabinet de bains était assez spacieux pour contenir ces objets, bien rangés avec ordre, cela serait encore mieux.

La maîtresse de maison fera mettre dans la chambre à repassage *une couronne en osier à chauffer le linge en hiver* : tout le monde sait que l'on place, sous cette sorte de cage ouverte, un réchaud garni de charbons ardens ; on étend habituellement sur cette couronne les chemises blanches, les peignoirs et les serviettes qui serviront au sortir du bain. Ce sera une sage précaution de chauffer également les linges pour essuyer les pieds, lorsqu'on prendra un pédiluve.

Dans un grand placard ou dans un petit cabinet doivent se trouver tous les usteusiles nécessaires à la santé : une seringue montée sur boîte à pied, et qui peut s'en retirer à volonté ; un clissoir ; de petites seringues à oreilles pour faire dans cette partie des injections émol-lientes. Un cylindre en plomb fermé à vis pour placer de l'eau chaude sous les pieds d'un malade. Un bassin de malade, en tôle vernie, avec couvercle glissant entre deux coulisses. Les restes de vieux linges taillés en compresses et bandelettes seront encore placés dans cet endroit; les compresses bien pliées en quatre, et les bandelettes roulées bien serré : il faut ôter avec soin les ourlets, les pièces, remplacer les coutures ordinaires par des coutures en reprises, en un mot, retrancher tout ce qui fait saillie et peut blesser.

La propreté des garde-robes est un article important dans l'hygiène domestique; la puanteur, l'insalubrité des garde-robes ordinaires seront évitées par notre soigneuse maitresse de maison.

Soins de la garde-robe.

En province, et généralement dans les maisons peu fortunées, les lieux d'aisances sont des cloaques rebu-tans. Leurs insupportables exhalaisons infectent l'escalier, les pièces voisines : aussi les établit-on soit dans les étages élevés, soit dans la cour, malgré l'incommodité qu'entraîne cette dernière position les jours de pluie, malgré la fatigue, la perte de temps. Est-on en toilette, pressé par le temps, on se trouve forcé d'avoir recours aux chaises percées. De là, dans les appartemens une puanteur presque constante; une habitude malpropre bien vite contractée, l'humeur des domestiques, je ne sais combien d'ennuis et d'embarras. Vous éviterez tout cela, n'est-il pas vrai? Un système inodore plus ou moins soigné rendra chez vous les latrines semblables à tout autre cabinet de la maison. Le siége sera peint, ciré, les murs badigeonnés ou recouverts d'un simple papier de tenture; la fenêtre, grande ou petite, sera garnie de rideaux de mousseline, ou d'un vitrage rayé pour éviter les regards; une tablette pour soutenir le vase à chlorure, un flambeau lorsqu'on s'y rend le soir, quelques crochets pour suspendre les montres, un ou deux porte-manteaux pour recevoir un manteau, un chapeau, un schal, une pelote, une ou deux serviettes suspendues; enfin un petit balai de jonc et un chiffon pour nettoyer les vases de nuit, tels seront les meubles de ce cabinet. Mais ces accessoires ne me font point oublier l'objet principal, et je reviens à l'appareil inodore.

Appareil inodore pour les lieux d'aisance.

Il consiste en une première cuvette sans fond B (fig. 10), posée sur une seconde contenant une petite cuiller D, destinée à fermer la première, mais son diamètre étant un peu plus grand que celui de la première cuvette, il reste un vide entre elles. En levant la tige, on fait baisser la cuiller D qui se vide; le poids P, attaché à la tige, la fait descendre et fermer la cuvette B. Un réservoir placé dans le voisinage fournit l'eau au robinet G, par leqúel elle tombe dans la cuvette B; quelle que petite qu'en soit la quantité, elle suffit pour fermer exactement cette cuvette, et empêcher toute communication avec celle E.

Cet appareil fort simple se trouve à Paris, chez M. Ducel, rue des Quatre-Fils, n° 22.

Passons à ce que j'appelle la petite pharmacie du ménage. Lorsqu'on achète des simples, pour les tisanes ou autres remèdes, il n'est que trop ordinaire, après en avoir employé quelques pincées ou poignées, de mettre le reste dans quelque tiroir. Les cornets sans étiquettes, mal fermés, se mêlent, s'ouvrent; les herbes, presque toujours de propriétés différentes, opposées, se confondent pêle-mêle; lorsqu'il arrive ensuite l'occasion de s'en servir de nouveau, on n'ose pas trier ces simples, crainte d'erreur; de plus, on recule devant la perte de temps: on court donc chez l'herboriste acheter des herbes qui bientôt auront le même sort. La dépense est légère, dit-on; d'accord, mais elle se répète, mais le fondement de l'économie domestique est d'éviter toute dépense inutile. Puis, en cas de maladie, où les frais sont si élevés, où il est impossible d'épargner sur le soulagement du malade, ne convient-il pas d'économiser sur tout ce qui se peut. Pour cela il faudrait avoir un petit meuble commun, à peu près comme un chiffonnier, et mettre dans chaque tiroir, séparément, les simples; comme le nombre de leurs espèces dépassera celui des tiroirs, et qu'ils seront vraisemblablement en petite quantité, ayez de petites boîtes en carton (qui coûtent 2 à 3 sous pièce), et mettez-y les diverses herbes; cette boite portera une étiquette, de sorte que vous trouverez du premier coup-d'œil les simples dont vous aurez besoin.

Il est bien d'acheter moins, mais il serait encore mieux de ne pas acheter du tout; aux avantages d'économie se joindront bien d'autres avantages. Supposons que la maîtresse de maison ait le bonheur d'être mère, et que ses enfans soient jeunes encore, dans leurs promenades à la campagne elle leur fera cueillir des guimauves, bourrache et autres herbes pectorales; des centaurées, millefeuilles, bouillon blanc, violettes, orties-blanches, pas-d'âne, fumeterre, racine de patience, chicorée sauvage, pétales de rose, têtes de pavots, coquelicots, racines de fraisier, d'oseille, feuilles d'absinthe, de sauge, de lierre terrestre et autres herbes médicinales : tout en dirigeant cette occupation, qui les amusera beaucoup, elle leur en apprendra les noms, les propriétés; elle leur en fera remarquer les caractères, les ressemblances, et leur inspirera le goût de la botanique, à laquelle elle les disposera en jouant. En leur apprenant à dessécher leur récolte, à séparer les espèces d'herbes, à les ranger convenablement, elle leur donnera le besoin de l'ordre : que de germes précieux, sans compter le meilleur de tous, le désir de soulager les maux de ses semblables !

La maîtresse de maison prendra toutes les précautions nécessaires pour prévenir les rhumes et leurs suites souvent fâcheuses, en établissant chez elle l'usage des chaussures de santé à semelles de liége, des socques; mais elle n'en fera pas moins, à l'automne, une petite provision de remèdes sucrés contre les maux de poitrine, tels que pâte de guimauve, de jujubes, sirop de gomme, de capillaire, de lichen d'Islande, dont elle trouvera les recettes dans le *Manuel du Limonadier*.

Il devra y avoir aussi, dans la petite pharmacie domestique, beaucoup de racines de guimauve et de farine de lin, qui forment des cataplasmes si précieux pour toutes les inflammations; une boule de mars, d'acier ou de Nanci, car on donne tous ces noms à une boule préparée que l'on frotte au fond d'un vase dans du vin ou de l'eau pour obtenir des boissons ferrugineuses, si bonnes pour accélérer la circulation du sang, et aussi pour fermer les écorchures et donner du ton aux chairs (1). Des feuilles de vigne, de cassis, séchées, doivent encore se trouver pour remplacer le vulnéraire; enfin il est bon d'avoir du gruau concassé pour préparer des boissons rafraîchissantes.

Sans métamorphoser ma maîtresse de maison en commère distributrice de remèdes, ni empiéter sur les droits des médecins, je vais indiquer quelques recettes contre les accidens journaliers auxquels il est urgent de remédier très-vite.

Recettes contre les brûlures.

Lorsque la brûlure est légère, et la peau seulement rougie, trempez la partie malade dans l'eau froide. Au même degré, et même un peu plus, appliquez du coton en rame ou du typha.

La peau est-elle boursouflée? employez la pomme de terre crue râpée, ou une bouillie de farine de froment et de vinaigre : il faut laisser la pulpe ou la pâte tomber d'elle-même. Pour guérir instantanément les plus fortes brûlures, il faut frotter à deux reprises la partie souffrante d'une dissolution d'une once d'opium dans un demi-litre d'esprit de vin.

---

(1) La maîtresse de maison devra recueillir la rouille des vieux morceaux de fer pour faire du *safran de mars*.

Recettes contre les coupures, écorchures.

Avant l'inflammation de la plaie, appliquez dessus des feuilles de chélidoine jaune mêlées avec quelques gouttes d'huile d'olive. L'usage du papier brûlé est excellent en pareil cas. Pour combattre encore ce genre d'accidens, la maîtresse devra avoir du taffetas d'Angleterre.

Recettes contre les maux de tête.

Des bains de pieds savonneux très-chauds, et dans lesquels on ne reste que huit à dix minutes; un linge imbibé d'eau fraiche appliqué sur le front ; l'*essence basalmique éthérée* (que l'on vend chez tous les pharmaciens), adoucissent les maux de tête, qui tiennent presque toujours à une cause interne, et cèdent principalement au repos.

Amandé, boisson rafraîchissante.

Prenez deux poignées d'orge mondé, faites-le bouillir ; après le premier bouillon, jetez la première eau, comme cela se pratique habituellement pour la cuisson de l'orge ; mettez-le dans une eau nouvelle ; faites-le cuire, et dès qu'il sera bien crevé, pressez-le en l'écrasant dans une passoire. A la pulpe ou bouillie qu'il produira, vous ajouterez deux poignées d'amandes pilées, et vous délaierez le tout ensemble, d'abord avec de l'eau sucrée, une demi-pinte environ, puis autant de lait. Si l'*amandé* est trop épais, on l'éclaircit au point désiré, en ajoutant l'eau et le lait nécessaire. On peut remplacer l'orge mondé par le gruau. Dans tous les cas, cette préparation fournit une boisson rafraîchissante et agréable.

Thé nervin.

Faites une infusion de feuilles d'oranger et de fleurs de tilleul, que vous sucrerez légèrement. Vous pourrez y ajouter un peu de lait d'amandes.

Tisane contre les maux de gorge.

Faites bouillir une tête de pavot et quelques morceaux de racines de guimauve dans une pinte d'eau ; coulez et édulcorez avec suffisante quantité de sirop de mûres, que l'on emploie de préférence pour l'irritation de la gorge.

Boisson pectorale.

Prenez riz mondé et lavé, une once ; faites-le cuire dans une pinte d'eau jusqu'à ce que le riz soit bien crevé ; retirez du feu et faites-y infuser, pendant un quart d'heure, de la racine de réglisse et de guimauve ratissées, de chaque, demi-once ; décantez et ajoutez du miel ou du sucre.

Bouillon pectoral.

Mélangez parties égales de bouillon gras non salé et de bon lait ; sucrez fortement avec du sucre candi, et buvez chaud le matin.

Il est encore fort bon pour la poitrine de prendre chaque matin, à jeun, un jaune d'œuf cru parfaitement frais, que l'on sature de sucre candi en poudre.

Poudre dentifrice.

La maîtresse de maison doit aussi savoir faire les préparations à la fois hygiéniques et cosmétiques pour le soin de sa personne et celui de ses filles. Elle préparera donc de la poudre dentifrice, soit avec des croûtons de pain brûlé, soit avec du charbon. Lorsqu'au moyen d'un pilon elle en aura pulvérisé les morceaux dans un égrugeoir à sel ordinaire, elle attachera une gaze ou une mousseline sur l'ouverture de cet égrugeoir, et la renversera ensuite en la secouant au-dessus d'une large assiette. La poudre qui s'échappera par le tissu sera véritablement impalpable, et l'opération se fera assez vite. Cette pratique est de beaucoup préférable à l'emploi du papier piqué avec une épingle, parce que tous les trous se bouchent, et du reste cette piqûre est longue et ennuyeuse à faire. Il faudra ajouter du sucre que l'on pilera et passera en même temps que le charbon ou le pain, sur quatre gros de charbon en poudre, on met une demi-once de sucre. Il est très-avantageux d'ajouter à ces doses deux grains de sulfate de kinine. Pour animer l'eau avec laquelle on se rince la bouche en se nettoyant les dents, on fera dissoudre un gros d'ammoniac dans une pinte d'eau-de-vie.

Eau pour fortifier la vue.

Dans une demi-pinte d'eau de rivière, mettez dissoudre six grains de sulfate de zinc (couperose blanche) et trente et un de racine d'iris de Florence, en poudre (pour deux sous de l'un et de l'autre); bouchez ensuite la bouteille; mettez-la dans un endroit frais. Le remède est achevé après vingt-quatre heures; on l'emploie en ouvrant l'œil fatigué, dans un petit bassin à baigner l'œil ou dans une cuiller à bouche remplie de cette eau.

Pour adoucir l'inflammation des paupières, ce qui arrive après avoir été exposé à la poussière, au vent, à la fumée, la maîtresse de maison aura des paquets de mélilot dont elle fera une légère infusion.

Pastilles alcalines de M. D'Arcet, ou pastilles des eaux de Vichy.

Lorsqu'on est obligé de travailler immédiatement après le repas, la digestion est ordinairement laborieuse. Il en est de même après un dîné de cérémonie, quelque sobriété qu'on y ait mise, car en cette occasion il est impossible de ne pas dépasser le besoin. La bonne maîtresse de maison aura donc pour prévenir le mal une boîte des pastilles qui présentent les qualités digestives des eaux de Vichy, même à un degré supérieur. On les doit au savant M. D'Arcet qui, éprouvant quelque dérangement de l'estomac, les composa pour son usage.

Ces pastilles avantageusement connues se trouvent maintenant chez tous les pharmaciens; mais si la ménagère habitait une très-petite ville, elle pourrait, à la rigueur, les préparer elle-même, ainsi qu'il suit :

Prenez bi-carbonate de soude sec et pur,
en poudre fine . . . . 5 gr.
Sucre blanc, *idem*. 95

Mettez dans une bouteille que vous agitez fortement pour bien mélanger; retirez de la bouteille, et formez une pâte à l'aide d'un mucilage de gomme adragant, c'est-à-dire en faisant dissoudre un peu de cette gomme dans une grande quantité proportionnelle d'eau; aromatisez la pâte avec un peu de baume de tolu. Après avoir bien pétri le tout sur un marbre, vous en formez des pastilles qui pèseront chacune un gramme lorsqu'elles seront sèches.

Une, deux ou trois de ces pastilles se prennent avant ou après le repas : elles n'ont aucun mauvais goût.

La maîtresse de maison ne laissera préparer aucun champignon dans sa cuisine, ni mettre aucun mousseron dans les ragoûts, qu'elle ne les ait examinés soigneusement, d'après sa connaissance particulière, et l'excellente *Instruction sur les Champignons*, rédigée par MM. *Parmentier, Deyeux, Thouret, Hutard, Leroux, Dupuytren et Cadet*. On trouve cette instruction dans le *Manuel d'Economie domestique*, page 238.

La ménagère apportera aussi le plus grand soin à ce qu'on ne laisse jamais refroidir aucun mets dans des casseroles de cuivre; elle veillera à ce que l'étamage soit toujours blanc et-épais; il ne faut pas même attendre que la couleur du cuivre paraisse. En général, l'écurage de la batterie de cuisine doit attirer son attention.

Les bassinoires à braise sont d'un usage mal-sain; elle

aura une bassinoire, qui se remplit par la douille d'eau bouillante. Cette douille se ferme par un bouchon à vis.

Elle assortira la nourriture à la saison et à la disposition où se trouveront les personnes de sa famille. Pour ne point se tromper sur un article si important, et qui ne donne aucune peine lorsqu'on y veut faire attention, elle se munira d'un bon livre d'hygiène domestique (1); là, elle apprendra à connaître les symptômes d'échauffement, de débilité de l'estomac et autres dispositions ; elle verra quelles sont les propriétés des alimens, et, sans s'astreindre au régime, fera servir ceux qui seront les plus convenables. Par exemple, en cas de constipation, d'aphthes, de légers boutons au visage, elle se gardera de faire apprêter des œufs durs, des écrevisses, du céleri, etc., et servira des potages au lait, des ragoûts d'oseille, de laitue, des viandes blanches. En cas de relâchement dans les organes digestifs, elle donnera du riz, du bouillon gras, du chocolat, du bœuf bien cuit, etc. Au reste, il lui faudra étudier le tempérament de son mari, de ses enfans, pour leur offrir la nourriture la plus salutaire.

Après avoir donné pendant quelque temps des boissons rafraîchissantes, s'il y a lieu, comme *eau de poulet, de laitue, de cerises, de prunes, bouillon de veau, gruau* (voyez *Manuel d'Economie domestique*), elle fera bien de prévenir l'affaiblissement de l'estomac par une tasse de légère infusion de camomille ou de millefeuille. Au reste, qu'elle se garde bien de jamais administrer des remèdes actifs, comme bols, médecines, vomitifs, même tisanes composées, sans l'avis d'un médecin. Qu'il soit choisi parmi ses amis, s'il est possible; qu'on entre avec lui dans les plus grands détails; que la maîtresse de maison tienne note de ses observations sur le tempérament des siens, et les lui soumette; qu'enfin, ce médecin ne soit jamais changé, à moins de circons-

_____

(1) Voir le *Manuel de l'Hygiène*, et *Médecine domestique.*

tances impérieuses, contre lesquelles la volonté ne peut rien.

Je ne puis mieux finir ce chapitre relatif à l'hygiène, que par une instruction sur le précieux usage des chlorures.

Usages divers des chlorures de soude et de chaux.

Depuis la funeste invasion du choléra, on connaît généralement les propriétés désinfectantes du chlorure, mais beaucoup de personnes pensent aussi qu'il n'est utile que dans les temps d'épidémie. C'est une erreur dont il importe de désabuser la bonne ménagère. La salubrité est de toutes les époques, et si elle pouvait oublier cette importante loi, l'agrément, le bien-être, lui rappelleraient bientôt combien le chlorure est précieux. Et d'abord à l'égard des alimens, la plus fraîche marée, le poisson le plus récent, d'eau douce, répandent toujours une odeur fort désagréable. La mue dans laquelle on engraisse quelques poulets, les lapins que l'on conserve quelques jours vivans, le gibier un peu trop *faisandé*, diverses autres causes infectent plus ou moins la cuisine ou d'autres parties de la maison. Des viandes, des poissons conservés pendant un long espace de temps, peuvent par l'oubli de quelques simples précautions contracter une fétidité repoussante. Le chlorure remédie à tous ces inconvéniens; étendu d'eau, il enlève à tous ces objets leur odeur fétide, et rend les viandes trop faites aussi bonnes, aussi inodores que toute autre viande parfaitement saine (1).

On sait combien les choux, choux-fleurs, petits-pois, et les asperges surtout, rendent l'odeur de l'urine rebutante. Quelques gouttes d'essence de térébenthine chan-

---

(1) Quand les petits pois conservés en bouteilles s'altèrent faute d'être bien bouchés, on les rend mangeables en les faisant tremper dans l'eau chlorurée. Je viens d'en faire l'expérience.

gent, à la vérité, cette odeur en parfum de violette, mais il faut manier cette essence, dont la moindre évaporation suffit pour incommoder. Avec le chlorure, la mauvaise odeur disparaît complétement, et n'est remplacée par aucune.

Non-seulement le chlorure doit servir dans ce cas, mais il doit encore de temps à autre être employé à dégager les tables de nuit des miasmes qui les infectent, surtout pendant l'été. Une tasse pleine d'eau, à laquelle on aura ajouté une cuillerée de chlorure, mise dans la table de nuit fermée, suffira pour lui enlever toute odeur en un jour : cela est préférable au lavage des parois de ce meuble avec la solution de chlorure, parce qu'on risque de tacher le bois.

Dans les latrines les mieux tenues, même dans les lieux à l'anglaise, il s'exhale souvent quelque odeur. Un vase d'eau mêlée d'un peu de chlorure la détruira habituellement.

Des circonstances accidentelles rendent encore cet agent chimique bien précieux. Des vidanges doivent avoir lieu dans le voisinage, dans la maison. Ce sera plusieurs nuits d'insomnie, de véritable tourment. L'argenterie sera noircie; l'émail, les dorures, les vases de cuivre même seront couverts d'un enduit brun, tachés peut-être sans ressource...... Rien de tout cela n'aura lieu, si vous avez recours au chlorure, légèrement étendu d'eau.

Si vous en arrosez les chambres, si vous en placez des vases auprès des portes, des grands encadremens de glaces, de tableaux à préserver, les gaz délétères seront détruits avant d'arriver jusqu'à ces objets, jusqu'à vous, et de toute manière, vous pourrez dormir en paix.

Est-ce là tout le service du chlorure? ce sont là les accessoires de ses services tout au plus. Si la maîtresse de maison devient nourrice, garde-malade, elle pourra en apprécier les effets. Il n'est point d'évacuations putrides, d'exutoires (cautères, sétons) vieillis, d'ulcères de fâcheuse nature, dont le chlore ne détruise promptement, complétement, les dangereuses exhalaisons. Des lotions chlorurées, la vapeur du chlore dégagée de vases placés dans la chambre des malades, suffisent à son assainissement.

Après de si graves indications, je n'ose vraiment pas parler d'une autre propriété du chlorure...... Il ôte les taches de fruit sur les étoffes blanches en coton, sur les indiennes dont la couleur est très-solide, car autrement il agirait à la fois sur la tache et sur la couleur. Pour opérer prudemment, il faut d'abord essayer sur un morceau à part. Si quelques gouttes pures mises très-légèrement à l'aide d'une plume à écrire, n'enlèvent point la couleur, vous pourrez ainsi frotter sur la tache, et vous la verrez ainsi disparaître à l'instant.

Pour conserver au chlorure toute sa puissance, gardez-le dans une bouteille bien bouchée, que vous envelopperez d'une étoffe épaisse de couleur noire : tenez cette bouteille dans l'obscurité. Moyennant cette précaution, j'use depuis dix-huit mois de chlorure aussi fort que le premier jour.

Je crois avoir donné tous les conseils véritablement utiles pour la conduite d'une maison : ce sera aux ménagères à suppléer à ce que je n'ai pu dire : on sent assez que les localités et d'autres circonstances me forcent à généraliser ; mais je suis persuadée qu'une femme qui suivrait cet avis, qui se répèterait comme des maximes constantes : *ordre et propreté*, ne *rien laisser perdre*, *rendre tout utile ou agréable*, qui se regarderait comme l'artisan obligé du *bien-être* de tous les siens, ferait la fortune, et ce qui est mieux encore, le bonheur de sa maison.

CHAPITRE XXIII.

Des soins à donner aux enfans.

L'un des plus importans, et le plus cher devoir de la maîtresse de maison, est le soin de sa jeune famille ; mais trop souvent, à cet égard, la routine et le préjugé lui font commettre de graves erreurs. Ces erreurs, je veux les combattre, ou plutôt les prévenir. J'y suis autorisée en quelque sorte, par l'approbation qu'ont bien voulu accorder, à mon *Manuel des Nourrices*, messieurs les médecins et chirurgiens de l'hospice des Enfans-Trouvés, de Paris.

Je suppose ici que la ménagère est en état de remplir un devoir bien doux, et dont l'accomplissement reconnaît moins d'obstacles qu'on ne le pense généralement. Combien de femmes, en apparence délicates, ont des nourrissons vigoureux, jouissent d'une santé parfaite, tandis que d'autres femmes, infiniment plus robustes, sont fatiguées, tourmentées par la suppression forcée du lait qu'elles ont refusé à leur enfant ! cet enfant, de son côté, souffre et dépérit. Heureux encore si cette position maladive se borne, pour la mère, à la jeunesse, à l'enfance pour le nourrisson ; et, si l'une ne voit pas sa vieillesse torturée par un cancer au sein, si l'autre ne gémit pas, pendant toute sa triste vie, de la débile constitution des maux gastrites, des infirmités qu'il doit aux négligences, à l'opiniâtreté d'une nourrice mercenaire ! Ce double résultat s'explique aisément par le puissant secours que prête la nature à la mère qui nourrit, par l'efficacité des soins maternels.

Réfléchissez un moment à toutes les qualités nécessaires pour former une bonne nourrice, pour assurer le bien-être de son élève, et dites-moi si vous vous flattez de les trouver aisément réunies. D'abord, dans l'ordre physique, jeunesse et fraîcheur ; forte et saine constitution ; absence de toutes maladies héréditaires, ou qui se transmettent avec le lait ; absence même de légères difformités, comme d'avoir la bouche de travers, de loucher, de peur que le penchant inné de l'imitation ne porte l'enfant à contrefaire sa nourrice ; lait de nouvelle date (ce dont il est bien difficile de s'assurer) pour éviter le grave inconvénient d'offrir à l'élève un aliment beaucoup trop substantiel pour son estomac ; lait abondant, de bonne qualité, légèrement épais et sucré. La nourrice qu'on vous propose réunit-elle par bonheur ces conditions ? il faut encore les suivantes : air pur, habitation saine, habitudes d'ordre et de propreté ; aisance enfin, parce que la pauvreté condamne trop de nourrices à de pénibles travaux, à des veilles, à une nourriture grossière, insuffisante, dont le nourrisson souffre extrêmement, parce qu'elle leur conseille mille moyens de bénéfice, tous à son détriment. Ai-je besoin de vous avertir qu'elles font alors profiter leur famille du savon, du sucre, du linge de leur nourrisson ?

Dans l'ordre moral, c'est bien plus chanceux encore. On peut connaître la probité, les mœurs d'une nourrice, mais comment s'assurer qu'elle est étrangère aux saisissemens de la peur, à l'accablement du chagrin, aux appréhensions de la crainte, aux emportemens de la colère, aux anxiétés d'un cœur envieux, enfin aux tourmens de la jalousie ? Il faudrait l'œil de Dieu, et pourtant sans cette assurance, on expose son enfant aux effets d'un lait empoisonné par ces funestes passions, et ces effets sont les convulsions, l'épilepsie, l'idiotisme !...,.. J'en pourrais apporter des preuves frappantes, terribles, si l'étendue de ce travail me le permettait.

Il faudrait d'ailleurs s'assurer si la nourrice est docile ; si elle possède assez d'intelligence pour comprendre les raisonnemens à l'aide desquels vous devrez combattre les préjugés relatifs à sa mission ; il faudrait connaître sa modération à l'égard de la nourriture, de la danse, des plaisirs, et son désintéressement, et ses principes religieux........ Ce n'est pas encore tout : d'exactes notions sur le caractère, les mœurs de son mari seraient bien nécessaires........ Tout cela est décidément impossible et force est bien de s'en remettre presque au hasard........ Au hasard de la santé, de l'existence, de la moralité de vos enfans !

Vous nourrissez donc, ou du moins vous avez une *nourrice sur lieu*, c'est-à-dire, établie chez vous, et vous dirigez la nourriture dont elle n'est que l'instrument. Je vais donc, en tous les cas m'adresser à vous comme si vous étiez nourrice.

§ 1er. *De la layette.*

Occupons-nous d'abord de la layette, nécessairement plus soignée quand on nourrit chez soi. Les petites chemises, les brasselières, les béguins du *premier* et du *second âge*, doivent être assez larges pour entrer sans le moindre effort. Le petit enfant ne faisant aucun mouvement pour aider à l'habiller, si vous voulez lui passer des manches trop étroites, vous l'importunez, vous excitez ses cris, vous prolongez désagréablement l'action de le vêtir qui lui déplaît toujours, enfin vous vous exposez à froisser ses membres si frêles. Après cette première précaution, la plus importante est d'employer de la fine toile vieillie, ou de fin calicot, car le contact d'une toile neuve et dure, suffit pour déterminer un érysipèle sur la peau délicate de l'enfant.

Il faut au moins trois douzaines de langes sans coutures, sans morceaux rapportés, de peur de le blesser en l'enveloppant; puis deux douzaines de petites chemises, savoir : une douzaine pour le premier âge, et une autre pour le second; six brasselières pour chaque âge, douze dessus de langes, dont quatre en molleton de laine pour l'hiver, quatre de molleton de coton pour l'été, quatre en basin ou piqués anglais, doublés de calicot. Ces derniers sont ordinairement garnis d'une bande de mousseline festonnée et plissée, mais il vaut beaucoup mieux omettre cette garniture, et préparer de six à douze *surtouts* en percale ou jaconas, brodés au plumetis, à dents tout autour. Un surtout se compose d'un lé d'étoffe, arrondi par le bas, et s'attachant à la ceinture de l'enfant comme un tablier un peu croisé, mais ouvert par devant. Une jeune mère élégante assortit le dessin de ces surtouts à la broderie du tour de la chemisette, broderie qui se rabat sur la brasselière, et garnit aussi ses petites manches. Ce genre de luxe maternel séduit tellement les nourrices fashionables, que j'ai vu chez de brillantes lingères ces chemisettes, coûtant chacune soixante-douze et quatrevingts francs. On les fait alors en beau jaconas, en batiste d'Ecosse, et surtout en batiste de Flandres.

Les petits bonnets sont surtout l'objet de ce luxe gracieux. Une passe de hauteur et largeur convenables pour embrasser exactement, mais facilement la tête, ayant près du bord deux rangées d'une guirlande délicate, et sur toute la surface, un *semé* ou *plein* de fleurettes également délicates, assorties à la guirlande ; une rondelle qui rassemble les plis formés vers le haut du bonnet, et présentant un petit bouquet ou bien une rosace, telle est maintenant la façon constante des bonnets d'enfans qui se faisaient naguères à trois et à six pièces. La garniture est formée d'une ruche double de trois aunes de tulle uni qu'il faut défaire, et remonter à petits plis creux à chaque blanchissage. L'étoffe adoptée est batiste ou jaconas, tulle ou mousseline. Assez communément, dans ce dernier cas, ou double de satin rose s'il s'agit d'une petite fille, et de satin bleu s'il s'agit d'un garçon.

Pendant les premiers mois, lorsque l'enfant est à demeure dans son berceau, on se borne à garnir les bonnets d'une petite dentelle, sans autres plis que ceux qu'exige la partie arrondie du bord. Au lieu de les broder aussi, on les fait en *brillantine*, et autres jolies

étoffes de coton brochées. Le nouveau-né doit porter
alors un serre-tête ou béguin de toile bien fine ou
calicot un peu usé. Il faut dix-huit de ces serre-tête :
neuf non garnis pour la nuit, et neuf garnis d'une
dentelle haute d'un doigt pour le jour.

Tous ces objets seront disposés de façon à n'employer
jamais d'épingles qui pourraient blesser cruellement le
nourrisson. C'est une précaution que les médecins ne
cessent de recommander, et l'expérience le recommande également. A cet effet, les dessus de lange auront, par le bas, une coulisse avec ses cordons pour
être serrés sous les pieds de l'enfant en manière de
bourse ; on retrousse librement de manière à présenter
une espèce de large sac. (Je ne pense pas devoir insister ici sur l'absurdité et les dangers d'un maillot
serré ; je croirais faire injure aux mères en les priant
de ne point torturer ainsi leur enfant, de ne point
s'obstiner à nuire ainsi au développement de ses forces,
à la régularité de ses formes, à toutes les conditions
de la vie, la circulation, la digestion.) Par le haut, le
lange et son dessus seront maintenus autour de la brasselière, croisée sur elle-même par une large ceinture,
qu'une boucle métallique, semblable à la nôtre, maintiendra en permettant de lâcher ou serrer à volonté les
vêtemens de l'enfant.

Les béguins et bonnets seront fixés sous le cou au
moyen d'une bande de batiste repliée longitudinalement en deux, cousue par un bout après le bonnet
vers l'oreille, et se boutonnant de l'autre au même
point.

Deux objets nécessitent encore de riches broderies
pour les nourrissons élégans. C'est 1° un petit oreiller
carré pour élever leur tête dans le berceau. C'est
2° une sorte de petit matelas léger, posé sur une
claire-voie pour porter le petit horizontalement sur
les deux bras. J'engage fortement la bonne mère à faire
prendre cette habitude à la porteuse, afin de prévenir
les déviations de la taille, causées trop souvent par la

coutume routinière de tenir l'enfant de côté, assis sur le bras replié. Il faut pour l'oreiller et le matelas des *taies* ou enveloppes, garnies ou brodées comme les surtouts. Deux rubans doivent se trouver à chaque bord du matelas pour y fixer solidement l'enfant sans le gêner et l'empêcher de rouler par terre.

Je ne vous recommanderai point de bannir de votre maison les berceaux d'osier et les berceaux en bois sans pied, terminés aux deux bouts, en bas, par une sorte de croissant qui permet d'imprimer, au moindre mouvement, un bercement fort et prolongé. L'usage en a fait bonne justice. On sait maintenant que les premiers sont des repaires à punaises, que les seconds sont éminemment dangereux par l'agitation qu'ils provoquent, par leur manque de solidité.

Les berceaux adoptés aujourd'hui sont aussi gracieux que sains et commodes. Un pied horizontal ou traverse, supporte, à chaque extrémité, un montant vertical ; entre ces deux montans, d'inégale hauteur, se balance à peine un berceau à jour, formé de lames d'acajou. Le plus haut montant, celui de la tête, une fois plus élevé que l'autre, se recourbe agréablement en manière de flèche sur le berceau pour porter les rideaux. Ils sont à l'ordinaire en taffetas vert-émeraude, ou bien en jaconas frangé.

Ce joli berceau, comme d'ailleurs tout autre, ne doit point être placé très-près du mur, ni demeurer trop enveloppé des rideaux, ni être frappé par côté du jour ou de la lumière. Un motif de salubrité commande ces premières mesures ; la crainte de faire contracter le *strabisme* à l'enfant, commande la seconde. On sait en effet que dans cette position, il tourne toujours l'œil pour chercher la clarté, et louche immanquablement. Bien choisi, bien placé, le berceau doit être encore bien garni ; pour cela, on n'y déposera qu'un léger matelas de crin, placé sur une toile gommée. Dès que ce matelas sera trempé d'urine, on le remplacera par un matelas pareil, puis on le plongera dans l'eau pour le mettre à sécher, et le substituer bientôt à son remplaçant. Cette pratique est infiniment préférable à l'usage des matelas de laine, des lits de plumes, des ballasses d'avoine, toutes choses qui, retenant les urines, exhalent les miasmes les plus malsains et les plus repoussans.

Un meuble encore indispensable au nourrisson est une petite baignoire; le préjugé qui défend de baigner les enfans, de les laver à grande eau, est, je l'espère, méprisé de vous comme il devrait l'être de toutes les nourrices. Un préjugé analogue et non moins rebutant qui les condamne aux *gourmes* de la tête, au suintement des oreilles, excitera de même votre pitié, et vous laverez hardiment chaque jour ces parties avec de l'eau tiède légèrement aromatisée, avec quelques feuilles de sauge, de menthe, ou bien aiguisée avec quelque gouttes d'eau-de-vie, une cuillerée de vin.

Vous rejetterez également la pernicieuse habitude de donner à l'enfant une nourriture solide, avant que la dentition ne soit venue révéler le développement des forces gastriques; mais pour l'y habituer graduellement, pour ménager votre santé, vous lui ferez sucer du lait coupé, non point coupé comme on a coutume, avec de l'eau d'orge, ou de gruau, car au lieu d'éclaircir ce liquide, c'est l'épaissir par une addition de fécule, mais avec de l'eau tiède sucrée, ou mieux encore avec une légère dissolution de gélatine. Le savant Vauquelin, ayant décomposé le lait de femme pour en bien apprécier la nature, pour en indiquer précisément l'imitation, recommande de mélanger trois parties de lait de vache, et deux parties de bouillon faible pour obtenir autant que possible un lait semblable au lait de femme. Le lait d'ailleurs, ne doit pas toujours être coupé dans la même proportion, ni même être coupé constamment. Dans les premiers temps, le lait de vache a besoin d'être mêlé d'environ moitié d'autre liquide; plus tard, vous diminuez peu à peu le liquide ajouté jusqu'à l'âge de huit ou dix mois, époque à laquelle le nourrisson

est capable de prendre le lait pur. Vous sentez d'ailleurs que cette addition graduelle a pour but d'imiter
la progression d'épaisseur qui a lieu dans le lait maternel à mesure que l'enfant grandit, et qu'il faut nécessairement comparer avec soin ce lait, au mélange préparé.

Gardez vous d'imiter les nourrices ignorantes, dans
l'introduction de ce lait coupé. Sans savoir, sans réfléchir que l'enfant tète afin de prendre le lait goutte
à goutte, de pénétrer chaque goutte de salive, elles le
lui font boire à l'aide d'une cuiller à café, ou même avec
un verre. Précipiter ainsi en masse ce liquide dans l'estomac du nourrisson, c'est absolument comme si l'on
faisait avaler à un homme ses alimens sans les mâcher.
Vous n'agirez point ainsi, vous, bonne mère ; vous in-
troduirez le lait au moyen d'un biberon ordinaire, sorte
de tasse plate demi-couverte, et pourvue d'un long goulot au bout duquel on adapte une fine éponge, ou bien
un morceau de linge, qui doivent être l'un et l'autre
tenus dans la plus grande propreté. Mais si vous voulez
mieux faire, si une indisposition de quelques jours vous
oblige d'interrompre l'allaitement pendant cet intervalle, vous devez absolument avoir recours aux *biberons* ou *bouts de sein articiels*, que madame Breton,
sage-femme à Paris, a mis en usage depuis quelques
années. Plusieurs médecins (entr'autres *M. Ratier*, dans
sa *médecine domestique*) donnent les plus grands éloges
à cette invention. Voici, dit ce docteur, en quoi elle
consiste : un flacon de cristal est percé, vers les trois
quarts de sa hauteur, d'un petit trou destiné à permettre l'introduction de l'air, absolument comme le
fausset que l'on met aux tonneaux. A ce flacon s'adapte
un bouchon fermé à l'émeri ; ce bouchon percé au centre d'un petit trou est surmonté d'un mamelon artificiel
ayant tout à fait la forme, la grosseur, et la souplesse
d'un pis de vache. Le flacon rempli, le lait pressé par
l'air extérieur passe à travers l'étroit conduit du bouchon dans le pis de vache que l'enfant suce exactement
comme si c'était le pis naturel. »

Mais ces mamelons sont coûteux, mais ils doivent se renouveler de temps en temps, mais lorsqu'on habite la province, il est désagréable et dispendieux d'avoir toujours à s'adresser à Paris, souvent d'ailleurs on ne peut attendre...... Mais l'utile *Journal des Connaissances usuelles*, qui vient au secours de toutes les nécessités domestiques, qui déjà nous a rendu tant de services, va nous être encore bien secourable en nous indiquant la manière de préparer nous-mêmes, ou du moins de faire préparer ces précieux biberons par le premier pharmacien du voisinage.

Procédés pour faire des biberons ou bouts de sein artificiels.

On prend des tétines de vaches ou de chèvres, qu'on se procure aisément chez tous les bouchers, auxquels on recommande de les couper au niveau de la mamelle. On introduit, dans le canal qui donne passage au lait, un fil qu'on arrête à la partie extérieure de ce canal, près du bout libre du mamelon; on ramène de dehors en dedans la peau extérieure, puis, au moyen d'un bistouri, on détache tout le tissu lamelleux serré qui remplit la tétine, ne laissant que la peau du mamelon qui doit avoir une ligne à une ligne et demie d'épaisseur : on dégage avec soin le bout du canal, réservant à cette partie l'ouverture telle qu'elle est dans l'état naturel. Ce tissu lamelleux, fort dur et fort épais, ne paraît être que nuisible, et comme je l'ai dit, il faut l'enlever complétement. Pour y parvenir, on peut retourner le pis sur un morceau de bois de la forme de la tétine, fixer les bords de la peau par quatre épingles, puis enfin disséquer avec précaution, tenant d'une main le bistouri, et de l'autre la peau avec une pince. Quand l'opérateur est exercé, il retourne la tétine sur le doigt indicateur de la main gauche, et dissèque avec la main droite armée de l'instrument.

L'opération terminée, on fait prendre chez un tan-

26

neur de *l'eau de seconde cuve*, c'est-à-dire de l'eau de
chaux dont l'action est affaiblie par la macération des
peaux ; on en remplit un bocal, puis on suspend dans
cette eau chaque pis attaché avec un fil ; on les laisse
ainsi baigner soixante heures, et même plus sans nul
inconvénient.

Après ce bain, on retire chaque pis, on l'étend sur
une planchette, on le frotte d'un couteau de bois pour
enlever l'épiderme ; on lui donne le grain à l'aide d'une
pierre à aiguiser trempée dans l'eau (principalement la
pierre à aiguiser le tranchant des faulx). Cela fait, on
retourne la tétine pour répéter la même opération à la
paroi interne, puis on la jette dans l'eau fraîche, l'im-
mergeant et la lavant dans plusieurs eaux successives,
jusqu'à ce que la peau ait complétement perdu le goût
de chaux. Si l'opération est bien faite, la tétine est d'un
blanc rosé, ferme, mais souple, élastique, et présentant
un mamelon de forme agréable. Alors on la place sur le
flacon précédemment décrit, ou bien on la met sur le
bout du sein, ou capuchon en bois et ivoire, la fixant
sur ce bout par une rainure qui reçoit un fil pour fixer
solidement les bords de la tétine. Ce bout de sein est
inappréciable pour préserver les mères des crevasses au
sein.

Lorsqu'on veut conserver ces mamelons, il faut les
faire dessécher sur un bout de bois plus petit qu'eux,
afin qu'en se desséchant ils ne perdent pas par une dis-
tension trop grande l'élasticité qui fait tout leur mérite.
Car cette qualité perdue, les deux parois se collent l'une
contre l'autre par l'action de téter, et le lait ne pouvant plus arriver à l'enfant, il se fatigue et refuse de
téter. Quand vient le moment d'utiliser ces mamelons
ainsi séchés, on les fait tremper dans de l'eau quarante-
huit heures à l'avance ; s'ils sont montés sur bois, on
met tremper ce bout dans une tasse à café, ou dans un
verre à liqueur plein d'eau. Pour rendre plus rare le
renouvellement de ces tétines, quelques précautions sont
nécessaires : 1° il importe de ne pas rendre la peau trop

faible, car alors elles s'usent très-promptement, et selon l'auteur de ce procédé, c'est le désagrément spécial des tétines préparées à Paris. 2° Il est essentiel de les maintenir avec une propreté minutieuse, car faute de ce soin, elles contractent au bout de huit jours un goût de lait gâté qui déplaît beaucoup à l'enfant.

M. Darbo fils, marchand tabletier, passage Choiseul, n° 86, à Paris, vient d'inventer un *mamelon en liège*, que M. le docteur Deneux préfère aux mamelons précédens, parce que ces tétines contractent une odeur d'aigre; parce qu'elles sont d'un prix trop élevé; parce que la nécessité où l'on est pour conserver leur souplesse, de les maintenir continuellement dans l'eau, favorise leur décomposition, et contribue, selon ce médecin, au *muguet* (maladie de la bouche), dont sont atteints les enfans pour lesquels on fait usage de ces tétines de vache. Ces objections ont bien du poids; mais d'abord, les mamelons étant peu coûteux, grâce au mode indiqué, on peut les renouveler fréquemment, et par conséquent prévenir l'effet de leur putréfaction lente; il n'est d'ailleurs pas absolument nécessaire de de les tenir constamment dans l'eau pour les avoir propres, il suffit de les bien laver immédiatement après que l'enfant a tété. Si l'on veut employer l'instrument de M. Darbo, il faut prendre des soins particuliers pour le tenir propre, à l'aide d'une petite pompe que cet inventeur a jointe à cet effet.

Quelques mamelons que vous choisissiez, ayez-en, bonne mère, en forme de bouts de sein, pour vous préserver de la pression des lèvres de l'enfant, en cas de premier allaitement, de gerçures, de laborieuse montée du lait. Si les nourrices faisaient usage de ces précieux instrumens, les maux de sein si communs, si cruels, deviendraient presque impossibles.

Dans les premiers temps de la naissance, le lait étant léger, aqueux, ou du moins affaibli par l'usage des boissons délayantes prescrites à la nourrice, le nouveau-né digère promptement et doit téter pendant la nuit; mais

à mesure qu'il se fortifie (et selon sa bonne constitution, on le peut dès les six premières semaines), accou-
tumez-le à ne point être allaité pendant la nuit. Votre
sommeil sera paisible, et le lait par conséquent plus
rafraîchissant et plus pur. Ce serait d'ailleurs une grave
erreur de présenter le sein à l'enfant chaque fois qu'il
crie. Il ne crie guère de besoin, à moins d'une grande
négligence qui n'est guère à supposer; mais il peut crier
pour cent autres causes, pour les coliques, les maux
d'estomac que lui procure la surabondance du lait dont
on le gorge imprudemment. Ses regards, ses gestes, l'a-
vidité avec laquelle il cherche le sein sont les signes
qui doivent vous engager à lui offrir le mamelon. Il est
d'une extrême importance de ménager les forces digestives de l'enfant, soit par une sage distribution du lait
maternel, soit par la nature, soit par l'introduction du
liquide destiné à le suppléer; car la dentition s'accompagne toujours d'un trouble gastrique plus ou moins
grave, suivi d'une diarrhée, improprement nommée
germe des dents.

A l'époque de la dentition, on met l'enfant en robe,
et bientôt après on s'occupe de lui apprendre à marcher. Que ce soin superflu, ridicule, ne vous occupe
nullement : que les *lisières*, chariots à marcher, et autres machines allant directement contre le but proposé,
n'affligent jamais chez vous les regards de l'ami de l'enfance. Que jamais non plus une pitoyable économie ne
vous engage à chausser l'enfant en sabots; qu'une coquetterie non moins pitoyable ne vous porte à lui mettre
des souliers justes et nécessairement trop durs pour son
pied délicat. Ces deux sortes de chaussures nuiraient
beaucoup à la netteté, à l'assurance de ses pas. Chaus-
sez-lui des chaussons de tricot épais en laine; asseyez-le
sur une natte, sur un tapis; donnez-lui quelques simples jouets, et le surveillant à quelque distance sans
quitter votre ouvrage, laissez-le s'ébattre, tomber, se
relever de lui-même. Seulement quand il sera un peu
exercé, excitez-le à venir à vous, en lui ouvrant des

bras caressans, en lui présentant quelque riante image.

Dans l'intérêt de la mère et du nourrisson, le sevrage ne doit jamais être brusqué. D'une part, l'attention de rendre de plus en plus courts, de plus en plus rares, les momens consacrés à l'allaitement ; de remplacer graduellement votre lait par du lait de vache, et celui-ci par des bouillies, par des panades bien cuites, épaissies aussi par degrés; d'enduire enfin le mamelon d'une substance amère comme l'aloès, et d'écarter pendant quelques jours l'enfant de votre présence. D'autre part, le soin de vous soumettre à un régime délayant, aux boissons faiblement nitrées, de dégorger doucement la mamelle au moyen de la pompe à sein, tous ces moyens rendront le sevrage presque inaperçu pour les deux intéressés.

La pompe à sein est un instrument très-simple, que l'on peut remplacer en se faisant téter par un petit chien.

Qu'il y aurait encore de choses à dire sur cet intéressant sujet! Ce serait la vaccine qu'on peut pratiquer sans danger six semaines après la naissance; la vaccine, cet inappréciable préservatif, qu'on ne saurait assez bénir, et que tant de gens à préjugés méprisent: ce serait la nécessité d'habituer, après le sevrage, l'enfant à une nourriture simple, saine, abondante, mais non prodiguée, non capable d'exciter sa friandise, de fatiguer son estomac, comme les pâtisseries, les bonbons dont on se plaît à le combler. Ce seraient d'importans avis sur le besoin d'exercice, besoin si impérieux à cet âge; sur les vêtemens qui doivent toujours être amples, commodes, ni trop chauds pendant l'hiver, ni trop légers pendant l'été, crainte de déterminer une délicatesse dangereuse : ce seraient encore des conseils pour prévenir la déplorable patience avec laquelle tant de petites filles, par une coquetterie d'instinct, souffrent sans se plaindre la gêne d'un corset trop serré, de souliers trop étroits. Ce serait la défense absolue d'user de rigueur pour faire perdre aux enfans des habitudes vicieuses (comme téter leurs doigts et se salir), car la rigueur les tourmente au lieu de les corriger. Ce seraient d'énergiques réflexions sur le danger de les effrayer, soit qu'on veuille se faire de la peur un moyen d'éducation, soit qu'on se borne à se donner un stupide plaisir. Ce seraient surtout de puissantes considérations sur les moyens propres à s'emparer de ces jeunes ames, lorsque dès l'âge de six semaines, le rire et les pleurs annoncent le réveil du sentiment; d'agir sur elles d'abord par la sympathie, plus tard par l'exemple, plus tard encore par l'enchaînement des idées : de leur apprendre *à regarder* avec l'œil de l'observation, de *parler* avec le secours de l'attention, d'éclairer, d'animer, de féconder toutes ces leçons premières, de la grande pensée de Dieu.... Que de choses attachantes, indispensables, sacrées!.... Je les ai traitées, sinon avec talent, du moins avec toute l'ardeur du sentiment, la profondeur de la conscience, dans l'ouvrage dont je vous ai parlé en commençant. (*Le Manuel des Nourrices.*) Feuilletez-le, bonnes mères; qu'il supplée à tout ce que j'omets forcément ici; qu'il éclaire votre amour; qu'il contribue à la santé, au bonheur, à la moralité des pauvres petits enfans, et qu'il vous fasse chérir celle qui seconde avec un tendre respect les saintes obligations des mères.

SUPPLÉMENT.

Limonade gazeuse.

Sucrez légèrement un litre d'eau, de manière à la rendre agréable, sans être trop sucrée, ajoutez-y une cuillerée d'eau-de-vie de vin ou de cerise.

Prenez d'autre part bi-carbonate de soude. 1 gros 1/2.
Acide citrique. . . . . 1 *id.*
Mêlez.

Introduisez brusquement dans la bouteille que vous fermez bien, ficelez-la, et laissez reposer jusqu'à l'instant d'en faire usage. Pour avoir la boisson moins chère, remplacez l'acide citrique par de l'acide tartarique. Aromatisez-la avec quelques gouttes d'essence de citron, avec un morceau de sucre que l'on frotte sur la surface extérieure d'un citron.

Limonade sèche.

Une petite quantité de sucre aromatisé.
Acide citrique. . . . . 2 gros.
Bi-carbonate de soude. . . . . 2 *id.*

Ayez ces substances en paquets séparés dans du papier de diverses couleurs. 1°. Le sucre et l'acide mêlés. 2°. Le bi-carbonate de soude.

Commencez par mettre dans l'eau le premier paquet, puis quand son contenu est dissous, ajoutez au moment de boire le second paquet. Il est bon de faire les paquets à la dose d'un ou deux verres. On peut ajouter une petite partie d'eau-de-vie,

Entretien du vernis des meubles.

Les meubles vernis sont les plus beaux sans doute, mais ils perdent bien par l'action du temps, toutefois ce n'est point pour eux un *irréparable outrage*, si on les entretient convenablement.

On y parvient en ayant soin d'*essuyer* (et non de frotter journellement) le vernis avec de vieux linges secs et blancs. On fait disparaître les petites taches qui peuvent survenir avec un linge un peu mouillé, et en passant ensuite un linge blanc et sec. L'huile d'olive fait aussi disparaître ces petites taches; mais il faut en mettre très-peu, ne pas lui laisser le temps de pénétrer le vernis, et sécher de suite avec un linge sec. On ré- médie à des taches plus grandes par une eau de savon bien forte, que l'on pose sur le vernis et qu'on laisse sécher.

On aide, s'il le faut, cette dessiccation avec du tripoli, puis on essuie le tout avec un linge fin et sec. Quand le vernis à souffert de cette réparation, on le ravive avec un tampon légèrement imbibé d'esprit-de-vin.

Par ces moyens, on rend au vernis sa première beauté. Lorsque le vernis est enlevé, on ne peut lui rendre son lustre, il faut revernir de nouveau.

Eau de rose par infusion.

Remplissez un vase de terre vernissée de pétales de roses fraîchement recueillies : versez-y une fort petite quantité d'eau très-légèrement acidulée avec de l'acide sulfurique. Laissez macérer pendant vingt-quatre heures; au bout de ce temps, filtrez sans expression à travers un linge, vous recueillerez une liqueur d'un beau rose, très-aromatique et parfaitement limpide.

Quoique cette eau de rose soit à peine acide, elle ne pourrait pas, sans inconvénient, être mélangée au

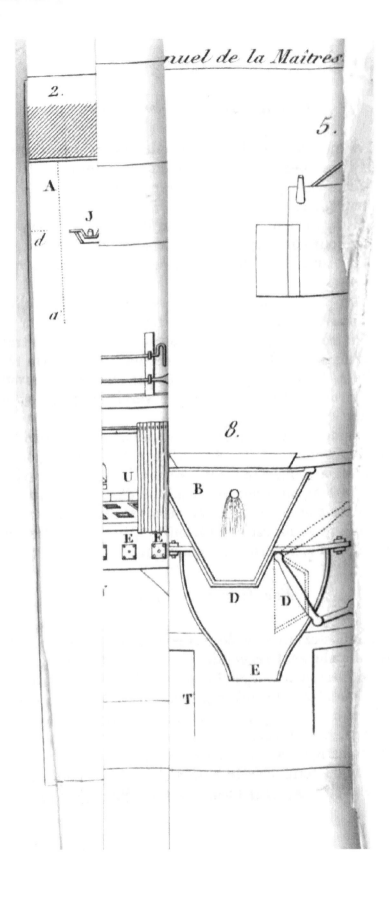

lait et à la cérme pour les préparations culinaires. Il y a un moyen d'y suppléer pour cet usage.

Ayez un petit bocal ou une bouteille à large goulot; remplissez ce vase de sucre en poudre et de pétales de rose fraîches, en mettant alternativement une couche de pétales et une couche de sucre. Pour une partie de pétales de rose en pois, il faudra employer environ trois parties de sucre. Bouchez bien le vase avec un bouchon de liége, assujetti à l'aide d'un morceau de peau ou de parchemin mouillé, lié autour du goulot : placez le tout au soleil pendant trois jours, au bout desquels le sucre sera bien fondu; s'il ne l'était pas, il faudrait attendre encore nn peu. Quand le sucre bien fondu a été ainsi tenu quelque temps en macération, vous versez le tout sur un tamis fin, et vous laissez s'écouler, sans presser, le sirop de sucre que vous conservez ensuite dans une bouteille bien bouchée. Le vase dont on se sert pour cette opération doit être fort, pour résister sans peine à la distillation produite par la chaleur, et à la fermentation qui se manifeste quelquefois.

J'ai vu des amateurs de tabac se servir avec succès d'un moyen analogue pour obtenir cet arôme.

Dans une bouteille de demi-litre à verre très-épais, ils entassent, en les foulant avec un bâton, la plus grande quantité de pétales frais. Ensuite ils bouchent leur bouteille avec un très-bon bouchon ficelé et goudronné comme pour les bouteilles de vin de Champagne : cela fait, ils l'exposent au soleil pendant un mois ou même davantage; car on peut, sans inconvénient prolonger l'exposition. Au bout de ce temps, une fermentation complète a, pour ainsi dire, décomposé les feuilles de rose; la bouteille est remplie d'une matière noirâtre et sans forme; mais conservant une très-forte odeur de rose. Une petite quantité de ces pétales mise dans le tabac suffit pour l'aromatiser.

FIN.

TABLE DES MATIÈRES

DU MANUEL DE LA MAITRESSE DE MAISON

(1) Manière de teindre en noir les souliers de maroquin de
couleur.

FIN DE LA TABLE.

IMPRIMERIE DE CARDON. — TROYES.

Lightning Source UK Ltd.
Milton Keynes UK
UKOW06f1916260115

245159UK00007B/358/P